JN260727

要説
経済行政法

友岡史仁 著
Tomooka Fumito

弘文堂

はしがき

　本書は、行政法や経済法といったすでに確立された法分野がある中で、双方の分野を織り交ぜた新たな法律学のテキストである。執筆の主目的は、著者が日本大学法学部において担当する講座の一つである経済行政法の受講生の勉学に資することにあるが、他大学における関連科目・演習を履修する学生をはじめとし、経済行政に関わる諸事象を研究課題としたり、その仕組み・政策過程に興味を抱く学部生や大学院生、本書が扱うテーマに関わる実務家をも、読者層として想定している。

　そもそも、経済行政法とは、国家が積極的に国民の経済活動への介入（行政介入といわれる）を図ることに伴う法的問題を包括的に扱う分野である。しかし、研究書は別として、このことを中心テーマとしたテキスト形式の書籍は、これまで見当たらない。その理由は、ニーズの低さとは別に、行政介入については、行政法の対象とされ、その詳細な論点も、行政法各論のテキストの中で触れられ（近時では、「参照領域」の一つとして位置付けられることもある）、経済法でも、その主な関心事は独禁法にシフトした結果、行政介入の扱い方は僅少となっている。

　しかしながら、わが国は、「産業国家」として明治維新以降その道をまい進し、第二次世界大戦後は、行政指導などわが国独特の行政介入を通じて、経済の持続的な発展が試みられてきた。対して現在では、行政介入を嫌い、規制緩和政策（規制改革とも称する）を通じて、もっぱら民間企業の活動に委ねる制度設計が主な流れとなっていることは周知の事実である一方、依然として行政介入に係る諸制度や現象が存続している。このような事実の下、行政法体系の中で埋もれていた行政介入に関わる諸事例を掘り起し、さらには、スタンダードな行政法・経済法（独禁法）のテキストが簡単に済ませてきた諸論点の"隙間"を埋め、それらの集約作業を独自に試みたのが本書である。

そこで本書は、わが国の政府などによって規制緩和の対象と認識されてきた公的規制（その意義は第1部第1章参照）を主な素材として扱うことに力点を置いた。この場合、そうした方針をいかなる形式でテキスト化するかが悩ましいところだが、第1部に、読者の理解により資するべく、スタンダードな行政法総論（救済手続を含む）の論点整理法に準じて構成することにした。ただし、公的規制の緩和を通じて不可避的に生ずる独禁法の解釈事例も、その中に織り交ぜることで、より広範囲にわたる行政上の諸規制を対象とした。次に、より各論的視点として、第2部では参入・料金を中心とした諸規制とその関連規制、第3部では古くて新しい問題を含む産業保護・育成に関わる法制度、第4部では公的規制の存在意義として語られる産業特性がある分野（エネルギー、交通、通信）をそれぞれ取り上げた。

　とはいっても、経済活動は"生きもの"であるため、その時々に生ずる行政介入を網羅的に取り上げることには、限界がある。そこで本書では、テキストという性格からも、関連する時事問題を法的に読み解くうえで必須と思われる諸論点・諸事例を限定的に取り上げ、整理した（ただし、2015年1月末時点のものを原則とする）。このほかにも、脚注は引用文献を含め最小限に抑える一方、重要と思われる箇所は予めゴシック体にし、各部の冒頭に **SUMMARY** を置くとともに、随所に掲げる**判例 Pick UP** や**コラム**を通じて時事問題の諸論点に接するよう構成上の工夫を施した。このように、読者の興味をかき立て、内容面への理解に資する工夫を凝らすことも心がけているが、逆にスタンダードな行政法・経済法のテキストでは当然に扱われている事項は、説明上必須と思われるもの以外、省略箇所があることをお断りしておく。

　また、本書では、説明の便宜のために項目を選別したことから、十分に記述できていない箇所が多々あると思われる。さらに、経済行政の関心事を構成する農業、医療、金融（銀行規制等を含む）などが持つ時事問題としての重要性はいうまでもないが、農業法、医事法、金融法と称してそれぞれが単独に扱ってきたため、時間的制約がある講義を念頭に置いた本書では論じていない。しかし、これらの分野にあっても、行政介入という視点から、動きのある制度を概説し論点整理を行う必要性は十分にあると考え

る。今後は、読者諸氏のご叱正を仰ぎつつ、"生きもの"の動きに合わせた法改正なども含む将来的なフォローアップができればと願っている。

　経済行政法は、大学設置科目の中で単独または行政法・経済法関連科目として扱われることは僅かと言ってよい。その中にあって、著者に対し該当講座を法学部生に教授する貴重な機会をお与えくださった野木村忠邦先生には、日ごろの学恩とあわせ、深甚なる感謝を申し上げたい。

　あわせて、弘文堂編集部の高岡俊英氏には、本書の公刊に向けて強く背中を押して頂き、かつ、執筆過程では、時宜を得た的確なアドバイスを何度も頂くことができた。ここに、多大なる感謝の意を表する。

　　2015 年 3 月

　　　　　　　　　　　　　　　　　　　　　　　　　　友岡　史仁

目次 contents

はしがき *i*
凡 例 *xiv*

第1部　総論

********** 第1章　総説 **********

I　経済行政法の位置付け

1 ◆ 経済行政とは———2
(1)国民の経済活動に関わる行政活動（2）　(2)枠組み概念としての有用性（3）
(3)公的規制と規制緩和、民間化・民営化（4）

2 ◆ 経済行政上の規制のとらえ方———5
(1)さまざまな学説（5）　(2)現代において求められる公的規制像（8）
(3)多様性をとらえる視点の必要性（11）　(4)共管領域を探す必要性（12）

3 ◆ 民営化・民間化のとらえ方———13

4 ◆ 経済行政法の位置付け———14
(1)行政法総論の一部として（14）　(2)行政法各論の一部として（16）
(3)私による行政・行政の民間化の把握のために（17）
(4)市場機構との関係性を見極めるために（18）

5 ◆ 本書のねらい———19
(1)経済行政への法治主義の普及（19）　(2)現代型公的規制の機能的整序（19）
(3)独禁法との適用関係の整序（20）

II　経済行政の歴史と外国法

1 ◆ 経済行政の歴史———21
(1)第二次世界大戦前と経済統制法（21）　(2)経済統制としての公的規制（22）

(3) 産業政策立法の登場と護送船団行政〈23〉

(4) 行政改革・規制緩和政策と現代のスタイル〈25〉

2◆外国法における扱いの特徴——27

(1) 総論的思考——大陸法系〈27〉　**(2)** 各論的思考——英米法系〈28〉

(3)「各論の各論化」傾向〈29〉　**(4)** 日本法への示唆〈29〉

III　隣接諸分野との関係

1◆各法学分野との関係——30

(1) 憲法との関係〈30〉　**(2)** 民事法との関係〈33〉

(3) 経済法（独禁法）・国際経済法との関係〈35〉　**(4)** 刑事法との関係〈36〉

2◆他の隣接社会科学分野との関係——36

(1) 行政学との関係〈36〉　**(2)** 経済学との関係〈37〉　**(3)** 経営学との関係〈38〉

########## **第2章　経済行政過程論** ##########

I　経済行政の基本的前提

1◆経済行政の法律関係——40

(1) 二面関係と三面関係〈40〉　**(2)** 課題〈41〉

2◆公法と私法の関係性——42

(1) 概要〈42〉　**(2)** 問題事例〈45〉

II　経済行政の政策過程論

1◆経済行政における政策——49

(1) 政策とは〈49〉　**(2)** 経済行政と政策〈50〉　**(3)** 政策過程の内容〈51〉

2◆経済行政計画——52

(1) 意義と内容〈52〉　**(2)** 機能〈53〉

3◆経済行政と国民参加——54

(1) 国民参加の意義 (54)　　**(2)** 経済行政との関係 (55)

III　経済行政における行為形式論

1 ◆ 行政立法───57
(1) 行政法総論における議論 (57)　　**(2)** 経済行政法上の問題 (57)

2 ◆ 行政処分───61
(1) 意義 (61)　　**(2)** 伝統的な整理 (63)　　**(3)** 機能による分類 (66)
(4) 受理について (70)

3 ◆ 行政指導───73
(1) 意義と機能 (73)　　**(2)** 経済行政と行政指導 (74)　　**(3)** 行政手続法 (80)

4 ◆ 行政契約───81
(1) 意義 (81)　　**(2)** 契約締結義務の問題 (82)　　**(3)** 民間企業に行わせる手段 (82)

IV　経済行政上のエンフォースメント（実効性確保）

1 ◆ 行政法総論の議論───85
2 ◆ 経済行政における義務の賦課───86
(1) 概要 (86)　　**(2)** 義務の賦課例 (86)　　**(3)** 行政手続法との関係 (90)

3 ◆ エンフォースメント（実効性確保）の例───92
(1) 一般論 (92)　　**(2)** 課徴金納付命令 (93)　　**(3)** 公表 (93)
(4) 役務提供拒否（給付拒否）(93)

V　経済行政組織

1 ◆ 憲法論───94
2 ◆ 行政組織法（一般）として───95
(1) 所掌事務 (95)　　**(2)** 独任制と合議制 (95)　　**(3)** その他 (96)

3 ◆ 経済行政組織の特徴───97
(1) 概要 (97)　　**(2)** 特殊法人・独立行政法人等 (97)　　**(3)** 審議会（諮問機関）(100)

VI　経済行政の行政救済論

1 ◆ 総説────102

(1)意義（102）　　(2)経済行政の行政救済論（102）

2 ◆ 行政争訟制度────103

(1)行政不服審査制度（103）　　(2)行政事件訴訟制度（106）

(3)経済行政の裁量統制（115）

3 ◆ 国家補償制度①（国賠法）────121

(1)国賠法1条1項（121）　　(2)国賠法2条1項（124）

4 ◆ 国家補償制度②（損失補償制度）────125

(1)概説（125）　　(2)土地収用法の例（公益事業特権）（125）

(3)その他の経済行政関係事例（127）

第2部　事業規制・業務規制法制

********** 第1章　総説 **********

I　規制対象としての事業

1 ◆ 事業とは────132

(1)総説（132）　　(2)実定法での使われ方の例（132）

2 ◆ 公益事業概念について────133

(1)概念と沿革（133）　　(2)実定法での使われ方の例（135）

(3)公企業・公共企業との関係（135）　　(4)ネットワーク産業として（137）

II　規制対象としての業務

1 ◆ 業務とは────138

2 ◆ 実定法上の行為形式の例────138

(1) 業務内容を認可・届出の対象とする場合（139）

(2) 委任命令による場合（139）　　**(3)** その他（141）

########## 第2章　事業規制法制 ##########

I　総説

1 ◆ 共通機能────142

(1) 事前規制であること（142）　**(2)** 法的根拠があること（142）

2 ◆ 諸種の機能────143

(1) 公益性担保機能（143）　**(2)** 行政監督機能（144）　**(3)** 補完的機能（145）

(4) 諸機能の相互関係（145）

II　事業開始規制（参入規制）

1 ◆ 意義────145

2 ◆ 分類と問題点────147

(1) 一律排除型（147）　**(2)** 調整排除型（149）　**(3)** 資格制限型（154）

3 ◆ 兼業規制による参入規制────155

4 ◆ 独禁法上の問題────156

III　料金規制

1 ◆ 意義────157

(1) 料金の定義（157）　**(2)** 規制の意義（157）　**(3)** 公共料金として（158）

2 ◆ 料金決定手続①────159

(1) 概要（159）　**(2)** 規制緩和政策との関係（160）　**(3)** 認可制・届出制の内容（160）

3 ◆ 料金決定手続②────162

(1) 国の場合（162）　**(2)** 地方公共団体の場合（163）

4 ◆ 料金決定原則────166

(1) 概要（166）　**(2)** 原価の定義と意義（167）　**(3)** 実定法の定め方の例（168）
(4) 料金決定原則の課題（171）　**(5)** 業務規制との関係（会計の整理）（172）

5 ◆ 独禁法上の問題──── 173

IV 事業終了規制（退出規制）

1 ◆ 意義──── 175

2 ◆ 具体例──── 176

********** 第3章　業務規制法制 **********

I　総説

1 ◆ 業務規制の性質──── 178

2 ◆ 諸種の機能──── 178

II　利用者保護的業務規制

1 ◆ 概要──── 178

2 ◆ 役務提供義務──── 180

(1) 概要（180）　**(2)** 実定法の定め方の例と解釈（180）

3 ◆ ユニバーサル・サービス義務──── 182

(1) 概要（182）　**(2)** 実定法の定め方の例と解釈（183）

III　競争促進的業務規制

1 ◆ 概要──── 186

2 ◆ 特徴点──── 186

3 ◆ 諸種の業務規制──── 188

(1) 会計の整理（188）　**(2)** 役務提供義務（189）

4 ◆ 独禁法との接点──── 189

第3部　産業保護・育成法制

********** 第1章　総説 **********

I　産業保護・育成の位置付け

1 ◆ 面的手段の把握――*192*

2 ◆ 産業と保護・育成の意味――*192*

(1) 産業保護・助成と産業育成の関係（*192*）　　**(2)** 産業について（*193*）

II　産業保護・育成法制の必要性

1 ◆ 経済統制概念との相違――*194*

2 ◆ 産業政策立法の必要性とグローバル化――*194*

3 ◆ 現代的特質――*195*

********** 第2章　さまざまな手段 **********

I　産業助成型

1 ◆ 概要――*197*

(1) 意義（*197*）　　**(2)** 手段の特徴（*198*）

2 ◆ 産業助成手段――*199*

(1) 個別的手段（*199*）　　**(2)** 横断的手段（特区法）（*201*）

II　競争制限型

1 ◆ 概要――*204*

2 ◆ 競争制限手段――*205*

(1) カルテル（*205*）　　**(2)** 価格安定化法（*206*）　　**(3)** 知的財産法（*209*）

III　外資規制型

1◆概要────*209*

2◆外資規制手段────*210*

(1)株式投資に対する一般規制（外為法）（*210*）　　**(2)**個別法における規制形式（*213*）

第4部　産業特性を持つ主要分野

********** 第1章　総説 **********

I　産業特性の意義

1◆産業特性の意味────*218*

2◆意義────*219*

II　主要分野の範疇

********** 第2章　エネルギー産業 **********

I　意義

1◆エネルギー産業とは────*221*

2◆主な関連法制の種別────*222*

(1)政策法制（*222*）　　**(2)**鉱物法制（*222*）　　**(3)**事業規制・業務規制法制（*223*）

(4)産業保護・育成法制（*223*）

II　エネルギー産業の特性

1◆有限性（稀少性）と生活必需性────*225*

2◆技術性────*225*

(1) 役務提供（*225*）　　**(2)** 原子力（*226*）

3 ◆ 環境保護────*227*

III　主な関連諸法制

1 ◆ 電気────*227*

(1) 総説（*227*）　　**(2)** 電気事業法（*228*）

2 ◆ ガス────*234*

(1) 総説（*234*）　　**(2)** ガス事業法（*235*）

********** 第3章　交通産業 **********

I　意義

1 ◆ 交通産業とは────*239*

2 ◆ 主な関連法制の種別────*240*

(1) 政策法制（*240*）　　**(2)** 施設整備・管理主体法制（*241*）

(3) 事業規制・業務規制法制（*242*）　　**(4)** 産業保護・育成法制（*242*）

II　交通産業の特性

1 ◆ 利便性と生活必需性────*243*

2 ◆ 安全性────*244*

III　主な関連諸法制

1 ◆ 自動車────*244*

(1) 総説（*244*）　　**(2)** 道運法（*245*）　　**(3)** 貨物自動車運送事業法（*249*）

2 ◆ 鉄道────*251*

(1) 総説（*251*）　　**(2)** 鉄道事業法（*251*）　　**(3)** 軌道法（*254*）

3 ◆ 航空機────*255*

(1)総説（255） **(2)**航空法（256）

4 ◆ 船舶──260

(1)総説（260） **(2)**海上運送法（260） **(3)**港湾運送事業法（261）

********** 第4章 通信産業 **********

I 意義

1 ◆ 通信産業とは──264

2 ◆ 主な関連法制の種別──265

(1)政策法制（265） **(2)**施設整備・管理主体法制（265）
(3)事業規制・業務規制法制（266） **(4)**産業保護・育成法制（266）

II 通信産業の特性

1 ◆ 利便性と生活必需性──267

2 ◆ 技術性──267

3 ◆ 秘密性──267

III 主な関連諸法制

1 ◆ 電気通信──268

(1)総説（268） **(2)**電気通信事業法（268） **(3)**放送法（276）

2 ◆ 郵便──279

(1)総説（279） **(2)**郵便法（281） **(3)**信書便法（283）

事項索引

判審決索引

凡　例

文献略語一覧（五十音順）

1．教科書・体系書等

宇賀・行政法Ⅰ・Ⅱ……宇賀克也『行政法概説Ⅰ行政法総論〔第5版〕』（有斐閣、2013年）、同『行政法概説Ⅱ行政救済法〔第4版〕』（有斐閣、2013年）

碓井・公共契約……碓井光明『公共契約法精義』（信山社、2005年）

碓井・助成法……碓井光明『公的資金助成法精義』（信山社、2007年）

江頭・商取引法……江頭憲治郎『商取引法〔第7版〕』（弘文堂、2013年）

遠藤・各論……遠藤博也『行政法Ⅱ（各論）』（青林書院、1977年）

金沢・経済法……金沢良雄『経済法〔新版〕』（有斐閣、1980年）

小高・各論……小高剛『行政法各論』（有斐閣、1984年）

小早川・行政法上・下Ⅱ……小早川光郎『行政法上』（弘文堂、1999年）、同『行政法講義下Ⅱ』（弘文堂、2005年）

塩野・行政法Ⅰ・Ⅱ・Ⅲ……塩野宏『行政法Ⅰ行政法総論〔第5版補訂版〕』（有斐閣、2013年）、同『行政法Ⅱ行政救済法〔第5版補訂版〕』（有斐閣、2013年）、同『行政法Ⅲ行政組織法〔第4版〕』（有斐閣、2012年）

園部＝植村・交通通信法……園部敏＝植村栄治『交通法・通信法〔新版〕』（有斐閣、1984年）

田中・行政法上・下……田中二郎『新版行政法上巻〔全訂第2版〕』（弘文堂、1974年）』、同『新版行政法下巻〔全訂第2版〕』（弘文堂、1983年）

丹宗・伊従・経済法……丹宗暁信＝伊従寛『経済法総論』（青林書院、1999年）

中川ほか・国際経済法……中川淳司＝清水章雄＝平覚＝間宮勇『国際経済法〔第2版〕』（有斐閣、2012年）

根岸＝舟田・独禁法……根岸哲＝舟田正之『独占禁止法概説〔第4版〕』（有斐閣、2010年）

野中ほか・憲法Ⅰ……野中俊彦＝中村睦男＝高橋和之＝高見勝利『憲法Ⅰ〔第5版〕』（有斐閣、2012年）

松下・経済法……松下満雄『経済法概説〔第5版〕』（東京大学出版会、2011年）

美濃部・行政法下……美濃部達吉『日本行政法下巻』（有斐閣、1940年）

室井編・入門……室井力編『新現代行政法入門（2）──行政組織・主要な行政領域──』（法律文化社、2004年）

2．判例解説等（本文では各項目番号のみ掲げる。○がその番号。例：行政百選Ⅰ○、争点○）

憲法百選Ⅰ・Ⅱ……長谷部恭男＝石川健治＝宍戸常寿編『憲法判例百選Ⅰ〔第6版〕』（有斐閣、2013年）、同『憲法判例百選Ⅱ〔第6版〕』（有斐閣、2013年）

行政百選Ⅰ・Ⅱ……宇賀克也＝交告尚史＝山本隆司編『行政判例百選Ⅰ〔第6版〕』、同『行政判例百選Ⅱ〔第6版〕』（有斐閣、2012年）

金商百選……神田秀樹＝神作裕之編『金融商品取引法判例百選』（有斐閣、2013年）

経済百選……舟田正之＝金井貴詞＝泉水文雄編『経済法判例・審決百選』（有斐閣、2010年）

消費百選……廣瀬久和＝河上正二編『消費者法判例百選』（有斐閣、2010年）

争点……高木光＝宇賀克也編『新・法律学の争点シリーズ8　行政法の争点』（有斐閣、2014年）

地方百選……磯部力＝小幡純子＝斎藤誠編『地方自治判例百選〔第4版〕』（有斐閣、2013年）

メディア百選……堀部政男＝長谷部恭男編『メディア判例百選』（有斐閣、2005年）

3. 辞典

経済辞典……金森久雄＝荒憲治郎＝森口親司編『経済辞典〔第5版〕』（有斐閣、2013年）
法律用語辞典……法令用語研究会編『有斐閣法律用語辞典〔第4版〕』（有斐閣、2012年）
吉国ほか・法令用語……吉国一郎＝角田禮次郎＝茂串俊＝工藤敦夫＝大森政輔＝津野修＝宮﨑礼壹共編『法令用語辞典〔第9次改訂版〕』（ぎょうせい、2009年）

4. 研究書

佐藤・経行法……佐藤英善『経済行政法』（成文堂、1990年）
佐藤・古稀……首藤重幸＝岡田正則編『経済行政法の理論』（日本評論社、2010年）
友岡・ネットワーク……友岡史仁『ネットワーク産業の規制とその法理』（三和書籍、2012年）
原野・現代国家……原野翹『現代国家と公共企業法』（法律文化社、1999年）
舟田・情報……舟田正之『情報通信とその法制度』（有斐閣、1995年）
舟田・放送……舟田正之『放送制度と競争秩序』（有斐閣、2011年）

5. 逐条解説等

石岡編・NTT法コメ……石岡克俊編著『コンメンタールNTT法』（三省堂、2011年）
外為法逐条……外国為替貿易研究グループ編『逐条解説　改正外為法』（通商産業調査会出版部、1998年）
ガス解説……経済産業省資源エネルギー庁ガス市場整備課＝原子力安全・保安院ガス安全課＝商務情報政策局製品安全課編『ガス事業法の解説』（ぎょうせい、2004年）
金澤・放送法逐条……金澤薫『放送法逐条解説〔改正版〕』（情報通信振興会、2012年）
新・通商政策史 I ……通商産業政策史編纂委員会編（尾高煌之助著）『通商産業政策史 1』（経済産業研究所、2013年）
多賀谷編・逐条通信法……多賀谷一照＝岡﨑俊一＝岡崎毅＝豊嶋基暢＝藤野克編著『電気通信事業法逐条解説』（電気通信振興会、2008年）
通商政策史 VI・X ……通商産業省＝通商産業政策史編纂委員会編『通商産業政策史第6巻　第II期自立基盤確立期(2)』（通商産業調査会、1990年）、同編『通商産業政策史第10巻　第III期高度成長期(3)』（通商産業調査会、1990年）
鉄道逐条……鉄道事業法研究会編著『逐条解説鉄道事業法』（第一法規、1988年）
電気解説……資源エネルギー庁電力・ガス事業部＝原子力安全・保安部編『2005年版電気事業法の解説』（経済産業調査会、2005年）
独法・特殊法人総覧……行政管理研究センター編『平成26年度版独立行政法人・特殊法人総覧』（行政管理研究センター、2015年）

6. 判例集略語

下民集……下級裁判所民事裁判例集
行集……行政事件裁判例集
訟月……訟務月報
審決集……公正取引委員会審決集
判時……判例時報
判自……判例地方自治
判タ……判例タイムズ
民（刑）集……最高裁判所民事（刑事）判例集
LEX/DB……TKC法律データベース

本文法令名等略語一覧

NTT法……日本電信電話株式会社等に関する法律（昭59法85、平9法98により現行法名）
LPガス法……液化石油ガスの保安の確保及び取引の適正化に関する法律（昭42法149）
外為法……外国為替及び外国貿易管理法（昭24法228）
海防法……海洋汚染及び海上災害の防止に関する法律（昭45法136）
行審法……行政不服審査法（昭37法160）
行訴法……行政事件訴訟法（昭37法139）
金商法……金融商品取引法（昭23法25、平18法65により現行法名）
景表法……不当景品類及び不当表示防止法（昭37法134）
憲法……日本国憲法
構造特区法……構造改革特別区域法（平14法189）
国賠法……国家賠償法（昭22法125）
再エネ特措法……電気事業者による再生可能エネルギー電気の調達に関する特別措置法（平23法108）
自治法……地方自治法（昭22法67）
重要産業統制法……重要産業ノ統制ニ関スル法律（昭6法40、附則2により自動失効）
信書便法……民間事業者による信書の送達に関する法律（平14法99）
戦略特区法……国家戦略特別区域法（平25法107）
総合特区法……総合特別区域法（平23法81）
大店法……大規模小売店舗における小売業の事業活動の調整に関する法律（昭48法109、平10法91により廃止）
宅業法……宅地建物取引業法（昭27法176）
道運法……道路運送法（昭26法183）
特定地域等特措法……特定地域及び準特定地域における一般乗用旅客自動車運送事業の適正化及び活性化に関する特別措置法（平21法64、平25法83により現行法名）
特廃法……特定放射性廃棄物の処分に関する法律（平12法117）
独禁法……私的独占の禁止及び公正取引の確保に関する法律（昭22法54）
廃掃法……廃棄物の処理及び清掃に関する法律（昭45法137）
炉規制法……核原料物質、核燃料物質および原子炉の規制に関する法律（昭32法166）

第1部
総論

Summary

　行政による国民の経済活動への介入（行政介入）には、さまざまな手法が存在する。このような経済活動と関わり合いのある分野を経済行政と称し、そこで見られるさまざまな諸規制がどのような仕組みによって機能しているか、を総じて検討することが第1部の狙いである。

　この場合、わが国をはじめとした世界的な現象として、このような規制が行われる国では、規制の非効率性をはじめとする政府による経済政策自体への批判から、決まって規制緩和政策などが実施されてきた。このような潮流の中で、第1部では、いかなる行政介入が法的観点から問題となるのかを読み解くものである。第1部全体に関わる内容としては次の通りである。

　第1章では、経済行政法がどのように法体系の中で位置付けられるかを、概説する。その名の通り、経済行政法は行政法の一部ではあるが、自由主義経済体制下にあるわが国では、本来自由な経済活動を規制により限定することに、それなりの理由がなければならない。しかし、その理由が現段階において逆に妥当しない場合も考えられる。このため、本章では、経済行政法の存在意義とそのねらいとともに、諸外国での扱い、および、隣接諸分野との関係性を概説する。

　第2章では、経済行政は行政活動分野の一つを指すため、それに関わる法律問題を読み解く基礎的な考え方を示すことにする。経済行政法が行政法総論・各論の一部であるとの認識から、まずは行政法総論の枠組みとして、いかなる行政活動が経済行政としてとらえられるかを、必要なプロセス（経済行政過程）の中でとらえることにする。ここでは経済行政特有の議論を中心にこの問題を論ずる。なお、経済行政も行政活動として、しばしば、国民との関係において生じたトラブルについては、行政救済法に関わる手続が用いられることが多いことから、かかる手続も本章において取り上げる。

第1章
総説

I　経済行政法の位置付け

1 ◆ 経済行政とは
（1）国民の経済活動に関わる行政活動

　○○行政と名のつくものは、数多く見られる。その大きな区分として、伝統的には、私人の権利・自由を制限しその目的を達成する行政活動を規制行政とし、私人に対する便益・役務を提供する行政活動を給付行政とする分け方がある。このほかにも、調達行政[1]（または行政資源取得行政）、さらには誘導行政[3]などが加わることがある。行政活動において用いられる手段に応じて、それが権力的性格を伴う場合を権力行政、非権力的性格を伴う場合を非権力行政とする分け方もある。これらの伝統的区分は、行政のあるべき立場を対立的にとらえたものであるが、およそ国などが行う行政活動を分野ごとにとらえ、それらを個々に総称する場合として、税務行政、社会保障行政、交通行政、エネルギー行政、通信行政等の領域別に分けた区分も見られる。

　では、経済行政はどうか。この言葉自体は、きわめて漠然としているが、少なくとも、経済とは何かをめぐる議論は、法律学ではなく経済学の役割とし、法律学では、経済の概念を所与として受け止め、国民の一般生活に見られる取引、契約をはじめとした活動を「経済活動」と称している。それに対し、行政とは、講学上、これを、国の権力機関または国家活動のうち、立法と司法を除いたもの（**控除説**）とするのが通説である（本書では、国家活動の意味として行政をとらえる）。このように、**経済行政とは国民の諸種の経済活動に関わる国家活動**という複合的概念であり、経済活動を対象とす

1）今村成和＝畠山武道補訂『行政法入門〔第9版〕』（有斐閣、2012年）49頁。
2）宇賀・行政法Ⅰ79頁
3）小早川・行政法上189頁。

る点では、先に掲げた行政の分類にこだわらず、政策立案をはじめとして、その対象が自ずと拡大していくことが想定される。したがって、経済行政という概念は、いわば枠組み概念としての性格を有し、その中に見られる行政活動の諸現象を法的に読み解くことを内包としている。

(2) 枠組み概念としての有用性

以上から、経済行政は、国民の諸種の経済活動に関わる国家活動であるが、その活動には、国や地方公共団体などの公の主体（これを**行政主体**という）が行う規制という手段が用いられている。この場合、わが国では、経済活動の根幹には、経済活動が個人の意思決定を重視する市場機構が主軸としてあり、政府の介入は極力否定される自由主義経済（資本主義経済、市場主義経済とも呼ばれる）が採用されている。そうした体制の下では、**経済行政とは、狭義には、民間企業など営利を追求する者を名宛人として、国民一般の利益を考慮し、その経済活動に対する何らかの規制を課し、市場機構に働く競争原理その他の関連諸利益との調整を図らなければならない行政活動一般**として言い換えることができる。そして、経済行政法とは、このように経済行政を狭義にとらえた場合の法分野とするのが、後に掲げる諸現象を法的に読み解く上で適当である。

もっとも、この場合でも、経済行政がどの範囲を示すかは、実のところ明確とはいえない。例えば、そうした活動の中心的要素をなす規制は、私たちに自由な活動をさせないルールといったように、およそ一般人が抱くイメージとして広義に用いられることからはじまり、政府による民間企業同士が定めた自主的なルールの策定等の要請または承認といった事実上の行為をも含むことになる。さらには、規制対象となる経済活動は、単に民間企業だけが行うものではない、場合によっては、民間企業が行えない諸種の経済活動を国などの公の主体が代替するといった広義の経済行政のとらえ方も考えられる。次にこのあたりについて見てみる。

(3) 公的規制と規制緩和、民間化・民営化

規制緩和と
公的規制

　経済行政をとらえる上で重要な要素となる規制緩和政策は、行政機関が国民に対して課すところの規制（すなわち、行政上の規制）であって、国民に対し権利を課し、または、義務を負わせる両面を含んだものを前提としている。このような政策が登場する以前は、それまで国民による経済活動には、法律に基づいて、行政上の諸規制を課しつつ、時に、法律の枠組み外においても法律上のそれによるのと類似の規制を課してきた（例、行政指導）。その規制の必要性は、時々の経済情勢に応じて変化するため、一定期間が経過し廃止等がなされない限り膨大になる結果、不要な縛りが生じることで、本来の経済活動を行う上での非効率的な側面もあらわになってきた（例、競争が可能な分野において少ない民間企業だけが高い料金を設定できる場合）。このため、国としては、その是非を論ずる必要性から、公的規制といった概念を定立し、それについて問題にしようという政策判断があったといえる。これが、**規制緩和（論）**（deregulation）と呼ばれるものである。

公的規制
の意義

　政策判断をめぐり、国は「公的規制」という語を用いて、一定の方向付けをしようとしてきたことに注意を要する。すなわち、第二次臨時行政改革推進審議会（審議会については☞本部第2章Ⅴ3(3)）による「公的規制の緩和等に関する答申」（1988年12月1日）は、「公的規制は、一般に、国や地方公共団体が企業・国民の活動に対して特定の政策目的の実現のために関与・介入するものを指す。それは、許認可等の手段による規制を典型とし、その他にも許認可等に付随して、あるいはそれとは別個に行われる規制的な行政指導や価格指示等の制度的な関与などがある」として、緩和の対象を特定しようとした。そして、この答申後も、内閣府に設置されている規制改革会議では、この定義を用いて議論の対象にしてきた。

　もっとも、このような公的規制の定義は、あくまで国の政策推進にとって便宜的なものであるため、法律学の世界から定義としてなじむかどうかは疑問がなしとしない。しかし、およそ経済行政をイメージする上で、国が定義したような公的規制を素材にすることは、現在の私たちの経済活動に対する規制一般を問題にするうえでも不可欠と考えられるため、経済行

政の一定範囲のイメージを司る概念として、これを議論の出発点としておこう。

公的規制と民間化・民営化　公的規制は、企業・国民の諸活動を念頭に置いた国などの公の団体・機関による諸規制それ自体を表したものである。このため、この作用は、狭義の経済行政であるといえるが、**行政主体自身による経済活動**も対象として見逃すわけにはいかない。ただし、この場合の「経済活動」は、民間企業が行う純粋な営利活動とは異なり、一定の公益性・公共性が期待されるために、公の団体が担い手となっている。この特殊性に着目すれば、経済行政の対象にはこれを含まないとの見方はできるものの、国・公の団体が一定の役務提供に対することによって対価を得る（事業として）といった視点でとらえれば、行政自体も民間企業同様に経済活動を行っているとみなすことが可能であり（事業の概念として☞第2部第1章**1**）、ここに行政改革の一環として、**3**にも取り上げるように、さまざまな公の事業が民間化、さらには、民営化されることと規制緩和とを並行的にとらえることが可能となった。

　他方、このような公の団体による活動も、それが営利性を持たないと解されたり、従業員が公務員としての（またはそれに準ずる）身分を有するといった観点から、民間企業とは異なる規律を受けることがある場合（例、地方公共団体が運営する公営企業など）には、利益の最大化を原則とする純粋な経済活動として位置付けることには限界がある。このため、この種の活動にに対しては、行政改革・規制緩和政策といった現象（☞本章Ⅱ1**(4)**）は、公益性を維持しつつ、その範囲内でより効率化を求めるべく、民間化・民営化が行われることがある。本書ではこのような場合を、**行政主体（国・公共団体）による経済活動**として、考察の範疇に含める。

2❖経済行政上の規制のとらえ方

（1）さまざまな学説

四つ学説　経済行政の範囲を司る「規制」について、法律学は何らかの意味を見出し、ありうべき道筋をつけようとして、様々なとらえ方を試みてきた。ここでは、法律学者の分類法に沿った主だった学説を、

以下に取り上げておこう（名称については便宜的につけたものであり、一般的ではない）。なお、本書が想定する「規制」とは、先の公的規制を念頭に置くが、およそ行政上の規制として、実定法に基づき、行政庁が一方的に義務を課したりする場合を含むものである。したがって、民事法が想定するような私人間の意思表示によって一定の法的拘束力を持つことを念頭に置いた規制とは、別異にとらえる。

① **「規制」法説（田中説）**　「規制とは、公共の福祉を維持増進するために、人民の活動を権力的に規律し、人民に対し、これに応ずべき公の義務を課する作用」とする説であり[4]、経済活動に特化しない広い概念としてとらえるものである。この説は、「規制法」として経済秩序法、経済統制法、公共企業規制法、その他の規制法の四つに整理する。この整理は、国民の経済活動に対する規制を念頭に置きながらも、規範そのものというよりは国民の利益保護のために公の機関による行為一般ととらえ、その中でも、国民に法的な義務を生じさせるような「権力的」な行為を指すものである。

② **経済干渉行政説（原田説）**　「国家（または公共団体）が、その経済政策を実現するため、積極的に生産・分配・流通・消費などの過程に関与して経済の自律的循環に干渉を加え、経済秩序を一定の方向に秩序だてて形成する行政作用」と整理した説である[5]。ここに「干渉」と称する場合、権力的・非権力的・間接的な各関与をイメージしている。

③ **国家干渉説（金沢説）**　営利追求のための行為に対する規制を「国家の干渉」としてとらえるものである。この場合、「消極的（権利の制限）・積極的（保護助成）の両面にわたり、また、高権的干渉・非高権的干渉の両者を包含する意」とし[6]、経済活動を民間企業によるものとして範囲を限定する。

④ **市場原理基準説（古城説）**　市場原理に照らして公的規制の必要性

---

[4] 田中・行政法下 85 頁。
[5] 成田頼明＝園部逸夫＝南博方編『行政法講座下巻』（青林書院新社、1970 年）40 頁〔原田尚彦〕。
[6] 金沢・経済法 39 頁。

を説明しようとする説である。この場合、取引関係および取引関係外の各規制を規制作用、および、公共財や国民の共同施設を納税者である国民の負担面に着目しこれを規制と同視する給付作用とに分ける[7]。これらはいずれも、市場原理に着目した分類法であり、経済学において主張されるような「市場の失敗（market failure）」（市場に委ねることが厚生を最大化できないこと）の是正や市場原理の限界に照らした規制の当否を判断すべきといった説となる。この説では、公的規制が国民の経済活動に対して補完的機能を果たすことになる。

諸説の問題点　以上の諸説のうち、「規制法」説は公共の福祉の維持増進という嚮導的目的によって包括的にとらえようとし、市場原理基準説は規制行政・給付行政という伝統的な行政の分類に応じた概念によって分類しようとしている。これに対し、経済干渉行政説および国家干渉説は、同じく「干渉」という語を用いて国民の自由な経済活動を前提に、その中において行政活動を把握しようというものであるが、これら二説いずれも規制の権力性・非権力性に着目する点では共通しており、それらの包括的概念として規制を把握することの重要性を物語っていることに変わりない。

　このような分類目的には、法解釈という側面からそれなりに意義を認めるべきではあるものの、少なくとも、個々の視点に基づき、任意の断面を観察しようという仕方で論じられてきた結果、全体像に迫る体系的把握には至っていない。これらの分類は、対象に内在する共通した要素を抽出する帰納的な手法によって一括りにする試みであるが、依然、断片的なとらえ方でしかないという批判が常につきまとう。一定の理念をもって多種の規制を括ろうとする概念といえるが、あまり生産的ではないとの批判も考えられるだろう。もっといえば、明文の規定を持つ実定法の解釈手法を明確にすることに徹する必要性から、このような規制を体系的にとらえる見方自体、「ためにする議論」として、否定される傾向にあるともいえるのである。

7）古城誠「公的規制と市場原理」公法研究 60 号（1998 年）109 頁以下。

いずれにせよ、現代社会においては、統一的把握がかなり困難であるように、多様な規制について、法的になぜそれを要するのか、必要に応じて政策判断をも含めて把握することに、議論の実益があるといってよい。本書は、このことを経済行政という視野からとらえるものとし、その対象としての規制を、公的規制と表現しておく。このあたりの詳細は、本部第2章において整理することとし、ここではその実益に関わる問題について見ておく。

(2) 現代において求められる公的規制像

必要性の判断基準　公的規制が必要とされる実際上の理由は、その対象内容によってさまざまである。第二次臨時行政改革推進審議会による答申が示す一般的定義からもわかるように、「特定の政策目的の実現」を目指した規制であることから、その必要性は政策論によるところ大である。しかし、このために、逆に個人の価値判断が介在することで、必要性に係る客観的判断がつきにくく、社会的な安定性を得るためには、法的に導くことが必要ということになる。

確かに、関係する法律の条文には、「目的」を規定しているケースがかなり多いため、当該法律全体が何を規律しているのかがよくわかる構造となっている。このため、ある程度逐条的に、当該法律に規定される公的規制の目的を導き出すことはできる。

もっとも、果たしてその公的規制が法律に規定する目的に沿っているかは必ずしも明らかでない場合、特に急激な経済活動の進展に伴い、その目的が時代にそぐわない場合にあっては、公的規制も過剰なものとして、一般的に考えられるようになった。その場合は、憲法や立法者が企図する何らかの基準を打ち立て、それに対応する公的規制の在り方を目的論的に判断することが、実益のある議論と考えられてきた。

消極目的規制と積極目的規制　規制を受ける者（被規制者）の観点からの意識がある。この場合、たとえば、あらかじめ決められうる目的と公的規制とが合理的関係にあるといったことによりその適否を判断するものであって、過剰な規制であれば、国民に対し、**憲法22条1項によって保障された職業選択の自由**（これに**営業の自由**を含めるか否かは

論争がある）が侵害されていないかを見極めるといった具合である。憲法学説では、規制を次のように区分している。[8]

① **消極目的規制**　自由国家的見地から、国民の生命、健康に対する危険を防止するため、職業の選択とその遂行に対して加えられる規制であり、警察的規制と称されるもの。この規制手段として、許可制、登録制、資格制、届出制を掲げる。

② **積極目的規制**　社会国家的見地から、経済の円満な発展をはかり、社会公共の便宜を促進する等のためになされる職業選択の自由に対する規制であり、経済政策的規制がこれに当たるというもの。この規制手段として、国家独占、特許制、特定の政策目的による許可制・届出制を掲げる。

このような両者の区分は、行政処分の分類（☞本部第 2 章 III **2** (**2**)）における発想とも整合的であり、行政裁量（行政機関が何らかの決定・処分を行う上での幅）に対する裁判所による審査の密度を決める一つの尺度としても、親和的な側面があった。

しかし、当然ながら、経済社会のグローバル化と市場機構の展開、このことに伴う規制緩和政策、その他、経済政策そのものの転換によって、新規事業を生み出すためのさまざまな産業保護・育成法制（☞第 3 部）のための新たな諸制度の登場といったように、経済活動に対する規制の存在意義は、大きく転換される余地が常に存在し、実際にも、そうなっている。かつて、近代国家が自由国家的見地を出発点とし、国家の積極的介入を求める福祉国家の変遷を経る過程にあったと考えれば、現在の状況は、歴史的反省によって、市場機構の深化にも適合しつつ、**積極目的規制から消極目的規制への転換**が見られる段階である。これを踏まえて、経済行政法では、積極・消極両者の視点を、市場機構に対する行政作用（行政介入）の観点からとらえる必要がある。

8）ここでの議論は、野中ほか・憲法 I 478-479 頁に依拠する。

経済的規制と社会的規制　経済合理性の観点からの意識がある。公的規制は、非営利財（利益を生まない財）を独占的に提供する民間企業などに対する厳しい規制を指すものであったが、この独占を容認しこれを前提とした規制が利潤追求を阻害し、経営が非効率化することにもなっていたといわれる。これは、経済学などでいわれる、市場の失敗に対する政府の失敗（government failure）または規制の失敗（regulatory failure）と呼ばれる現象であるが、このために、規制緩和、規制撤廃・廃止の必要性が認識され、そこで、独占を容認した規制の目的自体が果たして時代に見合ったものとなっているのかという視点が不可欠となる（経済学との接点は☞本章 III **2**（**2**））。

　ところで、理論的に規制を区別する指標として、**経済的規制**（economic regulation）と**社会的規制**（social regulation）がある。このような規制の区分には、元々、アメリカにおける経済発展とともに認知されてきた経済的規制の存在が前提となっている。すなわち、自由主義経済体制においては、純粋な経済活動に対する規制が不要であり、市場機構に委ねられるべきといった思想的背景がある。ここでは、経済活動を制限する経済的規制の存在は、例外的事象においてのみ認められる論理となる。

　他方、環境被害を伴う大気汚染・公害といった企業活動の発展に伴うひずみによって、侵害された社会的価値を保護するための社会的規制の存在が認知されることになった。この種の規制は、利潤追求を念頭に置いた企業経営にとっては外的要因（extenalities）によるものとして、原則的にはなくてもよい経済規制とは区別された規制である。したがって、経済的規制を例外化する方向は、社会的規制の必要性と対比されつつ、語られることになる。

　例えば、特にわが国では、第二次臨時行政改革推進審議会による答申などからもわかるように、規制緩和を認識する上で、**経済的規制＝緩和、社会的規制＝存続**といった区分けがなされてきた。しかしながら、注意を要するのは、本章 III にも取り上げるように、経済行政法には、隣接諸分野が多岐にわたり存在するため、「経済活動」に対する規制は、見方によって多くの種類があり、区分自体も相対化している（☞コラム▶**経済的規制と**

社会的規制の相対化現象）。さらに、規制緩和の対象となる規制を達成するためには、新たな規制を要する場合があって（例、公益事業〔ネットワーク産業〕における競争促進的業務規制☞第2部第3章III）、これらの区分が規制の要否を決める基準としての性格を低下させているともいえる。このため、何をもって規制緩和の対象とすべきかは、政策目的とも相まって、事案に応じた個別具体的な判断をせざるを得ないことになる。

COLUMN
▶経済的規制と社会的規制の相対化現象
　　この点についてよく例に出されるのが、交通産業（☞第4部第3章）である。交通は鉄道・飛行機・自動車などを用いた旅客・貨物の運送を目的とした分野であるが、規制目的が運転手の過労防止としてとらえるのであれば、明らかに社会的規制であるが、実際には、参入規制を緩和する方向がこれまでの立法の経緯であり、立法者はこの規制が経済的規制と見ていることになる。これに対し、医療分野にあっても、例えば、病院開設において都道府県知事の許可制が採用されているが（医療法〔昭23法205〕7条1項、診療所・助産所は保健所を設置する市区長）、治療の質の低下防止という視点に立つべきか、病院経営を市場機構に委ねるべきか、といったように、論者によって大きくそのとらえ方が異なる。実際、病床数の制限に伴う中止勧告という事実上の参入規制により、病院開設を阻まれた者による訴訟事例（病院中止勧告の取消訴訟については、最二小判平成17・7・15民集59巻6号1661頁〔富山県病院開設中止勧告事件〕〔行政百選II 167〕、最三小判平成17・10・25判時1920号32頁、最二小判平成19・10・19判時1993号3頁）が散見される。

(3) 多様性をとらえる視点の必要性

しかし、公的規制の必要性に関する判断基準を消極目的か積極目的かに置くのは、その根拠法規の立法事実にこだわるあまり、経済社会の急激な進展によって現実にそぐわない可能性が高まるし、経済的・社会的といった分類法も、消極的・積極的区別と同じく、境界が相対化せざるを得ない。そして、両分類ともに、区分を明瞭化できるメリットがあったことがある反面、複雑な現代社会のニーズにはこたえきれないといった懸念がある。

したがって、**公的規制を基軸とする経済行政が、積極規制・経済的規制に該当する分野にもっぱら属するものとして単純に整理されることには問題がある。**

こうした公的規制の判断基準の問題に照応する形で、規制緩和を論じる場合にも問題がある。規制緩和は、元々個々の実態に応じて何を必要な規制とし、何を不要とするかといったその時々に応じた議論を要するため、アプリオリにその当否を決め難い面があることは当然である。国民に対する役務提供の必要性・利用価値に関する認識をはじめ、技術革新によってより効率化しうる新局面が登場することによって、異なる「ビジネス」としてとらえることも可能といった流動性は、絶えず存在するものである。そして、このことは、決してわが国国内の事情によるものだけでなく、その多くは海外の事象により影響を受けることがあった。

(4) 共管領域を探す必要性

では、このような多様性の容認（価値観）を、いかに公的規制の必要性をとらえる上で発揮できるだろうか。本来、その作業には、憲法によって保障された財産権の保障・営業の自由（議論は☞本章Ⅲ1 **(1)**）を前提にしながら、個別の規制法なり立法経緯も踏まえて、個別法に基づく許認可を行う権限機関たる行政庁（大臣、自治体の知事や長等）による行為（行政処分☞本部第2章Ⅲ**2**）のみならず、介入・誘導、計画、その他の多様かつ積極的な行政活動を対象とし、それらの意味を問い直す必要性がある。

しかし、この作業を網羅的に行うことは、現実妥当性を問う上で議論が拡散する上、法解釈の観点からもあまり意味がない。個々に分化した現在の法体系の下では、むしろ共通した法領域を識別し、それらの共管領域における問題点を顕在化させることを通じ、課題を見つけ出すことのほうが、理に適った考察方法と考える。そこで、公的規制の要否を判断する基本原理として、本書ではとりあえずこれまでに培われてきた規制に係るイメージを前提に、**経済行政における公的規制とは、国民の経済活動のうち公益的な観点から経済秩序を維持することを最大の目的とした積極的な行政活動**と称しておく。

3 ◆ 民営化・民間化のとらえ方

　公的規制は、行政庁による行為がもたらす機能面に着目するため、それが法律に基づき当該機関に付与された権限の範囲内であるか、という視点が重要となる。しかしながら、行政主体による経済活動にあっては、解釈範囲の次元を超えて、**規制緩和政策が行政活動の非効率化を念頭に置いた行政改革の一環としての現象**があり、それによって、現在ある種々の公的な事務を民間＝民間企業がビジネスとして、さらには、**組織自体が株式会社化＝民営化**される現象が生ずる。

　そこで、このこととの関係において、解釈範囲ではなく、いかなる組織がその活動の担い手となるべきか、という点が大きな問題となる。この場合、営利追求という経済効率性の最大化を主目的とする民間企業が担い手となるべきとするならば、その代表例は「三公社五現業」のような民営化の議論に見ることができる（コラム▶「三公社五現業」と民営化）。

　しかし、このこと以上に、組織の担い手に変更は加えず、業務を民間企業に委ねることで営利追求に近似した行政活動を期待するケースとして、**民間化＝民間委託**がある。上記の民営化とこの民間化は、その担い手を民間企業に委ねること自体に違いはないものの、その手段や与える影響の大きさには差がある。ただし、民間化＝民間委託の場合、公的規制の必要性は変わりないという前提に立つため、規制緩和政策とは異なっている。

COLUMN

▶「三公社五現業」と民営化

　第二次世界大戦後、わが国では数多くの産業が国有化された。その典型例が「三公社五現業」と呼ばれる一連の基幹産業である。「三公社」とは、たばこ産業を担う日本専売公社、日本国有鉄道（国鉄）、そして日本電信電話公社（電電公社）を指し、「五現業」とは、郵便・郵便貯金・簡易保険等の業務、林野業、日本銀行券の発行等の業務、造幣業、アルコール製造業を指す。法令上、この三公社を公共企業体と呼ぶことがあった（例、公共企業体職員等共済組合法〔昭31法134、昭58法82により廃止〕2条）。

　これらのうち、「三公社」のすべて、および、「五現業」の中の郵便業務およびアルコール製造業については、現在、民営企業によって行われる一方、他の「五現業」については、林野業が国の一般事業として、日本銀行券の発

行等および造幣業が特定独立行政法人化された。その意味では、そのすべてが株式会社化という狭い意味での民営化が行われたとはいえない。

　民営化の形態からは、市場から資本を調達する完全な民間企業化を目指すものではなく、経営体質の改善等があり、いわゆる特殊会社の形態をとるものであったため、会社法にすべて依存するものではない。したがって、資本の保有を通じて"国の手"から完全に独立したものではないという意味で、民間企業に対する公的規制とは異なる形態ということができる。このあたりは、本章 **4（3）** でも触れる。

4 ◆ 経済行政法の位置付け
（1）行政法総論の一部として

概要　公的規制は、行政活動に関する個別の分野から共通する特徴点を抜き出して類型化する場合、行政主体・行政機関によるそれとしての免許、許可、認可などといった行政処分（行政行為の用語との関係は☞本部第2章 III 2（1））として一般的に呼ばれる法形式と一致する。従来、このような行政処分の法的性質を主要テーマの一つとして論じてきたのが行政法学であり、行政法総論とも称されている。そこでは、行政庁が、規制の名宛人に対しその権限を行使する上で認められる裁量の存否および程度をはじめとして、当該規制自体が法的に見て妥当であるか否かを論ずるのが一般的である（料金規制の適法性を論ずる上で用いられる司法審査の手法とも関係する。☞本部第2章 VI 2（3））。

　もっとも、行政法総論の主眼は、行為形式を広く行政活動に共通する性格として客観化・一般化することで、そこに見られる法的性質を見出す狙いを持っていた。これに対し、経済行政法が念頭に置く場面は、行政活動のうちでも（主体を問わず）およそ経済活動一般との関係性に着目するため、経済行政法は、行政法総論の一部を形成しつつ、行政法総論の対象分野を経済活動に特化している。

9）行政活動として扱われる範囲によっては、行政法総論の意味はおのずと異なる。本書では、説明の便宜上、伝統的な行政法学における把握法に従い、行政組織・作用・救済の各法分野の総称のイメージとしてとらえている。

問題点 しかしながら、経済行政法を、行政法総論の対象分野を限定するという消極的意味にとらえるのであれば、その意義を狭くとらえ過ぎているように思われる。すなわち、行政法総論のみからとらえた場合、規制緩和論にも見られるように、規制の廃止などに伴って純粋な市場機構に経済活動が移行すれば、その途端に対象分野から外れることにもなりかねず、望ましい行政活動の在り方を追求する手立てを失う可能性は否定できない。このような考え方は、行政法総論が規制の法形式に着目することに伴う弊害ともいえるが、その結果として、別の法形式（新たな規制分野）が登場することにも着目し、その影響を目極める必要がある（例、旧石油業法に基づく厳格な公的規制の撤廃後、石油の備蓄の確保等に関する法律などを根拠にした石油取引の適正化を目指した緩やかな規制に変更された場合等）。

機能の拡充 その意味でも、本来、**経済活動の主体となるべき民間企業をはじめとする行為の名宛人における経済活動の性格を見極める必要性**から、行政法総論の一部でありつつ、対象分野を取り分けた上でその特異性を見出すという、行政法総論の空隙を埋めることが、経済行政法の果たすべき役割といえる（この点に照らせば、時代に見合った立法事実に照らし、政策論にも足を踏み入れざるを得ない場面が想定できる）。

すなわち、経済活動に対する現代行政の実態は、タクシー事業に見られるような供給過剰に陥らないために実定法上の形式によらずに事業者間の参入調整が行われたり（☞第2部第2章**Ⅱ2(2)**）、市場機構が機能不全に陥らないための物価抑制が行われるといった緊急時を前提とする行政活動が行われたり、積極的な立法作用を通じて財政支出や規制強化などを通じて産業の保護・育成が行われるといったように、経済現象への積極的行為からなる。

このような行為を、許認可といった典型的な行為を含めて、国民の経済活動に対する**行政介入**という言葉遣いをすることがあるが、経済行政法は、制定法の解釈だけでは見過ごされがちな制度を、機能的にとらえ、解釈の拡充を目的とする。

(2) 行政法各論の一部として

概要　行政活動が拡大化するにつれ、それを整序する一定の法理が求められてきた。これを行政法総論との対比において行政法各論と称することがある。そこでは、行政法総論ではとらえきれない諸種の行政活動を拾い集める作業が行われてきたといってよく、現在でもこの意味としてイメージされることが多い。そして、この行政法各論のイメージ自体は誤りでないにせよ、国民が行政に求めるニーズの拡大と相まって「行政の肥大化」などと揶揄されるように、行政法各論として整序される行政活動の内容には過不足が生ずることは否定できない運命にある。加えて、法解釈上の意義には消極的な見解も見られるため、その地位は行政法総論に比べてかなり低いといえる。

テキストの扱い方　行政法各論の存在意義をめぐる議論には立ち入らないにしても、「行政法各論」と称する、または、それと同類に主要テキストを見ると、次のようになっている。

例えば、遠藤・各論では、行政を社会管理機能ととらえた上で、経済行政法をわれわれの生活に関する「生活行政法」の一つに位置付け、「経済に関する行政法」として社会管理機能の制度化のあり方という一般的見地から整理していた。このようなとらえ方は、小高・各論においても、「生活秩序行政法」の中に位置付けており、ほぼ同様の体系をもって説明している点に現れている。両者の違いは、遠藤本では公企業を別途扱い、小高本は経済行政法に含めるところにある（公企業概念は☞第2部第1章Ⅰ2(3)）。

以上に対し、経済行政という分野を行政領域の一つとして別項目を立てて把握しようする場合もある。ここにいう行政領域議論は、上記に示した行政法各論のとらえ方と違いはあるものの、考察対象ではほぼ一致するといってよい。室井編・入門［浜川清］では、「経済政策……の実現を目的

---

10) 例えば、塩野・行政法Ⅰ11頁は「個別の行政領域に存在する制定法を整理し、さらに、そこに妥当する法原理を探求することは消して意味のないことではない」としつつ、「単に行政法通則の適用場面としての行政各部ではなく、憲法との関係でも独立した法領域を形成していると見るのが妥当な場合が多い」とする。

11) 遠藤・各論19-20頁。

12) 小高・各論34頁以下。

として、国民の経済活動に介入する行政活動を総称するもの[13]」としてとらえたうえで、遠藤本とは異なり、公企業も含めて扱われている。

　以上からすれば、少なくとも、行政法総論との対比として行政法各論または行政領域論を想定し、その一部に経済行政法という法領域を構成することには、異論ないものとして認識されているといえるだろう。その意味からすれば、あとは経済行政法の存在意義をどのようにとらえるべきか、という問題が残ることになる。

(3) 私による行政・行政の民間化の把握のために

　国や地方公共団体といった公の団体が、自ら経済活動を行ってきた現象も見逃してはならない。このことは、公的サービスを行政主体外の民間企業等に委ねる意味において、**私による行政・行政の民間化**などと呼ばれることがある。先にふれたような一部を除き民営化された「三公社五現業」と呼ばれる諸事業はこの典型であったが、規制緩和政策と並行して問題が顕在化したものであり、必ずしも伝統的な行政法総論の範疇ではなかった。

　では、民営化されたからといって、完全に民間企業化したかといえばそうではない。所有形態だけを見ても、それらは依然として全部または大部分の株式保有を通じて実質国有に近い形が採られており、その結果、時の政権の考え方が人事などに大きく反映される場合がある[14]。

　このほか、地方公共団体では、地方公営企業として水道、ガス、と畜場、公営競技場などが運営されているが、料金の設定を条例に委ねるなどの本質的な部分では民間企業と態様を異にするものの（「公の施設」に該当するものとして自治法244条の2第1項等の適用を受ける）、公の主体による経済活動としてかなりの側面、民間企業のそれと同視しうるものである。

　このようにとらえた場合、民営化・民間化については、そもそも行政法

---

13) 室井編・入門276頁［浜川清］。
14) 株式保有率については、民営化の根拠法において規定されることが多い。政府は、日本電信電話株式会社（持株会社）の場合、常時発行済株式総数のうち3分の1以上に当たる株式を保有すること（NTT法4条1項）、日本郵政株式会社の場合、その発行済株式総数を保有し、他の会社（郵便事業株式会社、郵便局株式会社、郵便貯金銀行、郵便保険会社）のそれは日本郵便株式会社が保有すること（郵政民営化法5条3項）などとされている。

総論でとらえるべき分野ではないという見方ができる。行政法各論の中でも、これらは経済行政法とは別建ての公企業・公共企業として把握されてきたこともある。[15]しかしながら、民間企業の経営実態との対比の中で、公共性なり公益的性格に伴う諸課題を明らかにする必要があるといえるため、経済行政として把握する必要性がある。

(4) 市場機構との関係性を見極めるために

　自由主義経済体制を前提とする現在、公的規制を受ける民間企業にあっても、市場機構に属する他の民間企業と同様の経済活動が求められることがある。具体的には、民間企業に独占的経営が容認されてきた分野（例、電気・ガス、電気通信といった公益事業〔ネットワーク産業〕）における**市場自由化**（競争化）が、この例である。その結果、三公社五現業の一つであった日本電信電話公社（電電公社）が主体となる通信産業が、市場原理の導入をきっかけに、民間企業等の経済活動と同一視されているといってよい。

　しかし、このこと以外にも、競争環境を整備する目的から、例えば、回線設備の保有者である日本電信電話株式会社（NTT）に対し、民営化以降はさまざまな禁止行為（例、他の競争事業者以上に料金引下げ、回線セット割引等の禁止）などの**非対称規制**（asymmetry regulation）と称される新たな義務を課してきた点は重要である。この場合、事業者たるNTT東日本または西日本それぞれを、他の事業者とは切り分けて規制を課するというものである。具体的には、料金規制については電気通信事業法上の根拠が見られるものの（30条3項各号）、その規定の仕方は包括的かつあいまいであり、結果的には、審議会（情報通信審議会）等の政策過程の中で決せられたことを基準とするなど、規制手法としては実定法上の統制に広範な裁量を与えている。この結果として、**法律を根拠に持たない事実上の規制が、自由な市場機構を制御する**ため、このような規制のスタイルは、行政活動を実定法の解釈のみに委ねる方法論から把握することには限界がある。このような例は、経済行政法によって取り扱われるべきことを意味する。

---

15) 遠藤・各論153頁以下。

5 ◆ 本書のねらい
（1）経済行政への法治主義の普及
　行政活動は、国会の審議を通じ民主的に制定される法律（憲法41条）によって統制される。このことは一つのフィクションであるが、行政法総論・各論における根幹となる重要概念であり、**法治主義**（行政活動一般では**法律による行政の原理、法治行政の原理**ともいわれる。本書では同義にあつかう）と称される。そして、それが経済行政にも及ぶことはいうまでもない。

　ところで、わが国の場合、第二次世界大戦後の復興過程の中で、国家による民間企業等の自由な経済活動への積極的介入を通じた経済政策を実現し、国際的な経済力を身に付ける上で一定の意味を持っていた（歴史的経緯は☞本章II 1 (3)）。しかし、時にそれが一部の企業利益を優先する結果を招くとともに、行政の利害を優先するために不透明かつ恣意的な手続を通じて判断されるなど、非効率的な経済活動を生む効果もあった。そして、法治主義の観点からは、公的規制が公益的観点から必要に応じて行われてきたものの、規制的行政指導（☞本部第2章III 3 (1)）に伴う規制手法など、法治主義が必ずしも及ばない形で実現されてきた。このことは、日本型産業構造の課題としてすでに多くの指摘がある一方、平成5年法律第88号として、行政運営における公正の確保と透明性の向上を目指し成立した**行政手続法**は、経済行政に対する法治主義に照らした一つの立法的解答であった。

　本書は、経済行政における行政活動に対し、法治主義を及ぼす観点から、制度・解釈上の問題を明らかにすることをねらいとする。

（2）現代型公的規制の機能的整序
　経済行政に法治主義を及ぼすためには、行政法規が適切に制定されていると同時に、その機能も法規の目的にあわせて果たされていなければならない。これは、行政法規の趣旨目的の議論とあわせ、法の執行過程の問題となることを意味する。

　しかしながら、その行政法規は、経済活動の進展に応じて肥大化し、民間企業の利益保護や行政活動の保守化と相まって、十分な機能を果たせないまま存在する場合も考えられる。規制緩和政策が問題視したのも、この

ような場合であった。他方、保護されるべき民間企業の利益のとらえ方も分野によっては異なり、提供されるサービスが国民一般の利益に関わる場合は、規制緩和政策を弊害としてとらえることも可能である。しばしば、政策そのものが果たす役割自体にも疑念が持たれてきたのは、この所以である（例、ユニバーサル・サービスの低下によって高齢者や低所得者層に十分なサービスが行き渡らないことへの懸念☞第2部第3章II**3**）。

　そこで、本書は、肥大化してきた公的規制にいかなる機能が伴っているかを整序し、現代の経済社会において行政活動が果たしている現状を法的にとらえることをもう一つのねらいとする。

（3）独禁法との適用関係の整序

　経済行政法の存在意義の一つに、市場原理との関係性を見極めるためであることを既に掲げた。このことは、民間企業間などの経済活動には、経済合理性が求められることを意味するが、それはまた、競争秩序の維持を目指した独禁法の適用問題も課題になることを意味する（本書の独禁法の位置付けは☞本章III **1**（**3**））。このことは、公的規制を受ける分野にあっても同じである。

　従来、行政法各論の中では、独禁法を経済行政法の一つの柱としてその制度概要が紹介されてきたが[16]、これは、公的規制によって保護された分野を市場原理から独立して扱い、独禁法の適用・解釈問題を切り離して理解するものであった[17]。しかし、例えば、電気通信分野のように、規制緩和政策に伴い公的規制が市場機構を形成する道具として用いられ（これを**競争政策的規制**と称することもある）、事業者間における競争秩序が誕生した結果、独禁法の解釈・適用が大きな争点となっている（**判例Pick up II-3-③**最二小判平成22・12・17民集64巻8号2067頁〔NTT東日本FTTH事件〕）。

　そこで、この点を純粋な独禁法の解釈問題に委ねるべきとの考え方があるものの、競争秩序は公的規制が直接の要因となって形成されることから、

16）遠藤・各論182頁以下、小高・各論25-26頁。
17）立法経緯からもこの点は指摘できる。平成12年法律第76号改正前の独禁法21条では、鉄道事業、電気・ガス事業その他の性質上当然に独占となる事業に固有の行為に対し適用除外規定を置いていた。

各産業分野の特性に照らして適切に解釈されるべきなどの考え方もあるように、議論の一致を見ない。本書では、関連する規制ごとに独禁法との関係を整序するねらいがある。

II　経済行政の歴史と外国法

1 ◆ 経済行政の歴史

　経済行政の射程範囲は、国家に対する国民の期待をはじめとして、時の政治情勢の変化と密接な関連性がある。ここでは、第二次世界大戦以前から現代にいたるまでのわが国における経済行政に関する歴史を素描することで、その意味が大きく変化していることを確認しておくことにしよう。[18]

（1）第二次世界大戦前と経済統制法

　近代市民法は、私法上の原理をすべてにおいて優先するという点では、国家の国民による経済活動に対する介入を容認する余地は少ない。これは、経済活動の利害調整を市場機構に委ねることを意味するものだが、司法の場での問題解決に余地は残しつつ、概して積極的な介入手段は見いだされないことになる。もっとも、経済後進国であったわが国では、急速な経済発展を遂げるためには、むしろ国家が、積極的に経済活動への介入を図ることになった経緯がある。

　学説上、経済統制法は、警察法、公企業および公物の法、公用負担法、財政法、軍政法と並ぶ一つに位置付けられていた[19]。そして、本書も経済統制法に見られる規制を取り上げることになるが、第二次世界大戦前を中心に、法体系の一つとして把握されていた面がある。この背景には、第一次世界大戦後のドイツにおける経済体制に影響を受けており、これが第二次大戦時においても**戦時統制経済**として扱われ、この流れを汲んで経済統制法という概念を当てていたといえる。例えば、菊池勇夫『経済統制法』（日本評論社、1930年）22頁では、その範囲を「産業統制法規、特に独占的企業に対する統制法規を中心とするもの」ととらえ、重要産業統制法が対

18）経済行政法の史的過程については、佐藤・古稀3頁以下［岡田正則］。
19）例えば、美濃部・行政法下284頁以下。

象とする諸産業（製造業）のほか、国家総動員法（昭13法55、昭20法44により廃止）の発動に伴う労働力の配給・条件の決定といった「戦時経済統制法」としての労働関係法規を、考察の対象に含んでいた。

（2）経済統制としての公的規制

第二次世界大戦後、すぐに戦時統制経済から現在のような自由主義体制へ移行したわけではなく、臨時物資需給調整法（昭21法32、附則により自動失効）やいわゆる**ポツダム命令**（物価統制令〔昭21勅118〕がその典型）と称される戦後経済統制法が一時期姿を見せた。これらも戦時下の統制法の延長線にあるものであったが、戦時中と異なるのは、これら法令に基づく統制が私法上の取引との間で法律問題として衝突が生ずるようになっていた点である。そして、第二次世界大戦後の行政法総論における議論は、このような現象に着目して、公法と私法の関係を論ずるのが主であったといってもよい（☞本部第2章Ⅰ2参照）。

さらに、この時期は、占領政策を司った連合国軍総司令部（GHQ）によるわが国へのアメリカ型制度の導入に伴い、国家が必要に応じて事前に経済活動に介入するのではなく、独禁法が市場機構の監視機能を果たす役割（競争秩序維持法）を担ったこと[20]、行政審判手続（☞本部第2章Ⅵ2(1)）のほかにも、顕著な例としては、電気事業およびガス事業を対象とした公益事業令（昭25政343、昭27法81により廃止）において規制主体として公益事業委員会が設立されたことなどからも、戦時統制経済とは異なる、市場機構に則った諸制度が導入されたことが挙げられる[21]。

以上の現象を総括すれば、第二次世界大戦後に成立した現行憲法が保障する財産権、その他の経済的自由権の観点からは、重要産業統制法などに見られた国家による強権的な介入権限は許されるところではない。この憲法上の制約によって、第二次世界大戦中に見られた経済統制法の存在意義が狭められたことを意味する。したがって、戦時・戦後統制経済下に類する物資・価格統制を目指す法制は、基本的には、市場機構が働かない、または、働かないことによって弊害が強く予測される緊急時に限って許され

---

20) 根岸＝舟田・独禁法3頁。
21) ここにいう公益事業委員会は、現在の経済産業大臣の諸権限を有するものであった。

るべきである。現行法でいえば、石油危機（オイルショック）を契機に制定された、生活関連物資等の買占め及び売惜しみに対する緊急措置に関する法律（昭48法48）、国民生活安定緊急措置法（昭48法121）、石油需給適正化法（昭48法122）が見られる程度である。

(3) 産業政策立法の登場と護送船団行政

産業政策立法の登場　第二次世界大戦後のわが国における経済復興に際して、戦後統制経済という暫定的な立法のほかにも、多数の産業保護・育成法制が生み出された。これらは**産業政策立法**とも称されるもので、自由主義経済体制を前提としつつも、国家が該当産業に絞り、国際的な競争力をつけさせるための方策に立法的措置を施したものであった。わが国の現在にまで至る輸出を主眼とした産業構造は、立法上、この時期に形成されたことに留意しておこう（産業保護・育成法制は☞第3部）。

このような産業政策立法の存在は、同時に、国家が国内産業の保護を狙いとする**護送船団行政**（護送船団方式を採る行政活動をこのように称することがある）と呼ばれるインフォーマルな経済行政を形成していった。護送船団行政というの語自体は、法令用語でも法的な存在意義を持つものでもないが、**強力な監督権限下に特定産業を置くことで、過当競争から企業の破たん（倒産）を防ぐ現実に存した国の政策**を示す一般用語である。こうした行政介入は、経済行政法の観点から、競争的構造が妥当する、または、法律上具体的な規制権限が明示されていないにもかかわらず、行政機関による規制権限（法的な許認可権に限らず、行政指導その他のあらゆる手段を含む）を用いた業界の保護に資する政策であり、それ自体が法治主義との軋轢を生む要因を抱えていた。

護送船団行政の典型は、金融・銀行行政にあったといわれ、事業規制（参入規制）としての分野調整、業務規制としての営業所の設置規制などを挙げることができる。このほかにも、例えば、交通産業（航空機）に見られるように、国内の航空旅客会社を三社に限定し相互の路線参入を制限する場合も、この類型に該当する行政介入といえる（航空産業における事業規制については☞第4部第3章 III **3(2)**）。

国際問題化　しかし、護送船団行政とそれに基づく産業政策立法は、国家の庇護の下、民間企業間における潜在的な競争力を弱め、強力な監督の下、破たん（倒産）を防ぐことになる。その一方、規制権限の名宛人である民間企業にとっては、安定した経済活動を可能にするため、利用者に資する効率的経営、多様なサービス提供といった発想が不要となるといった問題があった（コラム▶「親方日の丸」・護送船団行政の功罪）。この問題は、単にわが国国内の市場機構における影響だけではなく、欧米を中心に規制緩和政策・自由化の流れの登場によって顕在化した。例えば、金融分野であれば**金融ビッグバン**、航空分野であれば**航空自由化**といわれる大きな経済活動の流れを挙げることができる。

　こうした一般的な国際化の流れと並び、一番の貿易（輸出）相手国であるアメリカとの貿易摩擦は、わが国における従前の経済行政の在り方を大きく転換させる契機になった。そのことは、早くは、1970年代後半以降の各産業分野における日米間の二国間交渉（例、1972年の繊維、1977年のカラーテレビ、1984年の鉄鋼）の結果として、輸出自主規制に萌芽的に現れた。[22]しかし、これが本格化したのは、国際収支不均衡の調整を名目とした日米構造問題協議（1989年9月～1990年6月）であり、その最終報告では、大店法改正に係る提言として、出店調整手続における輸入品売場の特例措置導入、調整処理期間の短縮・透明化、地方公共団体の独自の規制抑制といった三段階の規制緩和策などが含まれた。この提言は、国際公約となり、平成3年法律第80号による大店法の一部改正が行われるなどの、具体的立法に結びついた。さらに、日米構造問題協議の影響として重要と思われるのは、眼前の貿易摩擦解消のための立法のみならず、**行政指導の透明化**など、**経済行政法上の重要な課題**にもつながった点である。[23]

COLUMN

▶「親方日の丸」・護送船団行政の功罪

　　第二次世界大戦後のわが国における国内産業の保護・育成は、戦後復興と

---

22) 新・通商政策史Ⅰ523頁以下。
23) 新・通商政策史Ⅰ541頁。

急速な経済成長を遂げる原動力になったことは、誤りではない。しかし、ある程度の経済成長を達成した後に、民間企業間の競争などに任せることは、自由主義経済体制を採る以上、必須の条件となる。これに対し、わが国が採った政策の一つに、「三公社五現業」を中心とした「親方日の丸」体質と呼ばれる非効率的な国営企業の温存・維持が図られたことがいわれる。これへの対応策として、民営化といった民間企業化があるが、既にふれたように、株式会社化したとしても政府がその株式の全部または大半を保有する状態は続くため、事実上の国営企業とみなすことが可能である。

このほか、護送船団行政がもたらす功罪もある。国家による積極的な産業保護がもたらす影響は、その維持を図るために当然ながら「行政コスト」と呼ばれる、規制に伴う諸費用（人員確保等）が必要となる点に現れる。

（4）行政改革・規制緩和政策と現代のスタイル

特徴　行政改革と規制緩和政策（の推進）は、本来、異なる性格の政策である。すなわち、行政改革とは、行政の構造的課題を改善するという意味において、中央省庁等改革のように、国や公共団体の組織としての在り方がテーマとなるのに対し、規制緩和政策とは、個別の行政上の規制（公的規制）がもたらす弊害の是非がテーマとなるため、規制緩和政策は行政組織そのものの改革といった行政改革の副産物という見方もできる。さらに、次に見るように、審議会の名称も含め、行政改革が規制緩和政策を包含していたが、その後、規制改革という名の下、規制緩和政策を中心に議論、検討されるようになった。以下、その流れを簡単に追ってみよう。

第二次臨調　第二次臨調とは、臨時行政調査会設置法（昭55法103）に基づき、二年間を限度として設置された総理府の付属機関を指す。ここで「第二次」というのは、先に同名の機関が同名の根拠法（昭36法198）に基づき設置されていたことと区別されることによる（その時の臨調を第一次臨調と称することがある）。第二次臨調は、1983年に解散するまでの間、五次にわたる答申を出したが、①主要な行政施策（農政、社会保障、住宅・土地、エネルギー、科学技術、総合安全保障、税制等）、②行政組織・基本的な行政制度、③国と地方の機能分担・保護助成・規制監督行政、④三公社五現業・特殊法人等のそれぞれの在り方を、部会に分け議論した点に特

徴がある[24]。第二次臨調の多くの提言は直接・間接に法制化に結びつくが、そのうち、第三次答申（昭和 57 年 7 月 30 日）において提起された改革内容に沿った政府による「今後における行政改革の具体化方策について（行政改革大綱）」（昭和 57 年 9 月 24 日閣議決定）は、**三公社（日本国有鉄道、日本電信電話公社、日本専売公社）の改革**を明言していた。

行革審　　　行革審とは、臨時行政改革推進審議会設置法（昭 58 法 52・昭 61 法 107・平 2 法 75）に基づき設置された総理府の付属機関を指し、第一次（1983 年～1986 年）、第二次（1987 年～1990 年）、第三次（1990 年～1993 年）としてそれぞれ開催された。これらにおいて議論の対象とされたのは、第二次臨調と重なる面があるが、「行政改革の推進方策に関する答申」（昭和 60 年 7 月 22 日）の「第 3 部　民間活力の発揮・推進方策」では、公的規制の緩和の進め方が各分野に応じて掲げられた[25]。なお、第三次では「公正・透明な行政手続法制の整備に関する答申」（平成 3 年 12 月 12 日）を提出したことを受け、行政手続法が制定されるに至った点は、顕著な成果であった。

行革委から現代の審議スタイルへ　　　行革委とは、行革審を受け、行政改革委員会設置法（平 6 法 96）に基づき設立された総理府の付属機関である（1996 年～1998 年）。行革委は、その法形式から、従前の規制緩和政策の具体的提案を主眼としていた第二次臨調や行革審と同様に位置付けられるものの、民間活動に係る規制の改善の推進に関する事項を所掌事務としていたほか（2 条 1 項 1 号）、かかる事項に対する意見を受けて講じられる施策について、内閣総理大臣または同大臣を通じて関係行政機関の長に勧告できるとされており（4 条）、この点は、従前の二審議会とは大きく異なる側面を持つものであった。実際、規制緩和の実施状況を監視すべく専門的調査、検討を行うために、規制緩和小委員会が設置されていた（平成 7 年 4 月 19 日）。

　以上の行革委までの第三者機関という形式に拠った規制緩和政策の検討

---

24) 活動記録として、臨調・行革審 OB 会監修『臨調　行革審——行政改革 2000 日の記録』（行政管理研究センター、1987 年）。

25) 金融、運輸、石油等エネルギー、都市整備、輸出入関連事項、医薬品、種子、職業訓練、保安四法（高圧ガス取締法、労働安全衛生法、消防法、石油コンビナート等災害防止法）、各種営業等。

スタイルは、次のように整理できる。
① 規制緩和（現在は、規制改革と称される）の実施状況の監視と提言（フォローアップ）を繰り返す形式が採られる。このことを議論する機関として、行革委以降、2001年から2012年にかけて、総合規制改革会議、規制改革・民間開放推進会議、規制改革会議、行政刷新会議・規制・制度改革に関する分科会が設けられ、現在は、2013年に復活した規制改革会議がこの機関に当たる。このような審議のスタイルは、行革委以降の形式を継承していることになる。
② 政府（内閣）主導で行われる。行革委と並び1994年に設立された行政改革推進本部（2010年廃止、2013年復活）は、現在、内閣総理大臣を本部長とする全閣僚が参加する機関として設けられている一方（法的根拠は、簡素で効率的な政府を実現するための行政改革の推進に関する法律〔平18法47〕68条）、「行政改革に関する重要事項の調査審議等を実施する」ことが狙いとされる行政改革推進会議が、閣僚のほかにも第三者を構成員として設けられている（平成25年1月29日行政改革推進本部決定）。

2 ◆ 外国法における扱いの特徴
（1）総論的思考——大陸法系

ドイツ法 　ドイツ法では、経済行政法（Wirtschaftsverwaltungsrecht）が経済法（Wirtschaftsrecht）の存在意義との対比において語られることがあるが、本書において注目したいのは、そこには、国家による経済への介入に対する共通法理の探求といった総論的思考が存在する点である。

現在のドイツにおける経済行政法のテキストの一つは、経済行政を定義することでその範囲を画定しているわけではなく、経済行政法を「特に、社会基盤施設および情報を通じた、経済活動の問題解決、計画、監督、統制および助成といった行政機関および行政庁の構造と活動、ならびに、公的行政に対する経済生活に関わる経済主体との法的関係性をめぐる規範と措置の総体」であるとする[26]。ここから、行政活動のうち、経済活動に関わ

---

26) Rolf Stober, Allgemeines Wirtschaftsverwaltungsrecht, 17. Aufl. 2011, S. 13.

る領域とそのための行政上の手段を区分しているように思われる。これとあわせて、金融法制、GATT・WTO体制を含めて、各論分野の体系化が図られている。

フランス法 フランス法においても、経済行政法（Droit Administrative de l'Économie）という用語があるが、それは「経済に関する権限が付与された行政組織に関する規則および制度によって……、そして、とりわけ行政上の経済介入に際して、行政と市民との関係への適用事項の原理および規則の総体によって、構成されている」と定義されている。[27]ただし、ここでいう経済行政法は、経済公法（Droit Publique Économique）の一部として構成され、[28]ドイツ法のように、経済行政法という名称を確立した法分野としてとらえるものよりは弱い。ただし、構成の仕方は措くとして、行政による国民の経済活動への介入（intervention）に関わる一般的な法的ルールに着目しているため、ドイツ法と同様の総論的思考に基づくものである。

(2) 各論的思考——英米法系

アメリカ法 英米法系の諸国（コモン・ロー諸国）では、大陸法系の諸国と同様に、総論的思考に基づく経済行政法や経済公法といった枠組みは準備されていないといってよい。例えば、規制産業（Regulated Industries）という用語が挙げられるが、これは、特定の産業（公益事業・ネットワーク産業について☞第2部第1章 I 2 (4)）に対する行政上の諸規制を所与とし、それに関わる規制の合理性を、経済学の見地を含め、概説しようとするものである。したがって、大陸法のような、行政と国民との関係性を客観化してとらえる総論的思考の下で、国民の経済活動に対する法規制に関わる共通の法理論を探求する手法は採られないといってよい。[29]

イギリス法 イギリス法は、コモン・ロー国としてアメリカ法と密接な関連性があるものの、規制産業として法的に位置付けることも

---

27) Pierre Delvolvé, Droit Public de l'Économie, 1998, p. 20..
28) 近時のものとして、Jean-Philippe Colson et Pascale Idoux, Droit Public Économique, 7e édition, 2014 では、経済行政法の定義を明示的には言及せず、経済公法に含めて構成している。
29) Richard J. Pierce, JR and Ernest Gellhorn, Regulated Industries, 4th Ed. 1999.

なされていない。もっとも、イギリス行政法は、第二次世界大戦後において国有化（nationalization）された重要産業が、資産の売却という意味で民営化されたことに伴い、行政介入の減少という形で公から私への移行があったこと、しかし、消費者保護の観点から逆に行政上の規制が増加することになったこと、などの個々の諸現象に注目するのが特徴的である。[30] しかし、この特徴も、アメリカ法と同様に、大陸法（ドイツ、フランス）に見られるような思考方法ではないため、イギリス法では、行政活動の網羅的な把握方法に進展がないといった現象が見られる。

（3）「各論の各論化」傾向

もっとも、経済行政に関する外国法の扱いには、大陸法系・英米法系の顕著なとらえ方の相違があるものの、大陸法系にあっても英米法系と同様、個別産業における独自の法制度の存在を説明しようとする傾向は無視できない。例えば、エネルギー法、通信法といった具合である。そして、これらの分野が一層の各論化を迎えるのは、技術革新のほか、規制緩和といった政策現象を通じて大きく構造的な転換を遂げて以降であるが、とりわけ、EU法レベルにおける発展においてその現象が見られる。このことは、総論的思考から各論的思考へと移行しているともいいうるが、各産業の特徴を法的にとらえようとする現象は、「各論の各論化」ともいえる。ただし、この傾向は、大陸法の場合、総論的思考を前提にしたものである。

（4）日本法への示唆

上記の外国法制の動向に対し、日本法ではどうだろうか。アプローチの仕方として、後述のように、行政法または経済法のいずれから出発するかによって立論方法は異なるものの、おおむね総論的思考に立って論じられてきた。したがって、「各論の各論化」現象は、依然として未成熟な状況にあるといってよい。

そこで本書では、各論的思考に拘泥することなく総論的思考によって説明することが、より多くの分野を視野に入れた法的課題を説明できるメリットがあると考える。この背景には、日本法が大陸法から大半の諸法を継

---

30) Peter Cane, Administrative Law, 5th Ed. 2011, p. 8.

受し、その後の法理論の発展にも寄与している実態から説明がつく。もっとも、総論的思考と並行して各論的思考を持つことの重要性を一切否定することはできない。それは、現実の経済活動に対して行政が置かれている立場が、多様な政策を反映することと相まって極めて複雑だからである。さらに、制度の合理性は産業特性を見極めることによって説明がつくことも多い。これは、総論的思考を持つドイツであっても、特別経済行政法（Besonderes Wirtschaftsverwaltungsrecht）として各産業分野を取り上げる方式があるように[31]、本書独自の見解ではない。また、総論的思考にあっても各論的思考の必要性を持つことの意義を否定するものではない。

なお、この場合にあっても、経済活動のグローバル化によって、WTO・GATT を含む国際経済法と称される分野はどのように取り扱うことが適当か、という問題がある。これも後述のように、国際公法として国際慣習を含めた法規範を法源とする場合が多い。しかし、国内法を主要対象とする本書の立場からは、国内法において関連と思われる諸事例に限って、触れることになる。

III　隣接諸分野との関係

1 ◆ 各法学分野との関係

（1）憲法との関係

わが国における自由主義的経済秩序を保護する法的根拠は、全て憲法に行きつく。具体的には、憲法 22 条（**職業選択の自由**と派生的に保障される**営業の自由**）および 29 条 1 項（**財産権保障**）との関係性において語られ、本書においてとらえる法分野は、すべて、その基本理念を含め、この憲法条項との適合性が論じられることになる。

憲法では、これらの権利が、例えば、居住・移転の自由（憲法 22 条 1 項）と並び、人権カテゴリーの一つである**経済的自由**として位置付け、憲法訴訟における違憲審査基準の説明概念とされる。これまでにも、公的規制が

---

31) Rolf Stober/Eisenmenger, Besonderes Wirtschaftsverwaltungsrecht., 15. Aufl. 2011.

法解釈上論じられてきた場面としては、憲法訴訟に関する事例が目立っており、複数の申請者が存在する中で厳格な参入規制としての距離制限規制・適正配置規制が訴訟事例として論じられる場合、職業選択の自由(営業の自由)との抵触関係が争点とされる場合がかなりを占めていたといえる。**判例 Pick Up I-1-①**最大判昭和 47・11・22 刑集 26 巻 9 号 586 頁〔小売商業調整特別措置法事件〕〔憲法百選 I 96〕、および、**判例 Pick Up I-1-②**最大判昭和 50・4・30 民集 29 巻 4 号 572 頁〔薬事法距離制限違憲判決〕〔憲法百選 I 97・経済百選 140〕の二つの判例によって示された消極・積極による区分に対応した違憲審査基準が、学会での支持を得ている実態が指摘される。[32]

> 判例 PICK UP I-1-①
>
> ●最大判昭和 47・11・22 刑集 26 巻 9 号 586 頁〔小売商業調整特別措置法事件〕〔憲法百選 I 96〕
>
> **事実の概要** 市場経営等を業とする法人 X_1 の代表者 X_2 は、大阪府知事の許可を得ずに、指定区域内において鉄骨モルタル塗平屋建て 1 棟 (店舗数 49) を建設し、小売商人 47 名に対し店舗を貸し付けたため、X_1 および X_2 が起訴されたため、両者が争ったのが本件である。
>
> 小売商業調整特別措置法 (昭 34 法 155) 3 条 1 項は、政令で指定する市の区域内の建物につき、都道府県知事の許可を受けたものでなければ小売市場するための建物の全部または一部を店舗の用に供する小売商に貸し付け、または譲り渡してはならない旨規定している。さらに、同法 5 条は、許可申請のあった場合の許可基準として、所定の市の区域内で所定の形態の小売市場を開設経営しようとする者は、所定の許可を受けることを要するなどが、規定されている。
>
> **判旨（上告棄却）** 小売市場の開設経営を都道府県知事の許可にかからせ、営業の自由を不当に制限するとの主張に対し、「本法は、立法当時における中小企業保護政策の一環として成立したものであり、本法所定の小売市場を許可規制の対象としているのは、……小売市場の乱設に伴う小売商相互間の過当競争によって招来されるのであろう小売商の共倒れから小売商を保護するためにとられた措置であると認められ」、政令で定める商品を販売する店舗が含まれない場合、所定の小売市場の形態をとらないで指定物品を販売する店舗の貸与等が行われる場合は規制対象から外されるなど、「過当競争による弊害が特に顕著と認められる場合についてのみ、これを規制する趣旨であることが窺われる」ため、当該規制

---

32) 野中ほか・憲法 I 476 頁。

は「中小企業保護政策の一方策としてとった措置ということができ、その目的において、一応の合理性を認めることができないわけではな」い、などとして憲法22条1項違反を認めなかった。

> 判例 PICK UP Ⅰ-1-②
>
> ●最大判昭和50・4・30民集29巻4号572頁〔薬事法距離制限違憲判決〕
> [憲法百選Ⅰ97・経済百選140]
> **事実の概要**　X（原告）は、広島県内外でスーパーマーケットを経営していたが、広島県知事Y（被告）に対して、A市商店街で経営する店舗での医薬品の一般販売業に係る許可を申請したところ、昭和38年法律第138号に基づく薬事法の一部改正に伴い、薬局の新設に対する許可条件として追加され（6条2・4項）、県条例に委任された適正配置規制に係る距離制限に抵触することが判明し、Yによって不許可とされた。なお、改正法は、申請と不許可の間において施行されたものであった。そこでXは、薬事法および県条例が憲法22条1項に違反することを理由として、不許可処分の取消しを求めたのが本件である。
> **判旨（破棄自判）**　薬事法上の適正配置規制を「主として国民の生命及び健康に対する危険の防止という消極的、警察的目的のための規制措置であり、……あくまでも不良医薬品の供給の防止のための手段であるにすぎないもの」と解したうえで、適正配置規制の合理性につき、①薬事法や薬剤師法において薬事関係各種業者の業務活動に対する規制が種々定められていること、②経営上の不安定が生じる良質な医薬品の供給を妨げる危険性が実際明らかにされていないこと、③供給業務に対する規制や監督の励行等によって防止しきれないような、専ら薬局等の経営不安定に由来する不良医薬品の供給の危険が相当程度において存すると断じるのは合理性を欠くこと、などといった理由から、違憲判断を下した。

しかしながら、このような二つの判例も、「事案の『性質上』の差異に則した緩急両様のアプローチを採ったに過ぎず、両判決によって職業規制立法に関する積極・消極の『目的二分論』のアプローチを確立したわけではない」との指摘が見られるように、違憲審査基準を規制目的に照らす定式化は、規制の必要性を法的根拠付け事案解決の手段として限界があると

---

33) 野中ほか・憲法Ⅰ477頁。

いってよい。

　このほか、道運法に基づくタクシー事業の免許制については最大判昭和38・12・4刑集17巻12号2434頁〔白タク営業事件〕［憲法百選Ⅰ95］が、酒税法（昭28法6）に基づく酒類の製造・販売業に関する免許制については、最三小判平成4・12・15民集46巻9号2829頁［憲法百選Ⅰ99］、最三小判平成10・3・24刑集52巻2号150頁、最一小判平成10・3・26判時1639号36頁、最三小判平成14・6・4判時1788号160頁が見られるところだが、それらの合憲性判断も、規制目的の正当化に力点が置かれている。

　しかし、経済行政法では、違憲審査の在り方が主眼となるのではなく、当該事件に対する実定法規のあてはめを通じて、経済合理性の観点のほか、その受け手となる利用者の利益を含めた公的規制に関わる者にとっての法的妥当性を追求するものである。その意味では、経済行政法は、憲法における問題となる規制の根拠法規を含めた制度構造の妥当性という観点とは異なっているといえよう。

(2) 民事法との関係

　民事法とは、わが国の法体系において、民法（明29法89）と商法（明32法78）・会社法（平17法86）など**私人間の利害調整に関わる法律一般を含む包括概念**であり、これらは自由主義経済を基盤とする経済活動の根幹を担う重要な法分野である。したがって、契約をはじめ民間企業による商取引は、およそ民事法の関心領域ということになるが、このほかにも、**消費者法**のように、民間企業との関係において必ずしも対等でない消費者の片務的な利益保護を狙いとしている点も、民事法の重要な関心事項となる（コラム▶実定法上の消費者概念と消費者庁・消費者委員会）。

COLUMN

▶実定法上の消費者概念と消費者庁・消費者委員会

　「消費者」とは、法令用語である。消費者契約法2条1項では「個人（事業として又は事業のために契約の当事者となる場合におけるものを除く。）をいう」とされたり、消費者安全法2条1項でも「個人（商業、工業、金融業その他の事業を行う場合におけるものを除く。）をいう」とされる。このような概念は、民間企業などの営利活動を行う者とは異なる意味を持つとともに、一種の

「弱者」としてとらえることで、その保護を狙いとするものである。そして、民事法では、取引上の規制として、消費者に対する被害を極力防ぐべく特定の取引形態については無効とするなどの「私的自治の原則」に対する例外を定めるものであった。

　もちろん、その場合であっても、消費者に対する行政上の対応も併せて求められてきたが、その場合の規制は、あくまで名宛人たる民間企業などを対象とし、消費者はその反射的利益として保護されるに過ぎないといったように、国民と行政との法律関係に対する古典的な理解に立つことが、行政実務や訴訟の場面において多かった。

　しかし、消費者の利益を脅かす場合には、行政機関が民間企業の自由な活動に介入をしてであっても、これを保護する必要が生ずる時がある。訴訟では、行政上の規制権限の不行使の問題（☞本部第 2 章 VI 3 (1)）として扱われることもあるが、行政機関の一つとして、消費者庁及び消費者委員会設置法（平 21 法 48）に基づく、消費者庁および消費者委員会が設立されたことは、大きな意義を持とう。これによって、安全、表示、取引等、およそ消費者の権利保護にかかわる分野について、一元化されるといった画期的な制度改正があったことになる（具体的には、争点 124 [徳田博人]、同 125 [下山憲治]、同 126 [折橋洋介]）。

　しかしながら、民間企業の中には設立手続などを会社法ではなく個別の法律を根拠とする場合があり[34]、会社法にない諸種の規定が置かれることがある。それとあわせて、販売方法による規制を通じてかかる利益保護を政省令などの行政命令により担保する場合もあり（例、業務規制として薬事法に基づく販売方法規制等☞第 2 部第 1 章 II）、このような民事法の関心領域から外れる諸規制が、経済行政法の対象ということになる。ただし、この場合も、かかる諸規制を民事法との関係でいかにして位置付けるかは、問題が残ろう（公法と私法の関係については☞本部第 2 章 I 2 参照）。

34）例えば、JR 北海道・四国・九州については、旅客鉄道株式会社及び日本貨物鉄道株式会社に関する法律（昭 61 法 88）、NTT 法、日本アルコール産業株式会社法（平 17 法 32）、日本郵政株式会社法（平 17 法 98）等といった、民営化によって株式会社化された特殊会社がこれに該当する（特殊法人改革は☞本部第 2 章 V 3 (2)）。

（3）経済法（独禁法）・国際経済法との関係

経済法との関係　経済法の定義はかなり多義的であり、どの内容・範囲をもってそれに含みうるかは一概にいえない。経済法が対象としてきた諸規制の一つも、行政上のそれであるという点では、本書の関心と合致する。しかし、現在の経済法体系は、**公正かつ自由な競争を促進することを目的とした独禁法**がその一部であるとの理解は、言うまでもないが、それ以上に、**経済法＝独禁法**として一般的に認識されていると思われる。実態として、「経済法」と題する教科書・体系書の大半は、企業法務のニーズとしての高まりに照らし、そのかなりの記述を独禁法の解説に割く傾向がある。同法が、単独法典として、広範囲の諸事例をカバーすることによって、独自の考察を必要としている点も、この傾向と合致しよう。[35]

これに対し、経済行政法の関心事は、行政活動として国民の経済活動に対する諸規制を考察対象とはしながらも、その主体を選ばず、諸規制の整序を目指すものである。このため、独禁法上の諸規制は、そもそも経済行政法が目指すとらえ方とは重複しつつも、併存する法分野と解することができるため、本書では、経済行政上の規制が競争原理との衝突に伴う解釈上の問題など、断片的に取り上げることになる。

国際経済法との関係　経済法の隣接法分野として、国際経済法が存在する。これは、経済活動の多角化（グローバル化）に伴い、世界貿易機関（World Trade Organization: WTO）による関税及び貿易に関する一般協定（General Agreement of Tariffs and Trade: GATT）に基づく自由貿易秩序の形成を主な考察対象としている。そこでは、国際法（国際公法・国際私法）とも共管するものと認識され、国際経済法を「国際経済活動に対する公法的規制（広義の国際経済法）の中で、国際法による規制だけを指す（狭義の国際経済法）」と定義するものもある。[36]

わが国では、WTO 体制における国際経済秩序を国内法化して継受しており、関税については関税法（昭 29 法 61）・関税定率法（明 43 法 54）、セーフガードについては外為法といった具合である。その結果、国際法規が直

---

35) 経済法の体系書として、例えば、金沢・経済法 1 頁以下、丹宗＝伊従・経済法 19 頁以下。
36) 中川ほか・国際経済法 5 頁。

接国内法規として法的根拠となり得るかは争いの余地がある一方で、国内法における経済活動への規制根拠は、時に国際経済法の解釈を背景とするケースも見られる（例、**判例 Pick up II-3-②**東京地判平成 17・4・22LEX/DB28112016〔NTT 東日本接続料金認可訴訟〕［メディア百選 106］）。

他方、わが国では貿易立国として輸出産業の保護・育成を企図する多数の諸法制（☞第 3 部）が制定されてきた経緯があるほか、外為法が外国為替・貿易に係る基本国内法として存在する。このような国内法制の総称として、**対外経済法**と呼ばれることがあり、[37]国際経済法の対象領域とは異なる経済行政法のそれとして、本書の考察対象に含まれる。

（4）刑事法との関係

各個別の法律が何らかの規制目的を担保するため、刑事罰を規定する場合がある。典型的には、許認可を受けない者が当該事業を行う場合は、禁固刑・罰金刑に処するとする場合であり、このほかにも、定性的規定に違反する場合に設けられた罰則も、これに該当する。このような例では、刑法（明 40 法 45）総則（第一編）の適用を受けることはいうまでもない。

このほか、例えば、金商法では有価証券の売買やデリバティブ取引などについては「不正の手段、計画又は技巧をすること」を禁じ（157 条 1 項）、それに違反がある場合には懲役刑を含め刑事罰を科す旨規定があるが（197 条 1 項 5 号、同条 2 項、197 条の 2 第 13 号）、このような場合の構成要件上の解釈なども、とりわけ、罰則が持つ違反行為に対する抑止効果を念頭に置いた業務規制の**エンフォースメント（実効性確保）**として重要となる。しかし、これらは、いわば企業犯罪に関する規制であって、**経済刑法**として一つの確立した領域が存在することから、本書はそちらに委ねるものである。

2 ◆ 他の隣接社会科学分野との関係

（1）行政学との関係

規制主体における組織を中心として研究対象とする社会科学領域が行政

---

[37] 松下・経済法 321 頁以下。

学（Public Administration）と呼ばれる。この分野は、行政組織そのもの、公務員の諸活動といったように、公法学（憲法・行政法領域）と共管領域を持つが、そのアプローチは、実定法を主体としないで官僚組織の行動それ自体の政治学的考察に力点を置くという相違がある[38]。

しかしながら、規制を伴う経済活動は、例えば行政指導のように、行政活動に見られる権力性という観点からその存在意義を問うことが考えられ、これは政策的色彩を強く持っているといってよい。加えて、規制緩和論の登場は、国内外の影響を見据えたうえでの一つの政治的判断でもあるし、実定法化に必須となる民主的統制のためには国民の認識が要求されるという意味において、この分野は法解釈論を超えており、法律学の限界を示しているともいえる。

(2) 経済学との関係

経済活動を直接研究対象としてきた経済学との関係も密接である。**経済学は厚生の最大化を目的として体系付けられる社会科学分野の一つであり**、市場機構の存在を前提とするものといってよい。

経済学には大きく分けて、企業の経済実態を前提としてその経済活動をとらえる**ミクロ経済学**、対象範囲を国家間の経済活動に拡大するといった通商レベルにおいてとらえようとする**マクロ経済学**の二つに分けるのが通説的とらえ方といえる。もっとも、これら二つに対し、基本的な把握法は共通するものの、公共経済学（産業組織論）、環境経済学など、問題領域を分節し分野横断的な課題が研究対象とされる傾向がある。

経済行政法は、対象分野が経済学とも密接につながること、経済的規制・社会的規制の分類が経済学の概念方法に依拠していると考えられること、そのことゆえに、規制の存在理由が法的にも効率・非効率といった経済学と類似の把握法によって説明されること（例、地域独占の成立を容認する許可制は公共経済学において提唱されてきた「自然独占」によって説明される）を指摘できる。従来、この種の説明は、公共経済学によって説かれてきたものであり、公的規制の存在意義を説明する上でも有用である。

---

38) 例えば、西尾勝『行政学〔新版〕』（有斐閣、2001 年）47 頁以下。

(3) 経営学との関係

　経営学は、企業組織に着目した学問体系であり、組織としての意思決定過程を対象とする社会科学の一つとして、経済学とは異なる研究手法が採られる。経営学の場合、経済学との一体的なとらえ方もできる一方、およそ企業経営に関わる関連分野すべてが対象となりうるため、その範囲は広いといえる。ただし、これまで、経営学独自の体系を構成する分野としては、会計学、監査論などの企業会計に関わる分野を指摘できる。[39]

　経済行政法は、公的規制の対象が民間企業との関係を念頭に置くため、民間企業の行動を事前に予測したうえで、最適な規制が施されるべきかが検討される必要があることもある（例、料金規制における原価主義等☞第2部第2章III 4 (**2**)）。このため、経営学が培ってきた企業行動に関わる一定の理論は、経済学とともに、経済行政法の関心事項と重要な接点を持つ。

[39) ただし、公認会計士法（昭23法103）8条に規定された試験科目によれば、経営学（同条2項5号イ）は、会計学、監査論、企業法、租税法とは別の試験科目とされており、法文上、経営学は会計学、監査論とは別系統とされていることが分かる。本書にいう経営学は、学問体系として広義にとらえている。

第2章
経済行政過程論

I 経済行政の基本的前提

　行政法総論がその考究対象を「行政過程論」と称し、行政判断の過程ととらえることを便宜とするが[1]、経済行政に関わる行政活動をとらえる場合もパラレルに考えてよい。したがって、このような経済行政に関わる行政判断の過程をめぐる議論を、**経済行政過程論**と称しておくことにする。この呼称が示すように、経済行政では、経済活動に与える公的規制の存在意義もまた、経済行政過程に着目することでよく捉えることができる。行政法の分野として経済行政を包摂するには、行政法総論の機能的拡充が求められることになろう（☞本部第1章 I 4 (1)）。

　次に、経済行政における問題の整理法として、本書では、経済行政過程を、①経済行政の政策過程、②経済行政の行為形式、③経済行政上のエンフォースメント、④経済行政組織の四種類とあわせ、それらの流れの中で問題となる訴訟手続をとらえる上で、便宜的に⑤経済行政の行政救済論を掲げておきたい[2]。この場合、経済行政における行政裁量の問題は、⑤の中で取り上げることになる。

　ただし、現在の経済行政は、競争秩序の維持を目的とした独禁法の適用関係も強く意識される必要性があること、このことと並び、実定法の中にも競争秩序を形成することを主眼とした規制が散見されることがあるため、**独禁法の解釈・適用問題は、経済行政法とは密接不可分の関係にある**ことに留意しておく。経済法としての独禁法は、それ固有の法体系が成立しているとはいえ（☞本部第1章 III 1 (**3**)）、第2部において取り上げる概念となる

---

1) 塩野・行政法 I 87頁以下。
2) 佐藤・経行法295頁は、「政策形成・行政立法過程」（「政策形成過程」、「行政計画策定過程」、「行政立法過程」、「基準設定過程」）および「法関係形成過程」の二つに分けている。本書の扱い方では、①が「政策形成過程」、②から④が「法関係形成過程」に該当する。

事業規制が対象となる分野では、競合関係が成立する領域とみなされることも事実である。したがって、この第1部では、公的規制の多面的要素（☞第1部第1章Ⅰ1(3)）などからも、独禁法の適用についても、実体法の解釈として拡大的にとらえる。

1 ◆ 経済行政の法律関係

（1）二面関係と三面関係

概要　公的規制を問題関心の中心に据えた場合、国などの規制者と民間企業等の被規制者（二面関係）、このほかに、その規制と利害関係などを有する他の主体である第三者（三面関係）が登場する。このような法律関係のとらえ方は、行政法総論の発想であるが、これを本書における問題関心に引き直した場合、次の図1のように説明できる。

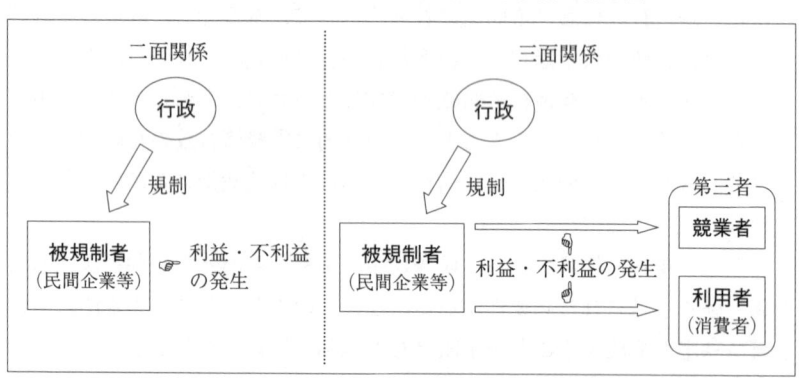

図1　経済行政における二面関係と三面関係の概念図

二面関係	三面関係
行政 → 規制 → 被規制者（民間企業等） ☞ 利益・不利益の発生	行政 → 規制 → 被規制者（民間企業等） ☞ 利益・不利益の発生 → 第三者（競業者／利用者（消費者））

二面関係　経済行政が対象とする、民間企業等の自由な経済活動を基本に据えた法律関係を前提にすれば、まさにその関係の態様を検討することが総論の重要な課題となる。例えば、営業許可という民間企業の経済活動に対する一つの規制について見れば、それが民間企業の行う申請を受けた上での行動機関による行為であり、許可に先立ちいかなる審査を

行うか、安全性等が確認できれば審査は形式的に済ませることで即許可を出すことができるのか、などといった法律関係上の局面がそこに存在する。この規制の効果として、営業許可の名宛人は、許可の効果として適法に営業できる資格が付与されるほか、事案に応じて、事前に指定された区域において独占的な影響を行うことができる場合がある。その一方、許可を受けた者は、被規制者という資格において、経済活動に際して行政機関による監督に服する地位に立つことなども、規制者と被規制者という二面関係が含まれる。

三面関係 公的規制との関係において、規制と利害関係などを有する第三者の立場によって、次の二通りのとらえ方がありうる。

① **競業者の場合** 被規制事業に参入する被規制者が同業他社に比して、優遇を受ける場合が考えられる。具体例として、単独の参入しか認められない業種で営業が許可されることが、同業他社の参入を妨げることになる点などがこれに該当する。

② **利用者の場合** 被規制者の顧客として取引関係にある利用者が、被規制者との契約関係などを通じて何らかの権利義務関係を持つに至る場合が考えられる（利用者を消費者と称し、これを取引の相手方たる民間企業等と対比する場合もある）。具体例として、被規制者に対する公的規制を通じて値上げによる影響を受けた利用者が、相手方たる被規制者に対し支払いの負担が増えることになる場合などが該当する。

こうした三面関係では、被規制者と第三者との関係が相反する場合を想定し、公的規制が第三者に対して与える法的効果（いわゆる**第三者効**とも称される）に着目することに起因する、第三者対規制者における当該規制をめぐる紛争が生ずることもありうる（本書における行政救済論として☞本章Ⅵ）。

(2) 課題

以上においてとらえた二面関係および三面関係は、既存の法制度の中でとらえることを問題関心としており、その限りでの法律関係を整理する上で有用なツールであることに変わりない。しかしながら、経済活動の実態を見れば、その枠内には収まりきらない場合があることにも注意を要する。このため、以下では、単なる法律関係の整理にとどまらず、実態に即して、

時に立法政策・制度設計上の課題として取り上げるべき必要性が考えられる。この点が特に主張される三面関係について、その課題を列挙しておく。

① 規制者自身がその地位を変更せず、被規制者（民間企業等）と同様の経済活動を行う場合である。国・公共団体があたかも民間企業と同様の経済活動を行う場合、純粋に民間企業と同様の公的規制を受ける場合もあるが、そもそも、税財源を根拠とした経済活動にあっては様相を異にする点において、民間企業との間に差があることも事実であり、二面関係ではとらえがたい場合がある。具体的には、民間企業の参入という場面において、例えば、旧来独占的であった市場機構への参入規制が緩和・撤廃される場合でも類似の現象としてとらえることが可能であり、規制者・被規制者の二面関係固有の性格ないし枠組みを超えて、市場機構の中では民間企業間は公平であるべき（イコール・フッティング）という意味での、第三者の要素入れた新たな公的規制の必要性が問題となる。

② 第三者の範囲のとらえ方である。一般的には、法律関係の中に吸収され論じられる範囲を指す。例えば、民間企業間にあって利益を受ける者が一社に限定される場合に、いかに公平にその限定がなされるか（例、入札制度等の問題）、その他、料金規制との関係にみる保護さるべき利用者の範囲（事業規制（料金規制）☞第2部第2章Ⅲ）が、この論点に当たる。

2 ◆ 公法と私法の関係性

（1）概要

規制緩和論者の考え　経済活動を一般的に規律する私法の存在があるとするならば、なぜその私法による規律のみでは不十分か、という問題がある。特に、規制緩和論者は、自由主義的経済体制における経済活動は、本来、民間企業などの自由な判断に委ねることが必須であり、それこそが効率性を最大化することから、そこに公権力を伴う法的拘束力を持った介入は極力控えるべきとの結論に至る。さらに、私法領域を超えた公的規制の必要性を考える上では、何がしかの公益性なり公共

性が想定されることを背景としている。このことを背景とする法分野を公法と称した場合、自由な経済活動を前提とする法分野を私法の領域（＝民事法）とし、公法と私法の関係性を割り切ったうえで、両者の関係を説明することが考えられる。

行政法総論の視点 このように、公法と私法を二元的に理解する考え方は、伝統的な行政法総論が立脚してきたものであって、それを批判的にとらえるべきか否かが繰り返されてきた。例えば、本来的な公法関係（支配関係・権力関係）と伝来的な公法関係（管理関係・役務提供関係）に区分する説[3]によれば、支配・権力関係と私法の中間領域に管理・役務提供関係を挟むことで公的規制の対象領域を説明できるとするが、これで問題が解消されるわけではない。例えば、私益では賄えない広範囲の国民の利益に関わる場合は公益の存在を認めるため、規制がそれを担保するには、その存在理由として何らかのドグマ（教義）が必要となるし、経済行政の分野でもこのような思考方法がわが国の経済政策によって積極的に採られてきた。これに対し、公益を担保すべき場合も私益に委ねる可能性があり、公益実現を民間企業の経営判断によってのみ律せられることは逆に弊害を招きかねないという視点もあり、民営化に伴う公共性に係る課題は、まさにこのことに焦点を当てた議論であった（コラム▶民営化と公共性の関係性）。

　本来、公益と私益の調整は、あるべき実定法規から導かれる解釈により決せられるべきであること、**市場機構が成立している分野では独禁法がこれを果たすべきこと**になる。しかし、経済行政法の場合、変化の激しい経済政策を沿革とするため、政策推進のための法的根拠の制定やその法適用の判断は時の経済・政治状況を見極める必要がある。このため、法律があらゆる事情をくみ取り客観的に決するための基準を規定しているとは限らず、具体的状況への適応を考慮しなければならず、かえって規定が曖昧化する問題が常に残る。このため、法適用の恣意性ないし濫用を回避するべく、裁判所も行政庁の判断に自由裁量の存在を所与として、積極的には審査し

3）田中・行政法上 79-80 頁。

ない（行政介入の盲目的な承認）傾向が見られた（☞本章 VI **2**(**3**)）。

COLUMN

▶民営化と公共性の関係性

　「民営化」とは、国・地方公共団体といった行政主体が行ってきた業務を民間（民間企業などの私人）に主体的に行わせることを示した用語である。具体的には、**市場機構から資金を調達し民間企業化することを指すものである**ことは、すでにふれた通りである（☞本部第 1 章 I **3**）。したがって、国による株式の売却（かつての三公社のほか、その後民営化された道路公団や郵政事業等）や公営企業（公営ガス会社の買収）といったように、これまで国有化・公営化された業務の主体が民間企業へと変更する場合を指すのが一般的である。他方、民間企業が破たんし大量の公的資金（税金）を投入されたのち、民事再生法（平 11 法 225）に基づき市場から調達した資金のみで経済活動を再開する現象も、上記用語法でいうところの民営化に該当するとも考えられるが（例、日本航空の破たん例）、元から行政主体による運営によっていない現象であるものとして整理できる。

　ここに述べる民営化は、経営効率化の達成手段として位置付けられるため、従来行政主体として行ってきた業務に伴う「公共性」を阻害する点が強調されることがある。この批判の背景には、経営効率化により財政負担の削減につながることが、本来、必要とされる業務の質的低下を招き、逆に利用者の負担上昇につながるという発想がある（例えば、三橋良士明＝榊原秀訓編『行政民間化の公共性分析』〔日本評論社、2006 年〕74 頁以下〔紙野健二〕）。その意味では、保育所のように、民間企業のほかにも、公益法人、特定非営利法人が経営主体となる場合も、この語を用いることがあるが、本書では、民間化という言葉と区別して用いる。これまで保育所・保育園の廃止条例の制定行為の取消請求が関連訴訟として、横浜市の事件である最一小判平成 21・11・26 民集 63 巻 9 号 2124 頁〔市保育所廃止条例事件〕〔行政百選Ⅱ211・地方百選 37〕）があるように、従来、行政主体（自治体）が行ってきた保育所・保育園という役務を民間企業にも担わせるという点に着目したうえで、公共性が阻害される可能性が問題視された例として位置付けられる。

　以上の問題提起は、本来求められるサービスの質という客観的基準に照らした批判であるものとして、本来的に営利追求行為とは相容れない、まさに公的側面がある場面において妥当する内容といえる。ただし、このような批判が「民営化」それ自体に関わる議論なのか、それとも分野別に特定する必要があるかを見極めることが求められよう。

(2) 問題事例

公法・私法二元論の否定？
　紛争の場面にしたがって区分すれば、公法とは公益的観点から紛争を解決しなければならない法分野、私法とは私人間において解決できることを前提とした法分野の二種類に分けることができるが、この截然とした両分法は通用しない場合もある。例えば、かねてより、同一行為について公法的規律と私法的規律がある場合にいずれが優先するかという課題例として、消滅時効の規定が民法168条によるのか（10年間）、それとも別の行政法規（会計法30条、自治法236条1項により5年間）によるのか、などといった対立軸が挙げられてきた。しかし、この結末は、判例法上、解釈によって決めるべきであり、何がしかの秩序をアプリオリに公益的であると決することはできないこと、すなわち、公法の存在を私法との対比で認めず、法解釈を通じて適用法条を決すべきとするのが現在の通説的見解である（公法・私法二元論の否定）[4]。

　しかし、この見解は、経済行政の領域とは無関係に採られるものである。経済行政の領域に限っていえば、契約の効力が行政法規との関係で問題となる場合に、公法・私法の関係性を取り上げる意義がある。

警察取締法との関係性
　行政上の取締法規と契約上の効力の問題は、経済統制法規に反する契約が締結された場合に浮上することが多かった。例えば、物価統制令に基づく物価統制の場合、統制価格を超えるミシン販売業者の販売価格について、「特別の事情のない限り右売買を全面的に無効とするものではない」と判示する判例（最二小判昭和29・10・29判夕44号22頁）が見られる。これは、農地調整法（昭13法67、昭27法230により廃止）時代の最高裁判例（最三小判昭和29・8・24民集8巻8号1534頁）を参照したものであり、契約そのものではなく、価格の超過部分だけを無効とすべきという考え方に基づくものである。このほかにも、臨時物資需給調整法上の取引資格を有さない者による契約について無効とすべきとしたり（**判例Pick UP I-2-①**最二小判昭和30・9・30民集9巻10号1498頁〔行政百

4）最大判昭和28・2・18民集7巻2号157頁〔農地買収処分事件〕〔行政百選I 9〕と最一小判昭和35・3・31民集14巻4号663頁〔国税滞納処分事件〕〔行政百選I 10〕との対比において語られることが多い。例えば、塩野・行政法I 30-31頁。

I　経済行政の基本的前提　　45

選 I 13〕)、臨時農地価格統制令（昭 16 勅 109、昭 20 法 64 により廃止）に基づく上限額を超える農地の売買代金の超過分を無効とした最高裁判決（最三小判昭和 31・5・18 民集 10 巻 5 号 532 頁）もある。これに対し、学説として、経済統制法規は「統制された集荷・配給等のルートを外れた取引の効力をみとめたのではその目的をたっしがたいから」契約そのものを無効とすべきが原則であるとの考え方もあった。[5]

　そこで、このような学説の立場をさかのぼると、経済統制法規と私法上の契約の効力は、**警察取締法規と私法上の契約の効力との関係との対比において論じられてきた**。すなわち、警察取締法規とは公衆衛生や国民の健康身体、安全を規制目的とする法律等を指す（その典型が食品衛生法〔昭 22 法 233〕である）。[6] そして、こうした種類の警察取締法規に違反した法律行為（契約）は無効にならないのに対し、経済統制法規は強行法規として、それに違反した契約は無効になるというものである。

　しかし、このような経済統制法規を強行法規とする命題は、判例では採用されなかった。例えば、臨時農地等管理令（昭 16 勅 114、昭 20 法 64 により廃止）において取引上必要とされた地方長官の許可を得ないで行われた売買契約が有効とされることがあった（最三小判昭和 28・9・15 民集 7 巻 9 号 942 頁）。

　　判例 PICK UP I-2-①

●最二小判昭和 30・9・30 民集 9 巻 10 号 1498 頁〔行政百選 I 13〕
事実の概要　X（原告）は、Y（被告）に対して煮干しいわし 1000 貫を代金計 24 万円で売り渡し、即日引き渡したが、Y は代金を支払わなかったために X が提訴したのが本件である。
　本件当時、臨時物資需給調整法および同法に基づく加工水産物配給規則（昭和 24 年農林省令第 100 号改正前）にあって、同規則 3 条以下の所定の集荷機関、荷受機関、登録小売店舗等の機構を通ずる以外の取引を禁止していた。しかし、X は、

---

5) 遠藤・各論 195 頁。さらに、**判例 Pick UP I-2-①**の理解として、行政百選 I 13 解説〔玉井克哉〕。
6) 食品衛生法 1 条では、「食品の安全性の確保のために公衆衛生の見地から必要な規制その他の措置を講ずることにより、飲食に起因する衛生上の危害の発生を防止し、もつて国民の健康の保護を図ることを目的とする」と規定する。

これらいずれの機関でもなく、さらに、煮干しいわしは訴外Ａが出荷証明書を得た上で、町に搬入し同庁地区業協同組合に売却しようとしたものの価格の点で取引が成立しなかったため、Ａが無資格者であるＸに売渡、ＸがＹに転売したというものである。

判旨（上告棄却）　臨時物資需給調整法の趣旨として「わが国における産業の回復振興に関する基本的政策及び計画の実施を確保するために制定されたもの」と解したうえで、法定の除外事由その他特段の事情の存しない限り、加工水産物配給規則３条以下所定の各機構を通ずる取引のみの効力を認め、それ以外の無資格者による取引の効力を認めないとし、「右法令は此の意味に於ける強行法規であると解される」と判示し、Ｘの上告を棄却した。

認可との関係性　経済行政の行為形式の一つに認可があるが（☞本章Ⅲ２(2)(3)）、これが公法・私法との関係性の中で問われることがある。具体的には、当事者間では認可を受けた料金や約款とは異なる内容によって契約が締結された場合、当該契約を無効と解することができるかという点である。以下に見るように、結論において、**裁判判決として私法上無効とすることには消極的である。**

① **認可運賃との関係**　これは、認可運賃を下回る金額で締結された契約の効力という形で問題となる場合である。裁判例として、定期航空運賃契約の効力が問題とされた事例がある。例えば、「正規の認可運賃より低額な運賃で締結された航空運送契約は、仮に航空法105条１項（当時）に違反するものであるとしても、民法90条にいう公序良俗に違反するものということはできない」と解する裁判例（東京地判平成４・10・23判時1459号142頁）がある。なお、その控訴審（東京高判平成５・７・22LEX/DB25106244）では、格安航空券の出現が「認可運賃制度自体に内在する要因に起因していることに照らすと、認可運賃制度に反するとの一事から格安航空券の出現を一概に批判することはできない」と判示し、より踏み込んだ理由付けを行っている点は注目される。この控訴審では、罰則の存在（航空法157条２号）によって拘束されることも念頭に置いた結論である。

② **約款規制との関係**　約款規制については、約款以外の条件に基づ

く契約の効力につき、明文規定によって認可を受けた約款に拘束される旨の規定を置く場合とそうではない場合とで判断が分かれている。最高裁は、明文規定がない場合について、**判例 Pick UP I-2-②**最一小判昭和45・12・24民集24巻13号2187頁〔船舶海上保険金請求事件〕〔行政百選 I 15〕は、認可されていない約款に基づく保険契約であっても私法上の効力を否定していないが、その理由として、認可の法的性質から結論を導いていること、一般の火災保険や生命保険と区別していることが、それぞれ注目される。これに対し、認可を受けた供給約款以外の供給条件により電気を供給することを禁ずる場合（電気事業法21条1項）には、認可を受けた約款に基づき変更された供給条件（契約）に拘束力を認めている（例、東京地判昭和51・10・25下民集27巻9〜11号724頁、札幌地判昭和54・11・27判時957号19頁）。したがって、同様の規定が見られるガス供給条件も同様と考えられる（ガス事業法20条）。

判例 PICK UP I-2-②

●最一小判昭和45・12・24民集24巻13号2187頁〔船舶海上保険金請求事件〕〔行政百選 I 15〕

事実の概要　本件船舶海上保険契約当時、保険業法10条（当時）に基づく主務大臣の認可を受けずに普通保険約款中の保険者の免責事項を定めた条文の括弧部分（「海賊ニ依ル場合ハ之ヲ除ク」）が抹消されており、その約款に基づき船舶海上保険契約が締結されていた。しかし、保険業者は、海賊の襲撃により生じた事故について、このような契約は無効であると主張したため、その効力が争われたのが本件である。なお、本件控訴審（東京高判昭和41・4・18下民集17巻3＝4号301頁）では、本件契約の効力を否定していた。

判旨（破棄自判）　海上保険につき「行政的監督は補充的なものに過ぎず、主務大臣の認可を受けないでもそれだけでただちに約款が無効とされるものではないというべき」とし、主務大臣の認可を受けないでその約款に基づき本件契約を締結したとしても、「その変更が保険業者の恣意的な目的に出たものでなく、変更された条項が強硬法規や公序良俗に違反しあるいは特に不合理なものでない限り」変更後の約款に従った契約の効力を有すると判示した。

なお、以上のような契約内容の変更と認可内容との乖離が生ずる場合とは異なり、道運法10条や港湾運送事業法（昭26法161）10条のように旅客や利用者に対し、収受した運賃または料金の割戻しをしてはならない旨規定しているように、実際に取引現場において収受する際の割戻行為の禁止により、認可・届出内容の遵守を図る規定も見られる（罰則規定として道運法98条4号・99条、港湾運送事業法38条3号）。同条を、約款規制に見られる契約内容と同一性を要求する規定と見て、認可・届出以外の運賃または認可の場合には当該運送契約を無効と解することもありうるが、運送への対価として事後精算が一般であり、割戻分の無効を主張してその分の返還を請求することは現実的とは言い難い。

II　経済行政の政策過程論

1 ◆ 経済行政における政策
（1）政策とは

　行政法総論では、政策判断が司法判断にはなじまないとし、その対象外とする。その背景には、政策は（法解釈にはなじまない）主観的要素を含むものであって、行政庁の裁量に委ねることが望ましいという事情があるものと考えられる。

　しかし、実定法上では、平成13（2001）年に成立した行政機関が行う政策の評価に関する法律（平13法86）が示すように、政策は「行政機関が、その任務又は所掌事務の範囲内において、一定の行政目的を実現するために企画及び立案をする行政上の一連の行為についての方針、方策その他これらに類するものをいう」と定義されている。ただし、同法は政策実施主体（各行政機関）が自らの政策を事前事後に評価することで施策に反映すること、効率的な行政の推進と併せて国民への説明責任（アカウンタビリティ）を果たすことが目的とされ、そこにいう「政策」は、評価対象となるそれに限定されている。しかし、本書では、政策をより広義に捉えて、①行政目的の企画・立案段階、②①の段階を経た行政目的の実現段階の二段階を指すものとする。このように段階を分けるのには、次のような経済行政に

関わる理由があるためである。

(2) 経済行政と政策

　経済行政は、政策の塊であるといってよく、特に規制緩和政策はその中心的な概念となる。経済行政は、国民の経済生活・活動に深く関わるが、その分野において、市場機構の激しい動きは、政策の動きの鈍化によって悪影響を受ける（非効率的な動きにする）ことから、政策による問題解決が図られる必要がある。しかしその一方において、法治主義をはじめとした行政活動に対する一定の縛りを緩ませることは控えるべきであって、従来の公的規制にある正当化事由（公益性、利用者の保護、等々）が、時の変化に応じて不要とされたり別の意義として理解されたりする変動に対応する態様となる。

　こうした対応にあって、このことは、専門的知識や民意をくみ取り、これらを行政活動へと反映する過程を経るが、その具体例として、わが国の規制緩和政策を推進してきた第二次臨調、行革審、行革委などの**審議会**（☞本章Ⅴ3(3)）といった行政組織が挙げられる。このような審議会組織は、重要政策に係る理論的説明の形成の場（その意味でもアカウンタビリティ）として活用されることが多いと考えられる。これ以外にも、実定法を根拠とするほか、その他の行政指導などを含む広義の公的規制について、その是非はともかくとして、規制権限の発動要件は政策として決せられることが多い。例えば、法律には直接規定されていない参入規制が実際には行われるような交通法制などは、その典型と言ってよい（例、タクシー事業への参入規制等☞第4部第3章）。いずれにせよ、経済行政において政策を考察対象とすることは不可欠である。

　なお、行政法総論では政策判断が司法判断になじまないとされることには触れたが、政策それ自体が訴訟上の争点となることもある。例えば、政府の経済政策に誤りがあったためインフレーションが促進したことを理由に、郵便貯金が目減りしたことで、国賠法に基づく損害賠償請求訴訟が提起された事例（**判例Pick UP Ⅰ-2-③**最一小判昭和57・7・15訟月29巻2号188頁〔郵便貯金目減り訴訟〕）が著名である。このほか、減反政策によるコメの生産調整が、生存権的人格権（米を作る権利）を侵害するものとして、同じく、

国賠法に基づく損害賠償請求訴訟が見られる（原審である東京地判平成13・8・24判時1785号12頁、控訴審である東京高判平成14・3・20LEX/DB25410244はともに請求棄却）。なお、規制緩和政策に伴い、事業者に損失を与えたことを理由として、損失補償請求を国に対して求めるといった場合がある（☞本章 VI 4 (**3**)）。

これらの訴訟は、その一面において、政策そのものを裁判所において判断させる試みであって、その射程範囲は、生じた損害との関係において、その原因として主張される当該政策の違法性が問うことにある。しかし、実定法上、政府を一定行為に縛らない限り、政府の行為は裁量の域を出ず、違法性を特定できないと解されることになる。

判例 PICK UP I-2-③

●最一小判昭和57・7・15訟月29巻2号188頁〔郵便貯金目減り訴訟〕

事実の概要　　大阪市とその周辺に居住するXら（原告）は、昭和47（1972）年6月から昭和49（1974）年1月にかけて消費者物価指数が26パーセント上昇した結果、自らの郵便貯金が物価上昇率に応ずる価値を減少させ、それによって貯金の減価分相当の損害を被ったとして、国Y（被告）に対して、主位的には、国賠法1条1項に基づく損害賠償請求を、予備的には、郵便貯金契約上の債務の履行請求として原価相当額の支払いを、それぞれ求めたのが本件である。

判旨（上告棄却）　　「政府が経済政策を立案施行するにあたっては、物価の安定、完全雇用の維持、国際的収支の均衡及び適度な経済成長の維持の四つがその担当者において対応すべき政策目標をなす」とした上で、政府が当該目標を調和的に実現するために具体的にいかなる措置を採るべきかは、「事の性質上専ら政府の裁量的な政策判断に委ねられている事柄とみるべき」とし、「法律上の義務違反ないし違法行為として国家賠償法上の損害賠償責任の問題を生ずるものとすることはできない」として、Xらの請求を棄却した。

(**3**) 政策過程の内容

経済行政における政策をとらえた場合、政策が国民の権利を制約し義務を課することを直接目的とした行為ではなく、また法律関係として形成されるものでもない。しかし、本書が経済行政に関する法律を扱うことを主

眼とするため、わが国のありかたといった国家の方向性に絡む妥当性（例、一層の規制緩和の推進または強化か、社会保障の充実化と税体系の構築等々）といった意味の「政策」それ自体は、検討の外に置くものである。

そうした対象を限定する中で、経済行政では、政府が一定の政策に関し策定する計画（**経済行政計画**）および経済行政に関わる行政機関による諸活動の規範を定立する行為（**経済行政立法**）という核心となる二点に絞り、これらを包含する概念として**政策過程**としておく。なお、**(2)** に取り上げた審議会などの経済行政組織は、本章Ⅴにおいて扱う。

2 ◆ 経済行政計画

(1) 意義と内容

行政計画　行政計画とは「行政権が一定の公の目的のために目標を設定し、その目標を達成するための手段を総合的に提示するもの」[7] として、行政法総論において取り上げられる行為形式の一つであるが、その定義内容は本書において用いる政策とほぼ同義と言ってよい。行政法総論にいう行政過程論上の政策の具体的な用例として、都市計画（都市計画法第二章）や土地利用計画（国土利用計画法第二章）といったものが挙げられるが、これらには一定の法的拘束力（この場合は土地利用についてであるが）が伴っている。

経済行政計画　経済行政において使用される計画の一つが、「経済行政計画」である。ここでイメージする内容は、政策過程において登場する経済行政に関わる行政計画に絞っているため、「計画」とは言っても、例えば、事業者が申請する需給計画その他の自らの経営の根幹にかかわる将来予測を伴う事業内容を行政機関に申請した場合はここに含まれない。もう少し特化した表現を使えば、経済行政計画とは、**経済活動について掲げられる指針（または目標等）であり専門家による審議を経た上で第三者に公表されることが前提となっているものを指す**。実際に公表されたものの代表例として、次の分類を挙げておく。

---

7) 塩野・行政法Ⅰ213頁。

① **経済計画型** 一定の将来期間に達成目標を掲げる長期的視点に立った政府の経済指針であり、その対象は経済政策に関わる幅広い内容を対象とするものである（これを一般的に**経済計画**と称する）。例えば、内閣府設置法〔平11法89〕4条において内閣府の所掌事務として定められる「短期及び中長期の経済の運営に関する事項」（1号）および「経済に関する重要な政策」がこれに該当するが、近年では、「○○計画」と称する場合は少ない。[8]

② **個別分野型** 経済計画型と趣旨は類似するが、個別分野における将来的な計画を示す政府の経済指針である。策定された計画ないし指針であって、実定法上の表現としては、**基本計画**（例、エネルギー政策基本法〔平14法71〕5条1項、交通政策基本法〔平25法92〕15条1項）、**基本方針**（例、中小企業の新たな事業活動の促進に関する法律〔平11法18〕3条1項）、**指針**（例、特定通信・放送開発事業実施円滑化法〔平2法35〕3条1項）などの文言が見られる。これら用例が示すように、個別分野型の経済行政計画は、政府、主務大臣（特定大臣を含む）といったように策定主体がまちまちであり（基本計画は政府、基本指針・基本方針は主務大臣）、その公表の形式も、閣議決定であったり告示であったりする。

以上にとらえた経済行政計画とは、中央政府を中心に策定される計画に沿った経済活動を実施し所得の最適配分を可能にする意味での計画経済制度における「計画」とは異なり、**あくまで自由主義経済体制の下において、政府が自らの行動指針として定立する政策的な計画を意味する**ことに注意を要する。

(2) 機能

政策牽引機能 （**1**）に取り上げた経済行政計画（経済計画型・個別分野型の双方）は、将来的見通しを立てる上での具体的な政策を内容とするものであり、そのことが事前に明確になることで、求められる政策実現の牽引機能が働くと考えられる。この場合、政策実現のために、ど

8）近年では、麻生内閣による「経済財政の中長期方針と10年展望について」（平成21年1月19日閣議決定）、鳩山内閣による「新成長戦略」（平成22年6月18日閣議決定）が見られる。

の程度、計画内容を具体化しうるかが焦点となる。事前に計画が明らかになることで、将来的な経済活動を促進するための消費、投資・助成といった間接的な効果を期待することができる。

情報提供機能 時の政府が考える将来の経済政策が第三者に公表されることで、その第三者が自ら受ける経済的影響を予測可能なものにする点である。この点は、特に上記の分類のうち経済計画型にいえるものであり、数値目標やその到達手段が示されることが多い[9]。この結果、目標達成のための具体的手段が政策過程として登場することで、仮に非現実的な目標であれば、その根拠が問われるなど、民主的な統制が図られる効果が期待される。この点は、計画経済体制とは異なった自由主義経済体制下における特徴を示している。

信頼保護機能 経済行政計画の策定段階において第三者を交えた審議が行われれば、計画自体に国民に対する一定の信頼性を担保することができる。これはまた、自助作用として行政権による積極・消極両面からの政策が確保されるという意味において、より精度の高い計画内容となることがあるという効果も指摘できる。

3 ◆ 経済行政と国民参加

(1) 国民参加の意義

国民参加とは、国民の意思・意見を行政活動に反映させる場合の手続に着目したとらえ方である。その最たる例が選挙であり、自らの代表者を選択し意思表示を示す方法がこれであるが、このほかにも、日本国憲法の改正手続に関する法律（平19法51）のように、最高法規の憲法を改める手続には、通常の選挙に比して直接自らの権利利益に影響を受ける国民自身の総意がその改正のためには必要であるという理由が、そこにはあるといえる。

しかし他方、参加主体に着目した場合、法律上「国民」と称され国籍保有者に限定されている場合のほか、住民投票を行う被投票権を有する者に

9）中長期の経済計画型の典型例が「国民所得倍増計画」（昭和35年12月27日閣議決定）。

ついては当該自治体の住民であることを念頭に住民投票条例が制定され、ある施設の周辺に在住する者といった場合には地理的観点から当該施設との関連性ある者に限定する見方もある。ここにいう国民参加とは、日本国籍の保持者という視点ではなく、参加主体の意思・意見反映の意義に着目している。

(2) 経済行政との関係

概要 経済行政と国民参加の関係はどうか。もちろん、自由な経済活動を制約する場合に、国民の意思が必要であるといった法治主義と絡めて、国民参加が重要な要素であると理解することは不可能でない。つまり、法治主義の言葉が示すように、憲法において自由な経済活動の保障（職業選択の自由・営業の自由）が前提とされ、法律に根拠を持つ規制（行政処分等☞本章III **2**）は、国会を通じた間接的な民主的統制を受けていること、この一般的な制度上の枠組みの中で、市場機構により自らの利害と関わる者から意見をくみ取ることが可能となること、などのフィクションから、ここに国民参加が実現しているわけである。

機能 経済行政においてこのような国民参加の実現が見られることのほかにも、国民参加が持つ国民の意見反映という側面に照らした機能として、次の諸点が経済行政との接点として存する。

① **説明責任機能**　これは行政機関側から見た機能であり、規制者としてその規制が国民の意見にさらされることからくる批判に耐えうる効果が期待される。この具体例が、命令または規則、審査基準・処分基準・行政指導指針（行政手続法2条8号）に関する**パブリックコメント制度（意見公募手続等）**および第三者に対し行政情報（文書）の公開を定めた**情報公開制度**である。ただし、金商法のように、民間企業自身が法律によって取引内容についての情報開示を義務付けられる場合もある。

② **紛争解決機能**　国民参加の最も重要な機能がこれであり、事前に紛争解決のための効果が期待される。例えば、大規模施設の建設に先立ち国民参加を求める典型として、原子力発電所の建設に先立ち、**周辺住民など非専門家による原子炉施設の安全性に係る専門知識の共有手続**

を挙げることができる。ただし、施設建設は民間企業による自由な経済活動の範疇に含みうるものの、ここで問題とする場面とは異なる。これに対し、民間企業が行う経済活動に際し、その活動の公共性に鑑みた国民参加を可能とする仕組みの中で法的紛争が生じることもある。例えば、コミュニティバスの路線変更に係る申請事業者に対する認可につき、変更案に反対する住民らが変更そのものを処分ととらえ、その仮の差止め（行訴法37条の5第2項）が求められた裁判例がある（**判例 Pick UP I-2-④**東京地決平成20・11・25LEX/DB25440796〔杉並区コミュニティバス事件〕）。本件では、路線変更に反対する区民が区自治基本条例において事前の案の公表と区民の意見聴取手続が定められていた（申立ては却下）。ただし、申請に先立つ国民参加の手続が問題とされる事例は珍しく、この機能も経済行政との関係では限定的である。

判例 PICK UP I-2-④

●東京地決平成20・11・25LEX/DB25440796〔杉並区コミュニティバス事件〕

事実の概要　　一般乗合旅客自動車事業者（路線バス）A社は、杉並区の策定する計画を踏まえて、その委託を受けて、コミュニティバスを運行していたところ、二駅を結ぶ路線における当該バス事業の計画を立案し、区の広報誌等において、計画案を公表したうえで、区自治基本条例に基づき、区民等の意見提出手続により、区民等の意見を募集した。その後、提出された意見を踏まえた上で、新路線に変更する計画案の変更を発表したが、Xら（申立人）は、区に対し、当該変更につき路線の見直し等を要望したものの、区は変更をさらに変更する必要はないと回答し、それを受けて事業計画の変更申請を関東運輸局長に対し行い、認可を受けた。そこで、Xらは、Aによる当該バスの運行を開始することが処分に該当するとして、その仮の差止めを求めたのが本件である。

判旨（請求却下）　　このような処分は、運行の許認可権限は運輸局長に帰属し、差止の対象とされた委託行為は「これにより、運行の主体たる事業者であるAが当該コミュニティバスの運行を開始し得る法的地位を付与されるものではなく、法的には、処分権者である関東運輸局長に対するAの認可申請のための準備行為にとどま」るとし、処分性を認めなかった。

III 経済行政における行為形式論

　経済行政における行為は、行政機関が行政活動の一つとして行う場合を指し、その行為形式は行政法総論において取り上げられる諸種の行為形式によるところとなる。ここでは、行政活動一般において見られる行政立法、行政処分、行政指導、行政契約に分けて取り上げることにする。

1 ◆ 行政立法
（1）行政法総論における議論
　行政立法とは行政権が定立する規範であり、行政法総論では、法的効果が国民に対する効果にまで及ぶという意味で外部的か（**法規命令**）、それとも行政機関同士に限定されるという意味で内部的か（**行政規則**）に分けるのが一般的でる。以下、この分類に従って、概説しておく。

　① **法規命令**　外部効果を持つ行政立法と称されるものであり、これには法律により範囲が決せられていることを前提とした**委任命令**と、法律の内容を形式的に執行するための**執行命令**しか認められない。形式として、内閣が制定する場合は**政令**（憲法73条6号、内閣法〔昭22法5〕11条）、内閣府および各省が制定する場合は**内閣府令・省令**（内閣府設置法7条3項、国家行政組織法〔昭23法120〕12条1項）、**規則**（内閣府設置法58条3項、国家行政組織法13条1項、警察法〔昭22法196〕12条、独禁法76条）、**会計検査院規則**（会計検査院法〔昭22法73〕38条）がある。

　③　**行政規則**　内部効果を持つ行政立法をこのように呼ぶ。これは、外部化現象を持つことが想定されていないものであり、その形式は法規命令とは異なり定まっているわけではない。よく目につく形式としては、**訓令、通達、要綱、告示**がある。行政法総論の関心は、内部効果を持つに過ぎない行政立法においても、それが外部効果を有すると解される場合の裁判所の判断方法に関連してくることがある。

（2）経済行政法上の問題
概要　　経済行政法として行政立法の特徴を説明することは、少なくとも、それを法形式としてとらえた場合には難しい。その意味では、特徴

のある計画内容とそのもたらす影響に特徴がある経済行政計画とは異なる。しかしながら、自由主義経済体制下において、行政立法が本来自由な経済活動を制約することは、法治主義に悖るし、さらに、多数の行政規則が登場することにより複雑な規制が行われることによって、事実上経済活動が阻害される状況を生む可能性も否定できない。

制定手続　行政命令は本来行政権が制定するため、法律とは異なり国民参加という民主的手続は想定されていないが、行政手続法は、同法が対象とする政省令等の「命令等」に該当する場合、制定手続の中で国民参加が可能な仕組み（パブリックコメント制度・意見公募手続等）を法定している（行政手続法第6章）。これと並び、政省令の制定改廃にあたり審議会等への諮問が行われる場合も見られるところであり（電波法〔昭25法131〕99条の11第1号、電気通信事業法〔昭59法86〕169条3号・4号）、この場合には、事業なり施設の具体的な規制範囲を決する行政命令の制定手続として、審議会構成員の専門技術的能力による審議検討が想定されている。

審査基準・処分基準　行政手続法では、許認可等の要件をより具体化する審査基準、および、不利益な処分を行う上での具体的基準を明らかにする処分基準につき、それぞれ規定が置かれている（5条・12条）。これらは、事前手続を行政手続法上法定化する上での概念であり、**(1)** の分類でいえば行政規則に含むことができるものである。その一方、その中身がより定式化すると、法規命令化する場合が考えられる。同法制定以前の**判例 Pick UP I-2-⑤**最一小判昭和46・10・28民集25巻7号1037頁〔個人タクシー事件〕〔行政百選 I 125〕では、道運法上、抽象的な免許基準しか定められておらず、内部的にその趣旨を具体化した審査基準を策定し、「基準の内容が微妙、高度の認定を要するようなものである等の場合」には、申請人に対し、その主張と証拠の提出の機会を与えなければならないとしていた。

判例 PICK UP I-2-⑤

●最一小判昭和 46・10・28 民集 25 巻 7 号 1037 頁〔個人タクシー事件〕
[行政百選 I 125]

事実の概要 東京陸運局長 Y（被告）は、一般乗用旅客自動車運送事業（一人一車制の個人タクシー事業）の免許に関する権限を有していたところ、当面の輸送需要をみたすため一般乗用自動車の増車を決定し、そのうち、個人タクシーのための増車数を 983 輛と定め、これに対応するものとして、6,630 件の個人タクシー事業免許申請を受理し、X（原告）も、免許を申請し受理された。

Y は、聴聞による調査結果に基づく免許の拒否を決するため、担当課長らの協議により、道運法 6 条 1 項各号（当時）の趣旨を具体化した審査基準を設定し、X に対して同法 122 条の 2（当時）に基づき聴聞を行ったが、第一次審査基準のうち、「本人が他業を自営している場合には転業が困難なものでないこと」、「運転歴 7 年以上のもの」に該当しないとして、申請を却下したため、その処分取消しを求めたのが本件である。

判旨（上告棄却） 「多数の者のうちから少数特定の者を、具体的個別的事実関係に基づき選択して免許の許否を決しようとする行政庁としては、事実の認定につき行政庁の独断を疑うことが客観的にもっともと認められるような不公正な手続をとってはならない」としたうえで、X に対する聴聞担当官が、転業の意思その他転業を困難ならしめるような事情および運転歴中に含まるべき軍隊における運転経歴に関する事実を聴聞し、その結果を斟酌すれば、Y が異なる判断に到達する可能性がなかったとはいえないとして、Y の却下処分は違法と解した。

審査基準・処分基準をめぐる留意点として、以下二点を指摘しておく。

① **理由の提示の程度について** 行政手続法は、申請に対する許認可等の拒否処分および不利益処分のそれぞれについて、理由の提示を求めている（行政手続法 8 条・14 条）。この沿革は、行政法総論の関心事であり、理由の提示に法的な機能（恣意抑制機能、不服申立便宜機能等）が判例法理を通じて確立していく中で、その機能に沿った理由が十分に提示されているかどうか、理由の提示の程度の概念が解釈論上のキーワードとなったことにある。なお、行政法総論では、**条文のみの提示は原則認められないのが判例法理**とされるが、経済行政では、**審査基準・処分基準に沿って行われた処分の名宛人にとって、十分に根拠ある処分で**

III 経済行政における行為形式論

あるかが、重要な問題となる。一般貸切旅客自動車運送事業者に対する許可取消し（不利益処分）に係る理由提示の程度が問題となった大阪地判平成24・6・28LEX/DB25444774では、複雑な処分に対する明確な理由提示がなされていなかったために、当該処分が取り消されている。

② **審査基準の厳格化について**　申請の段階で適用基準とされる審査基準が、その後の制度改革等によって、審査の途中から審査基準が厳格化され、それに基づき拒否処分がなされる場合が考えられる。例えば、大阪地判平成8・6・25判タ929号78頁は、関西国際空港開港時に、空港利用者によるタクシー需要の増加を見込んで当初設定されていた基本車両数が、開港時の国際線乗り入れ便数が大幅に減少することを受けて、認可予定台数が下方修正されたため、原告が申請した事業計画が一部変更して認可されたことにつき、台数配分の基準を定めた局長通達・部長通達を審査基準に位置付けたうえで「法の趣旨に沿った合理的かつ公平な基準」と判示している。このほか、新規のタクシー事業に係る許可申請をした原告が、申請を放置されている間に審査基準が厳格化されたことで却下されたことが違法であるとして争われた国賠法に基づく損害賠償請求事件（大阪地判平成24・5・18LEX/DB25482081）では、もっぱら、申請に対する応答までの期間といった手続それ自体に着目して事案処理を行っている。

通達　行政規則の一つとされる通達は、行政組織内における効果しか有さないという前提に立つものの、必ずしもそうとは言い切れない面がある。**通達は、行政の統一性を確保するために、上級行政機関が下級行政機関に対して発する法令解釈の基準の形式とされるものである。**これは、租税行政において見られるところであるが、経済行政においては、不透明な手続を生む要因となるものである。後者の例で、タクシー運賃に係る「同一地域・同一運賃の原則」は、道運法を直接の根拠とするものではなく、通達によっており、この原則に従った地方運輸局長が申請された運賃の審査基準としたものである（関連訴訟として**判例 Pick UP I-2-⑭**大阪地判昭和60・1・31行集36巻1号74頁〔MKタクシー事件〕〔経済百選141〕）。また、酒税法10条

11号に基づく酒類販売に係る免許基準として掲げられる需給調整条項（規定）についても、通達の形式が用いられていた。これらいずれの行政規則（通達）も、法律上の直接の根拠は持たないままに、経営判断を左右する強い規制の根拠となる。

　他方、基準公示も通達の一形態である。「公示」という文言は、公に示す、つまり広く一般に公表されるという一般用語であるが、地方支分部局が本省からの通達をさらに解釈し適用する基準として公示される場合を指すものである。基準公示が見られるのは、交通法制（特に道運法に基づく）であり、解釈基準となる通達とは異なり、直接的な規制根拠となっている。ただし、基準公示の違法性を理由として取消訴訟などの抗告訴訟（☞本章 VI 2 (2)）が提起されているわけではないが、乗務員に対する最高距離規制の違法性について基準公示の違法性が公法上の当事者訴訟（確認訴訟）の中で争点化されることがある。[10] これは、基準公示が行政法総論における外部効果化が伴う形式であることに由来するものといえる。

2 ◆ 行政処分
(1) 意義

言葉遣いとして　　行政処分とは、実定法に基づき法律関係が具体的に定まる権力的な行政活動であり、その主体が行政機関（権限主体という意味では行政庁）とされる場合である。従前では、これを行政行為と称して「行政の活動のうち、具体的場合に直接法効果をもってなす行政の権力的行為」[11]と定義され、さらにその活動自体によって直接法効果は及ばないという意味での非権力的活動との対比でとらえられる学問上の概念であった。したがって、わが国では、行政行為という文言は法律上用いら

---

10) これまでの一連の裁判例では、基準公示の違法性が容認されているが（名古屋地判平 25・5・31LEX/DB25500949、大阪地判平 25・7・4LEX/DB25445756、福岡地判平 26・1・14LEX/DB25502898、札幌地判平成 26・2・3LEX/DB25446216）、これら基準公示全体を違法とするのではなく、最高距離の計算方法の誤りを問題視しているため、その射程は狭い。なお、これらの裁判例では不利益処分（道運法 40 条に基づく自動車使用停止）が差止めの対象とされた。

11) 塩野・行政法 I 112 頁。

れているわけではないが、このような権力・非権力によって行政活動の性格を分けるという発想は、伝統的に国家と国民の権利関係に着目するものであり、行政争訟としての処分性概念もこのことを前提とする（裁量統制論との関係性については☞本章VI 2 (3)）、行政法総論において実益があった。

経済行政においても、行政処分は、このような行政法総論の伝統的発想と同義とする。しかし、行政行為概念として伝統的に分類されてきたさまざまな諸活動は、以下に取り上げるように、必ずしも経済行政上現実的ではないこと、むしろ、より機能的に類型化しうると考えられることなどから、本書が扱う行政処分に属する行政活動は、伝統的な行政行為の範疇よりも拡大している[12]。なお、本書が第1章Iにおいて定義した公的規制のとらえ方からすれば、**行政処分は公的規制の一部をなす法領域**ということになる。

経済行政法の関心事　経済行政法の関心事は、**自由な経済活動にあって公的規制に法的拘束力を伴わせうるかにある**。とりわけ参入や料金といった民間企業等が行う事業活動に対し法的根拠を有する「処分」を含む規制（**事業規制**については☞第2部第2章）において、その機能に応じた検討が求められることになる。その理由として、「処分」ないし「規制」という用語は、分類に応じた規制の在り方とそれぞれの裁量統制のとらえ方（☞本章VI 2 (3)）の説明に供されてきたからである。しかし他方、そこでは多様な手段が行政活動の中でとられることで行政処分というカテゴリーに括り、何らかの共通概念を持ち出す必要があるのかといった問題も生じている。したがって、名宛人に対し何らかの義務を課すことも行政処分論に含めて論ずることができるが、このような義務は、経済行政上のエンフォースメント（実効性確保）手段と一体的に論ずることが適当と思われる（☞本章IV 3）。

なお、例えば民間企業が行政機関に期待した行政処分がなされないことは、さまざまな場合において起こりうる。そこで、そのようなリスクを回避するために事前に確認できる仕組みがあることは注意を要する（コラム

---

12) 行政法総論における行政処分と行政行為の言葉遣いの違いとして、争点12［人見剛］。

▶行政機関による法令適用事前確認手続（ノーアクションレター制度））。

COLUMN

▶**行政機関による法令適用事前確認手続（ノーアクションレター制度）**

　申請者は申請段階において、特定の法令の適用対象になるか、その法令を順守しているのか、といったことを事前に知っておくことは、特に民間企業のような場合、重要な経営判断の一つになるともいえる。法令上明確にされている場合であっても、さまざまな具体的要件が重畳的に規定されるような場合、実務上、このような法令順守が果たしてなされるかは、極めて重要な意義を持つことになる。

　そこで、政府は「経済構造の変革と創造のための行動計画」（平成12年12月1日閣議決定）において、民間企業の活動が迅速かつ公平に行われるための法令解釈の明確化に関する手続の導入が検討されることが明示され、その後、「行政機関による法令適用事前確認手続の導入について」（平成13年3月27日閣議決定、平成16年3月19日および平成19年6月22日閣議決定により一部改正）によって、実施されることになった。これが、いわゆる「日本型ノーアクションレター制度」と称される制度である。

　制度の対象法令が罰則の対象となる申請に対する処分、不利益処分の根拠を定めるもののほか、民間企業等に対して直接義務を課し権利を制限するもの、照会者の照会書が窓口に達してから30日以内の回答、回答は書面方式、回答を行うことができない場合または回答を行うことが適当でない場合は回答を行わないことができること、照会・回答内容は原則として公表すること等が示されている。これらに対し、回答は法的な拘束力を持たない点、閣議決定によるため各府省等が実運用のレベルにおいて基準策定による対応である点から、法制度として見るには依然限界がある。法定化されているものは、構造特区法4条8項程度である。

（2）伝統的な整理

行政処分の分類として、伝統的には次のようなものがあった。

命令的・形成的　行政法総論では、伝統的に「行政行為」の概念を分類する上で、法律行為としての効果を生む行為とそうではない行為（法律行為的行政行為、準法律行為的行政行為）に分け、効果を生む行為については、生来の権利を制限し、一定の要件の下で命じたり義務を解除

する意味での**命令的行為**に、それとは異なり、生来有さない特殊な権利を付与する意味での**形成的行為**（時に「設権行為」とも称される）にそれぞれ分類し、行政庁の裁量の程度を見極める有用なツールとして理解されてきた。なお、これらに**確定行為**を加える場合もある。[13]

警察許可と公企業の特許　これは、命令的行為と形成的行為の分類を国家と国民の権利関係に着目した顕著な例である。

① **警察許可（行政警察許可）**　国民の自然的権利を前提にその権利を規制する行政処分であり、例えば、食品衛生法52条1項に基づく飲食店の営業に関する都道府県知事の許可がこれに当たる。したがって、この許可は、警察取締法規（☞本章Ⅰ2(**2**)）に基づく行政処分を指すことになる。

② **公企業の特許**　国家の独占的な権利を国民に付与するという思想を前提にする行政処分である。伝統的な整理では、この場合の公企業とは、事業としての意味であり、非営利を旨とする主体を指すものではない（公企業概念については☞第2部第1章Ⅰ2(**3**)）。

以上は、自由主義国家観（国家の介入を自由・財産の保護に限定する考え方）を基準とした分類である。このほかにも、従来その対象とされてきた分野に応じて見れば、（市場参入という観点から）競争を前提とする事業活動に対する規制と競争を前提としない事業活動に対する規制として分けることが可能である。その意味では、これら二つを市場原理における規制の機能面に着目したものと見ることができる。

しかしながら、現代の自由主義経済体制下にあっては、何人においても「営業の自由」が保障されており、**警察許可と公企業の特許を分ける意義は低下している**。例えば、公衆浴場法に基づく距離制限規制・適正配置規制（本書の整理として☞第2部第2章Ⅱ2(**1**)）のように、その地域においては一者しか許可を与えられないため、競争を否定する意味での公企業の特許と態様は同じであるが、公衆浴場法が公衆衛生の観点からの規制である点などの理由から、警察許可の延長線としてとらえられる。このほかにも、タ

---

13) 塩野・行政法Ⅰ121頁。

クシー業では参入規制に着目することで公企業の特許と位置付けることもありうるが、事業の安全性を強調するのであれば警察規制の一種ともいえる。

　なお、公企業の特許は、**公益事業の許可**と称する場合もあるが、[14]この呼称は、公企業の特許が持つ意味が警察許可との対比において説明すべきでないとの思考に基づくものである一方、「公益事業」特有の規制の存在を認めるものである。しかし、上記の例からも分かるように、警察許可と公企業の特許（または公益事業の許可）という二区分は、行政処分の性質を決する明確な分類法として困難であることに変わりない（本書の公益事業概念は☞第2部第1章I**2**）。

　このほか、事業者が申請した計画につき行政機関がこれを許可の基準とされる場合（**計画許可**とも称される）[15]、それは、申請された計画自体は事業者の事業活動（経営内容）を行政機関が承認する性質のものといえる。例えば、事業計画と称されるものがこれにあたるが（道運法5条1項3号、航空法〔昭27法231〕100条2項2号等）、当該事業の許可基準の一つされている。ただし、事業計画が、公企業の特許（または公益事業の許可）以外でも、次に見るような「認可」の対象として用いられる場合もある。例えば、会社の毎事業年度開始前に事業計画が当該行政庁による認可の対象とされていることが挙げられ（例、日本アルコール産業株式会社法〔平17法32〕6条、関西国際空港及び大阪国際空港の一体的かつ効率的な設置及び管理に関する法律〔平23法54〕22条等）、これも経営内容の承認を意味する「認可」といってよい。

認可　行政法総論の伝統的整理によれば、**当事者の合意を補完する行政処分**である。具体例として、農地・採草放牧地について所有権を移転する再に農業委員会による許可（農地法〔昭27法229〕3条1項）がある。認可の法的性質を論ずる意義としては、本来、意思表示により成立する私法上の法的効力を行政処分である認可が担保するが、認可がなかった場合の効力はどうなるかという点で議論されることに表われる。しかしながら、認可された内容と実際の取引が成立した内容との間でかい離がある場合、後

---

14) 小早川・行政法上203頁。
15) 遠藤・各論185頁。

III　経済行政における行為形式論　65

者の効力に直接影響を及ぼさないと解される裁判例の判断傾向があることは、先に見た通りである（☞本章Ⅰ2(2)）。その意味では、認可の法的性質は、実定法上、当該認可の対象となる取引内容が契約上も強制されるという根拠があることをもって説明しうるのであって、認可の法的性質論だけでは説明できない。

このほか、独禁法違反に係る事例の中で、公正取引委員会が、裁判例ではないが、**判例 Pick UP Ⅱ-2-⑤公取委審判審決平成 7・7・10 審決集 42 巻 3 頁**〔大阪バス協会事件〕〔経済百選38〕における審決理由の中で、「運賃等が現実に主務官庁による認可を経ている場合において事業者団体の行為に対して独禁法所定の排除措置を命ずることができるかどうか」という論点として、認可の法的性質に明確に言及する。すなわち、公正取引委員会は「旅客は不特定で極めて多数であるため個々の契約締結行為の後にいちいち認可を受けることが不可能であるという、専ら法技術的な理由で補充行為を契約に先行させたにすぎないというべきである（その意味からも、個別申請、個別認可の原則は、運賃等の認可制度において必然的である。）」と判示しているが、当該審決では、認可を受けることが独禁法の適用除外を根拠付けないという消極的意味として、その法的性質を強調する点が注目される。

(3) 機能による分類

問題点　行政処分は直接法効果を持つという意味では、その根拠規定に照らした上で内容（つまり機能）を検討する必要がある。そこで、その機能の性格に準じて行政処分を分類するのが合理的であるが、経済活動にはさまざまなものがあり、それを経済行政法において拾う場合、何を基準として特質となる機能を取り上げるべきかが問題となる。

免許・許可・認可　これらは事業者の申請に基づき行われる行政処分であり、申請者にとっては、市場機構への参入が法的に容認されるための法定要件になる（参入の意味について☞第2部第2章Ⅱ1）。この点につき、次の指摘をしておく。

① **免許と許可の使い分け**　許可には、本来人が有する自由に対する規制の解除という趣旨が含まれ、要件が充足されれば解除する処分を基本とする。したがって、伝統的な整理でいう命令的行為であり、警

察許可を指す。これに対し、免許は、法制実務の使い分けとして、**需給調整を行うこと、許可はそれを行わないことをそれぞれ特徴としている**[16]。例えば、電波法に基づき免許基準の一要件ともされる、総務省が定めた無線局（基幹放送局を除く。）の開設の根本的基準（昭25電波監理委員会規則12）3条1号では、電気通信業務用無線局に係る条件として「利用者の需要に適合するものであること」とされている。

　ここにいう需給調整とは、**需要と供給のバランスを行政庁が事前に調整し、その結果として参入者の数を制限したりすることであり**、これが単に量的多寡を調整するのではなく、当該事業の質的向上を狙いとして用いられる場合もある。例えば、電波法に基づく免許要件のうち、基幹放送局の開設の根本的基準（昭25電波監理審議会21）10条1項では、優先順位の基準として「最も公共の福祉に寄与するものが優先する」との文言が見られる。しかしながら、現実の需給調整にこのような法的性質を持たせることは根拠法の解釈によって決まるため、法文上の文言のみによっては区別しがたいのが実態といえる。したがって、例えば、電気事業法における一般電気事業を営もうとする者については「許可」が与えられることになるが、その基準の一つに「電気工作物の能力がその供給区域又は供給地点における電気の需要に応ずることができるものであること」（5条4号）とあるのも一種の需給調整であるため、免許、許可といったいずれの行政処分かについて、法的性質という面での違いをあえて説明するのは困難である（コラム▶確認・登録について）。

COLUMN

▶**確認・登録について**

　確認・登録は、法文上の用語法としてそれぞれ説明できる。確認は、行政庁による確認行為、登録は一定の効力を生じさせるべく行われる登録原簿への名前の登録であり、機能面においては、**許可と届出の中間的な仕組み**として位置付けることができる（小早川・行政法上198頁）。しかし、特定石油製品

---

[16] 宇賀・行政法Ⅰ83頁。

> 輸入暫定措置法（昭60法95、平7法76により廃止）3条に基づき揮発油（ガソリン）輸入事業の登録を行ったところそれが同法5条1・3号により通産大臣（当時）から拒否されたため、当該条項の憲法22条1項への適合性が争点となった判例（最一小判平成8・3・28訟月43巻4号1207頁）において、最高裁は、このような登録制を、国際的な石油市場におけるわが国の特殊性に鑑みて、原油の需給均衡を保つものとして正当化した。したがって、この場合の登録は、**免許に近似している**ことが分かる。

② **認可の用法と対象**　先ほど見たように、講学上の認可の性質が当事者の合意を補完するものとされるのが、行政法総論での伝統的理解であった。そこで検討すると、認可という語は、一般乗用旅客自動車運送事業者に対する料金または運賃に対する場合（道運法9条の3）は**事業規制（料金規制）**に属するものとして、一定の業務を行う者（金融商品取引業協会）に対する場合（金商法67条）は協会という法人に対する**業務規制**に属するものして、それぞれ用いられているが、これらはいずれも、当該行為主体が何らかの取引を行う上で認可がなされるため、講学上の認可に近い用語である（事業規制と業務規制の違いは☞第2部第1章）。しかしながら、水道法（昭33法79）では「水道事業を経営しようとする者は、厚生労働大臣の認可を受けなければならない」（6条1項）としているが、この認可は、当事者間の取引等を補完するものとは言い難く、事業の経営主体に対する事業規制（参入規制）と考えるのが素直であり、講学上の許可といえる。

指定　行政庁がその名宛人を決し、その者がある事業を行うことができる場合を、**指定**と称することがある。これは、法定の一定要件を満たすことを要するため、申請等に伴う行政庁の裁量が働く余地はないと考えられる。その意味では、行政法総論の中では、行政処分の分類に含まれるものではない。実際、法令上の用語法も多様であり、物価統制令4条は主務大臣が統制額を指定できるとされるほか、「〇〇区域を指定する」とか、[17]

---

17)「主務大臣物価ガ著シク昂騰シ又ハ昂騰スル虞アル場合ニ於テ他ノ措置ニ依リテハ価格等ノ安定ヲ確保スルコト困難ト認ムルトキハ……当該価格等ニ付其ノ統制額ヲ指定スルコト

「大臣が指定した期間」という場合がある。

その一方、行政機関がある人物等を指定し、事業を行うことを認める場合があり、これには指定を求める申請を要する。例えば、建築基準法（昭25法201）に基づく建築主事以外にも建築確認の業務を行う者（指定確認検査機関とされる）を国土交通大臣または当道府県知事が指定する制度が設けられているが（建築基準法77条の18）、これは、一定の要件を満たす場合には、誰しもが指定確認検査機関となれる意味において、先に見た許可に近い性質のものといってよい。さらに、指定が行政処分に近似した効果を生む事業規制（参入規制）として問題とされた裁判例（福岡地判平成10・8・27判時1697号45頁〔柔道整復師養成施設不指定処分取消訴訟〕）が見られる。

承認 免許・許可といった他の行為に比べて、特定主体が一定の法定要件を満たすことに着目して、より簡易な手続等を享受できるといった法的効果が認められる場合が、承認である。しかし、承認の用語法も多様であり、事業規則（参入規則）としての意味は低く、むしろ、業務規制として位置付けられるものと考えられる（業務規則の定義は☞第2部第1章II1）。例えば、外為法7条2項において財務大臣が本邦通貨の基準外国為替相場を定めようとするときに内閣の承認を要するとするのは、国の機関が要する他の機関の同意という趣旨で用いられている。電波法104条2項が、同法を国に適用する場合、免許または許可を「承認」と読み替えるといった規定が置かれるのは、外為法と同様であると考えられる。

これに対し、託送供給約款の制定が義務付けられている一般ガス事業者に対する経済産業大臣による承認の場合（承認一般ガス事業者）は、約款の制定を要しない（ガス事業法22条の2第1項）。また、ここでの趣旨とはやや外れるが、私人であれば免許を要するところ、国が自ら事業を行う場合には、管轄する担当大臣（行政機関）が行う自動車道事業についても、承認を要するとされることがある（道運法47条・76条1項）。

このほか、外為法は、特定の地域を仕向地とする特定の種類の貨物を輸出しようとする者について、その貨物が国際的な平和および安全の維持を

ヲ得」。

妨げることとなると認められるものは、経済産業大臣の許可を受けなければならないと規定する（48条1項）。これは、伝統的な整理でいう警察許可に近い。同じく、外為法では、経済産業大臣は、特定の種類の貨物が特定の地域以外の地域を経由して輸出されるといった迂回を防止する場合には「許可を受ける義務を課することができる」（同条2項）とする一方、国際収支の均衡の維持のため、外国貿易および国民経済の健全な発展のためなどの理由である場合は「承認を受ける義務を課するもの」とし（同条3項）、貨物の輸入についても、国際収支の均衡の維持は理由として含まれていないが、同じく「承認を受ける義務を課するもの」としている（52条）。

　いずれにせよ、外為法は許可と承認という文言上の使い分けを行っているが、その違いは判然としないものがある[18]。その違いは、輸出承認は処分性があることが前提であり（東京地判昭和53・6・14行集29巻6号1121頁）、輸出許可に変わったからと言って、この意味において用語を区別する必要はない程度に、近似している。

（4）受理について

概要　受理とは、提出された書面を受け取る行政機関の行為に着目した概念である。伝統的には、準法律行為的行政行為として位置付けられてきたため、受理自体も、ここにいう行政処分に含むことはできる。こうした受理の概念が成り立てば、国民に影響を生ずるものとして、問題が指摘されてきたのは当然である。

　すなわち、免許・許可等の申請に対して、そもそも書面を受理しなかったり、過剰な要求を行いそれが満たされるまでは受理しないといった、不受理行為、または、申請書の返戻といった、申請と許可・免許等に至るまでの間に、法律には規定されない別の手続が要求されたり介在する可能性がある。そして、そのような法定外の行政庁の行為は、申請に対する不作為を生み、本来、申請者が求める免許・許可等が、行政機関により恣意的に扱われる結果を招くことになったのである。その問題点を例示しておく。

---

18) 実務上の理解として、48条2項の許可は同条1項の「実効性確保のための規制」と、同条3項および52条の承認は原則自由・有事規制の体系として、一定の要件の下で規制が必要とされる趣旨を意味するといわれる。外為法逐条534、537、580頁。

免許・許可等との関係　行政手続法7条は、申請がその事務所に到達したときには、遅滞なく当該申請の審査を行い、一定の応答義務について規定している。この場合、書面の提出の有無のみに着目するのであり、**受理概念は存在しない**。もっとも、受理概念の存在を前提にすれば、申請とそれを受けた行政庁による審査との間に時間的な差が生ずる場合、申請者に重大な影響を及ぼすことがある。このことが具体的に問題となるのは、距離制限規制・適正配置規制のように、複数申請者のうちいずれか先行して申請した者が許可を受ける仕組み（**先願主義**）が適用される場合である。行政手続法制定以前の事例であるが、**判例 Pick UP I-2-⑥** 最二小判昭和47・5・19民集26巻4号698頁［行政百選I67］において、最高裁は「所定の申請書がこれを受け付ける権限を有する行政庁に提出された時を基準として定めるべきものと解するのが相当であって、申請の受付ないし受理というような行政庁の行為の前後によってこれを定めるべきものと解することはできない」とし、受理の順序により許可の有無を決すべきとはしなかった。

判例 PICK UP I-2-⑥

●最二小判昭和47・5・19民集26巻4号698頁［行政百選I67］

事実の概要　Ｘ（原告）は、公衆浴場業を営むべく、昭和34年6月8日に広島県知事Ｙ（被告）に営業許可を申請していたところ、同日に申請は受理されたが、市漁業協同組合Ａ（訴外）は同月6日に申請していたものの不受理となり、その後、同月11日に受理されたが、ＹはＡに対して許可を付与したため、ＸがＹの当該許可処分の取消しを求めて出訴したのが、本件である。Ａは、Ｘの申請前に許可申請書を提出したところ、添付図面に不備があるとして、閉合トラバース測量による測量図面を添付するようにとの指示のもとに提出書類の全部の返戻を受けたので、同月6日に、平板測量による測量図面を添付して許可申請書を保健所に提出したところ、係員が補正を求めて添付の測量図面を持ち帰らせ、その他の書類はそのまま保管し、そのあと、持ち帰らせた測量図面の添付を認めることとして提出され、11日に受付の手続をしたというものである。

判旨（上告棄却）　「先願後願の関係は、所定の申請書がこれを受け付ける権限を有する行政庁に提出された時を基準として定めるべきものと解するのが相当であって、申請の受付ないし受理というような行政庁の行為の前後によつてこれを

定めるべきものと解することはできない」としたうえで、Xに先願権ありとの緒論は理由がないとして、Xの上告を棄却した。

届出との関係　届出も受理概念と密接な関係性がある。届出は、書面等の提出行為を指すのが一般的であり、行政手続法37条において明文化されている[19]。しかし、その目的には、「当該分野における監督等を行うために必要な情報を行政機関が収集すること」が指摘され[20]、行政処分の概念には含まれない点では、免許・許可などとは異なる。さらに、**届出の効力は、届出人による書面等に不備がない限り、その当該事務所への到達をもって生ずる点に意義がある**ため、より簡易な手続として、規制緩和政策において制度上採用されてきた（☞第2部第2章Ⅲ**2(3)**）。

他方、届出は、届出人による第一次的行為を要するため、これを免許・許可等が申請という事業者の発意を要する場合と同類に扱うことは可能である。実際、届出された書面が不備であるか否かの確認もなく放置され、返戻されるなどの不受理行為が行われる場合が想定される。そこで、道運法44条1項に基づく無償旅客自動車運送事業に係る届出をした事業者が、中部運輸局長が届出を不受理としたことについて取消しを求めた事例（名古屋地判平成13・8・29判タ1074号294頁①）、利用者によって鉄道事業法に基づく運行計画の変更届出に対する受理行為の取消しが争われた事例（東京地判平成20・1・29判時2000号27頁）が実際に起こっており、判決では、ともに届出の効力を素直に受け止め、受理・不受理という概念を取消訴訟の対象としての処分とはみなしていない。

なお、届出の効力に到達主義の側面を強く期待すれば、利用者といった第三者が届出の内容を争う余地が制限されてしまう可能性が指摘されるところである[21]。また、登録原簿に届出人の名前等が記載される行為を指す登

---

19)「届出が届出書の記載事項に不備がないこと、届出書に必要な書類が添付されていることその他の法令に定められた届出の形式上の要件に適合している場合は、当該届出が法令により当該届出の提出先とされている機関の事務所に到達したときに、当該届出をすべき手続上の義務が履行されたものとする。」
20) 宇賀・行政法Ⅰ144頁。

録についても、以上に掲げた届出と類似の問題が生ずるように思われる。

3 ◆ 行政指導
（1）意義と機能

意義　行政指導は、行政手続法2条6号が「行政機関がその任務又は所掌事務の範囲内において一定の行政目的を実現するため特定の者に一定の作為又は不作為を求める指導、勧告、助言その他の行為であって処分に該当しないものをいう」と定義するが、これは学説の動向を考慮に入れて法文化したとされている。[22] 他方、行政指導の法的根拠の是非が問題となることがあるが、少なくとも形式としては、同法の定義にあるように、行政機関の**指導、勧告、助言**（例、宅業法71条はこれら三つを規定する）といった形式が採られる場合、行政指導は法治主義からは逸脱しない。法律上規定される行政指導の形式として、このほかにも、**勧奨**（企業合理化法〔昭27法5〕11条）、**指示**（小売商業調整特別措置法13条）、**警告**（水道法36条2項）、**あっせん**（石油需給適正化〔昭48法122〕11条1項）といったものがある。

機能　機能面に着目して、行政指導には相手方の活動を規制することを目的とした**規制的行政指導**、相手方の活動を補助することを目的とした助成的行政指導、私人間の紛争を調整することを目的とした**調整的行政指導**に分けられるのが一般的である。これらは、法的根拠を要する行政指導か否かといった観点とは別分類である。上記の区分においては、後述のように実際の行政指導は複数の区分に属す場合もあるため、機能＝目的自体のとらえ方は関係する法令によって決めざるをえない。

そもそも、行政指導は、次に見るような、わが国における経済活動の発展に応じて、積極的な行政介入の一環として強制的ではない（法的拘束力を持たない）任意の手段として行われてきたことを起源とする。その意味では、行政指導の存在形式が形式的意味での法律に根拠を持たない場合が一般的であった。[23]

---

21) 争点29［稲葉一将］。
22) 塩野・行政法I 200頁参照。
23) 東日本大震災発生後、菅直人首相（当時）が中部電力に対して同社浜岡原子力発電所の稼

(2) 経済行政と行政指導

位置付け 　経済行政では、さまざまな場面において行政の意思実現の手段として行政指導が重用されてきた。例えば、第二次世界大戦後の1950年代後半には、各種産業分野において操業短縮を通商産業省（当時）が勧告（行政指導）するといった**勧告操短制度**があった。例えば、鉄鋼産業などでは、通商産業省（当時）が、鉄鋼メーカーに対して、不況克服策として公開販売制度と呼ばれる仕組みを行政指導によって実施し、市場機構が機能するはずの中で価格維持システムが行われていたこと、粗鋼勧告操短・粗鋼減産措置といった粗鋼の生産に関する行政指導が見られた[24][25]。このほか、業界における自主調整に委ねる方法もとられるが、これは、直接行政機関が何かを指示するというのではなく、会議体の中で設備投資計画の過大性を指摘するといった方法が採られており[26]、これ自体は誘導行政と称すべきものであろう。ここでは、いわば**業務規制**（☞第2部第3章）の一環として、法律の根拠の有無を問わずに、事業者の経営方針に対する規制が行われていたといえる[27]。

　もっとも、経済行政において行政指導が法的に問題とされた判例・裁判例は、独禁法の適用事例を除いた場合、極めて少ないといえる。それが重多用されていたにもかかわらず法的問題が生じなかった最大の理由には、行政指導というインフォーマルな行為形式が望まれ、かつ、うまく機能した潜在的事情など（例、受ければすぐに指導に従う、関係者のみで話を済ませる傾

　　働を停止するよう要請したことがある（首相官邸のホームページ http://www.kantei.go.jp/jp/kan/statement/201105/06kaiken.html 参照）。このような要請も行政指導に該当するが、経済行政において、電気事業の一部としての経済活動を規制するという意味では、規制的行政指導に属することになろう。なお、要請の理由に重大事故の発生による影響を考慮した点は、内閣総理大臣の所掌事務の範囲という説明によって成り立つものだが、その法的根拠は必ずしも明確ではなかったといえる。

24) 具体的には、通商政策史 VI 463頁以下。
25) 通商政策史 X 150頁。
26) 詳細は、通商政策史 X 155頁。
27) なお、輸出規制として行政指導が機能する輸出自主規制（Voluntary Export Resttraining, VER）、国家間においてセーフガード措置（緊急輸入制限）の代替措置となる慣行とされてきた経緯があったが、GATTとの整合性が疑わしい「灰色措置」とされた。中川ほか・国際経済法 34-35頁。

向ないし企業文化）が考えられる。

参入規制・料金規制としての機能　実定法を根拠としない事実上の参入規制または料金規制として、行政指導が用いられたことがある。これは、規制的行政指導の典型例である一方、独禁法上の問題にもなる（公正取引委員会「行政指導に関する独占禁止法上の考え方」〔平成6年6月30日〕）。

① **参入規制における行政指導**　既存事業者の保護を狙いとして法的根拠のない事前調整や書面の提出（コラム▶天草ガス事件）等を求めることにより、申請者に過剰な要求を行い、実質的に参入を断念させる効果をもつ場合がある。その場合は、典型的な調整排除型の参入規制（☞第2部第2章 II **2(1)**）である。

C O L U M N

▶**天草ガス事件**

　一般ガス事業者であった天草ガス社は、当該供給区域における拡大を企図し、九州通産局長（当時）に対し必要な書面をもって申請したところ、隣接する液化石油ガス販売業者との事前協議にかある報告書を添付することを求め、書面を受理しなかった。本来、このような書面はガス事業法およびガス事業法施行規則等によって要求されない事実上の要求であり、これが行政指導であった。なお、指導内容の書面化を要請したことに、局長は拒否していた（本事例については、総務庁行政管理局編『データブック行政手続法 1996年版』〔第一法規、1996年〕279頁参照）。

　しかし、そもそもこのような書面は、第三次行革審「国際化対応・国民生活重視の行政改革に関する第三次答申」（平成4年6月19日）において、一般ガス事業者の供給区域拡張に伴う液化石油ガス販売業者との調整は「消費者の選択に委ねる」ことが示されていたため、無理な行政指導を行ったという点が問題となった。このような事態に対し、天草ガス社は経済団体連合会に「行政手続法に違反する」として申し入れた結果、公聴会ののち、正式に許可された（経緯の詳細は、ガス事業新聞1995年3月15日5面）。既存事業者であった液化石油ガス販売業者の供給区域について存続を事実上認めようとして、このような書面の添付を要求した背景には、競争化することを嫌ったととらえる場合、行政指導が一種の事業規制（参入規制）として機能した事例といえる。

裁判例として登場するのは、行政手続法制定前の段階が主であると同時に、事前調整に関するものが顕著と思われる。実体判断が行われたものとして、次の例が挙げられる。
　大規模スーパーの営業禁止に係る仮処分申請が認められた決定事例（大阪地堺支決昭和53・12・7判時916号73頁）では、市が策定した「小売商業活動の調整に関する指導要綱」に基づき仲介の場が設けられたことにより、出店に係る事前調整を市から求められたスーパー側が、出店反対側との間で締結した合意の効力が容認された。
　このほか、判例 Pick UP I-2-⑦東京高判平成10・5・28判時1666号38頁〔東京MXテレビ事件〕〔メディア百選104〕では、無線局免許の申請者が多数に上る場合、事前に行政機関が「一本化調整」する場合に関するものである。本件について、裁判所は、一本化調整自体を適法としたうえで、調整段階において株式割当の提案につきそれを拒否した行為につき、原告は自由意思により同意したことをもって当該調整は強引ではなかった点が認定されている。行政手続法33条は、申請の取り下げを求める場合、「申請者が当該行政指導に従う意思がない旨を表明したにもかかわらず当該行政指導を継続すること等により当該申請者の権利の行使を妨げるようなことをしてはならない」と規定しているため、この規定に抵触する可能性は否定できない。[28] しかし本件は、同法制定以前の事例であったため、同条の抵触可能性は争点となっていないが、事案解決に際し、かなり形式的に事案処理を行ったとの批判はありうる。さらに、有限な周波数を技術的制約とする無線放送免許について、申請者が多数に上る場合にその優劣をつけがたいことを理由として事前調整を不可欠だとの考え方も成り立ちうるし、無線免許申請者の資金強化の目的で株式割当の方法による調整方法は一定の合理性があるとの見方はある。ただし、資本力の強さと申請者の放送事業者として質的優劣をつなぐ判断には、議論の余地がある。

---

28) このような「一本化調整」は、行政手続制定後は控えられているとされる。メディア百選104解説〔米丸恒治〕。

判例 PICK UP I-2-⑦

●東京高判平成 10・5・28 判時 1666 号 38 頁〔東京 MX テレビ事件〕[メディア百選 104]

事実の概要　X（原告）は、東京における民間 UHF テレビジョン放送局を開設する目的で、電波法 4 条に基づき無線局免許を郵政大臣 Y（被告）に対し申請したが、X のほかにも 158 社が申請しており、競願状態にあった。これに対し、Y は、従来から、多数の申請に対し割り当てられる周波数が 1 つしかない場合には、これを一本に調整するためのいわゆる一本化調整の行政指導を行ってきたところ、申請者調整会議を開催し、A（訴外会社）の申請を中核のものとして扱いたいこと、東京商工会議所（以下、「東商」という）会頭の協力により、郵政省において進めたい旨提案し、申請者らの賛同を得た。

東商課長は X に対し、A の総発行株式の 0.05% を割り当てることにしたところ、算定根拠を明確にすること、1 ないし 5% の割当てを希望すること、経営陣への参加を希望することなどの意見書を郵政省担当課等宛てに送付した。その後、東商が株式配当を 0.1% とする案を示すなどの調整に努めたが、これに応じなかった。そこで Y は、調整を断念し、放送局の開設の根本的基準（現、基本放送局の開設の根本的基準）11 条（当時）の規定に基づき、各条項に適合する度合いについて比較審査を行った結果、X の申請に対しては免許を拒否することについて電波監理審議会に諮問し、その旨答申を受け、X の申請を拒否する処分を行った。X は当該処分の異議申立てを電波監理審議会に行ったが棄却されたので、その棄却処分の取消しを求めたのが本件である。

判旨（請求棄却）　当該根本的基準の定め自体に違法性は存しない点を確認した後、「テレビジョン放送は、広く一般公衆に受信される番組の放送を目的とするものであって、公共性が極めて強いものであるところ、その放送をする免許の付与について割り当てられる周波数が申請者の数に足りない場合には、多数の申請が殺到し、かつ、申請者間において過当な競争を招き、種々の弊害が生ずるおそれがないとはいえ」ず、「申請者の協力を得て、公共放送の目的に合致し、運営上も経営上も安定した基盤を持つ放送事業者が免許を受けられるように調整することには、それなりの合理性があり、少なくとも被告の測量判断の中にあるというべき」として、「申請者の自由な意思が妨げられるようなことがない限り、被告が申請者に対し、割り当てられる周波数に応じて申請を調整する、いわゆる一本化の調整のための行政指導をすることが違法であるとはいえない」とした。そのうえで、東商による株式割当て経緯について、「原告は自由意思に基き自ら選択をしてきたものと推認され、被告の行政指導が強引で違法であったとはいえない」などとし、Y による一本化調整は違法でないとした。

行政手続法制定後において、有線テレビジョン放送法（昭47法114、平22法65により廃止）3条2項（当時）に基づき、有線電気通信設備の設置申請後7年を経過して不許可処分が出されたことの違法性が問題とされた裁判例（東京高判平成11・1・25判時1700号17頁）では、当該処分は適法であるとされている。これに対して、広義の事業規制（参入規制）として、**判例Pick UP IV-2-①**大阪地判平成24・2・3判時2160号3頁〔ワンコイン八尾事件〕のように、道運法15条2項によって認められた増車計画の届出に際してそれを控える旨勧告がなされ、それに従わなかったことで不利益な取扱いをするものではないとして、行政手続法32条2項に違反するとした原告の主張をしりぞけた例が見られる。

　② **料金規制における行政指導**　申請前段階において事前に策定した基準に沿っていない申請運賃・料金について指導する場合であるが、申請後において裁量的に審査されることを考えれば、申請前の段階での調整は想定しにくい事例といえる。しかし、料金についてはその算定基準が法文上「適正な原価」と規定される原価主義（☞第2部第2章 **III 4 (3)**）に基づく料金規制のように一義的には決し得ない場合があることから、例えばタクシー事業に見られるように、地方運輸局長が安価過ぎる原価の算定方法に対し、それを変更するよう事業者に対して勧告が行われる場合がある。このような勧告にあっては、どの程度根拠法（道運法）が申請者の任意の判断に委ねられているのかを見計らう必要があると考える。

　独禁法との関係　仮に行政指導の名宛人が行政機関の意に従わざるをえない状況にあって、事業者の事業活動に対しそれが競争制限的に働く場合、事業者による独禁法違反行為を誘発する危険性が生ずる可能性が考えられる。本来、行政指導はその名宛人の任意の同意によることを前提としており、このこと自体は、行政手続法制定前後において、その意味に変化はないが、同法制定後は、仮に同意する内容が独禁法において禁止される行為に該当するならば問題となることになる。

　この点が直接問題とされたのが、石油元売各社の加盟する石油連盟（事業者団体）による価格引上げ決定が独禁法上の事業者団体規制（8条1項1号

〔当時〕）に抵触するものとして、公正取引委員会が当該決定の廃棄を命じたことに伴い争われた最三小判昭和57・3・9民集36巻3号265頁〔石油連盟審決取消請求事件〕、および、石油元売12社がカルテルを締結したとして不当な取引制限（2条6項）に該当することを理由とした刑事事件として**判例 Pick UP I-2-⑧**最二小判昭和59・2・24刑集38巻4号1287頁〔石油価格カルテル刑事事件〕〔行政百選 I 101・経済百選 7・29・35・132〕がある。これらはともに、通商産業省（当時）による石油製品の値上げに係る行政指導を受けて事業者が価格を据置いたことが問題とされていた。[29]

なお、上述の〔石油カルテル刑事事件〕の場合、最高裁は、石油業法（当時）上、通産大臣（当時）には、標準価格制度や石油精製業・設備の新設に関する許可制等の石油製品価格の形成に対し介入を認めており、同法上直接根拠を持たない価格に関する行政指導にあっても、必要な事情に対処するために「社会通念上相当と認められる方法によって行われ」、独禁法1条の究極目的（「一般消費者の利益を確保するとともに、国民経済の民主的で健全な発達を促進する」）に実質的に抵触しないものである限り、違法とすべきはないとして、「価格に関する事業者間の合意が形式的に独禁法に違反するようにみえる場合であっても、それが適法な行政指導に従い、これに協力して行われたものであるとき」は、違法性が阻却されると解している。

  判例 PICK UP I-2-⑧

●**最二小判昭和59・2・24刑集38巻4号1287頁〔石油価格カルテル事件〕〔行政百選 I 101・経済百選 7・29・35・132〕**
　事実の概要　　石油元売会社12社（被告会社）は、全国の80パーセント以上の販売シェアを有していたところ、被告会社の役員ら（被告人）は、石油輸出国機構（OPEC）の攻勢に伴い、原油コストのアップ分を石油製品の価格に転嫁して値上げすべく、油種別の値上げ幅・時期を定めて、被告会社が値上げ協定を締結したとして、不当な取引制限に該当する行為であることを理由とする独禁法違反の罪（89条1項1号・95条1項）に問われたのが、本件である。
　通商産業省（当時）は、石油輸出国機構の第一次ないし第三次値上げに伴い、業界による値上げが予想されたため、業界で値上げする場合は省に事前連絡をす

---

29) 両者の関係性は、争点123〔白石忠志〕。

ること、油種別で平均値上幅の数字を示したこと（業界も省の移行に沿って実行）など、一連の石油製品の値上げに際し、業界の値上げ案作成段階において基本的方針を示して業界を指導し、業界の値上げ案に省の意向を反映させていた。

判旨（一部破棄自判）　「値上げの上限に関する通産省の了承を得るために、各社の資料を持ち寄り価格に関する話合いを行って一定の合意に達することは、それがあくまで値上げの上限についての業界の希望に関する合意に止まり、通産省の了承が得られた場合の各社の値上げに関する意思決定（値上げをするか否か、及び右上限の範囲内でどの程度の値上げをするかの意思決定）をなんら拘束するものでない限り」独禁法にいう不当な取引制限行為には当たらないが、Xらは「業界の希望案に対する通産省の了承を得られることを前提として、一定の期日から、右了承の限度一杯まで石油製品価格を各社いっせいに引き上げる旨の合意をしたと認めざるをえない」などと判示し、Xらの有罪が確定した。

（3）行政手続法

一般原則　行政手続法は、国レベルの行政指導を規律するため、地方公共団体の機関が行う行政指導は適用除外となっている（行政手続法3条3項）。除外された後者は別途行政手続条例によって規律されることになる。このため、行政手続法を一般法とする経済行政法関連の行政指導も、ごく一部を除いて国の機関が行うことになる。

行政手続法第4章では、行政指導に関する次のような原則を規定する。
① 所掌事務の範囲内であること（32条1項）
② 申請者の権利行使を妨げてはならないこと（33条）
③ 許認可等をする権限またはそれに基づく処分権限を行使する旨をことさら示し行政指導に従うことを余儀なくさせてはならないこと（34条）
④ 責任者の明確化、書面交付要請に対する交付義務等（35条）

このような規定のうち、行政手続法制定前において問題とされた申請段階における行政指導は②および③によって禁じられることとなる。

行政指導指針　行政手続法36条は、複数の者を対象とする行政指導にあっては、審査基準や処分基準と同様、一定の条件を定めた行政指導指針を策定し、支障のない限りこれを公表する義務がある（38

条)。その例として、金融行政に対する行政指導指針として金融庁監督局証券課が策定した「金融商品取引業者等向けの総合的な監督指針」(平成24年12月)が挙げられる。なお、行政指導指針も行政立法(行政規則)に該当する。

行政指導に関する救済 　行政手続法は、平成 26 年法律第 70 号による改正に伴い、行政指導に関わる次の二つの制度が追加された。これは、行審法に関わる改正法(平26法68)と並ぶものであり、行政救済手続に関連している(☞本章Ⅵ2(1))。

① **行政指導の中止等の求め(36条の2)**　法令に違反する行為の是正を求める行政指導が当該法律に規定する要件に適合しないと思料するときに、行政指導の相手方がその指導の中止その他必要な措置をとることを求めるものである。

② **処分等の求め(36条の3)**　法令に違反する事実がある場合において、その是正のためにされるべき処分または行政指導がされていないと思料するときに、その思料する者が当該処分または行政指導をすることを求めるものである。したがって、この制度は、行政指導が、処分と並び対象となる。

以上のような改正は、行政指導について、**その根拠となる規定が法律に置かれているものに限る**ため、その範囲が限定される。とりわけ、勧告等、行政指導はさまざまな文言によって法律上規定されているため、これらの求めに該当することが考えられる。利用の仕方としては、被害を受ける者として利用者であるほか、競業者が考えられる。

4 ◆ 行政契約
(1) 意義

行政契約とは、行政主体を一方当事者とする私人との関係において見られる意思表示の合致それ自体を指すのが一般的である。庁舎の建築請負契約などがこの典型である。しかし本来、契約は私的自治の原則に基づき処理されるべき内容であり、そこに何か特別の法的効果を期待することの解釈論上の意義には、疑念が持たれてきた。

しかし、経済行政上の契約には、例えば、「正当の理由がない限り」給水契約の締結義務があるとされたり（水道法15条）、同じことは民間企業が営む事業にあってもいえるのであり（ガス事業法〔昭29法51〕16条、電気事業法〔昭39法170〕18条）、対等当事者間において締結が前提とされる自由意思に基づく私法上の契約とは異なる契約が存在することを意味する。ただし、このような義務については、業務規制（役務提供義務規制）として本書では取り扱う（☞第2部第2章II）。

(2) 契約締結義務の問題

私法上の契約は、自由な意思表示を成立の根拠とするが、実定法上、申込に対し「正当の理由がない」限り契約を締結しなければならない場合があることは、(1)に取り上げた。このほか、事業者が自主的に定めるルールについて、実定法上の根拠がない場合であっても、これに拘束される（自己拘束性）といったことが主張される場合もあるが、これは多分に政策目的の観点から主張されることが多いように思われる。

(3) 民間企業に行わせる手段

概要 本章冒頭（☞本章I1(1)）に扱った二面関係・三面関係は、ともに行政を規制者ととらえる法律関係モデルであり、これが国民と行政との役割分担によって支えられてきたということができる[30]。このことは、例えば、「公共サービス」と称されてきた保育所施設における児童保育、職業安定所における職業あっせんなどの提供、さらには上水道にあっては原則として公の主体としての市町村が行い（水道法6条2項）、下水道（公共用下水道）にあっては市町村行うことをそれぞれ法定化しているように（下水道法3条1項）、立法者が事前に提供主体を決める何がしかの分担原則があったとえる。

では、このような「公共サービス」のすべてにおいて民間企業に行わせないこととされているのかといえば、そうでもない。例えば、行政の活動を民間企業に契約形式を通じて行わせるといった民間委託の仕組み（民間化）は、多くの自治体が早い段階から導入してきた（例、一般廃棄物の収集・

---

30)「役割分担」という語も多義的であり、政策論として用いられる観念的用語法である。

運搬、処分に係る業務は、廃掃法6条の2第2項以下)。

　ここで問題とすべきは、何かアプリオリに行政が行うべきとされてきた分野にあって、時に先例踏襲を重視することで非効率的になりがちな行政活動を、民間企業によってその全部または一部を行わせることの意義である。しかし、公益的なサービスを民間企業に行わせる民営化（三公社五現業を典型として、組織に着目した概念として定義）については、既に取り上げた（☞本部第1章 I 3）。

民間委託　　民間委託は、行政主体が私法上の契約に基づき自らの業務の一部を委託する場合を指す。自らの権限を委譲するようなことではなく、組織自体の変更をもたらさない点で、民営化とは異なる。そこで、民間委託は広くその活用が認められている。例えば、水道事業（上水道）は厚生労働大臣による認可を受ける一方、市町村経営を前提とし（水道6条1項）、「給水しようとする区域をその区域に含む市町村の同意を得た場合に限り」（同条2項）、当該市町村以外の者が認可を受けられる。ここに民間企業が含まれるものと解されていたが、平成13年法律第100号による水道法の一部改正に伴い、水道の管理に関する技術上の業務の全部または一部を民間企業等に委託できるように（24条の3）、明文の法的根拠が示されている。なお、第三セクターとは、官民双方が共同で事業を行う場合を指すが、これは、公的規制を受ける分野に限定されず、行政財産の管理・運営においても該当する。

新公共管理制度（NPM）　　新公共管理制度（New Public Management: NPM）と称される民間企業の活用を伴う制度改革がある。以下、具体例を挙げる。ただ、それらは網羅的でなく、ほかにも規制緩和政策や独立行政法人化も含むが、他と重複するためここでは取り上げない。

　① **民間資金活用（Private Finance Initiative: PFI）**　民間資金等の活用による公共施設等の整備等の促進に関する法律（平11法117）が根拠法として存在する。同法では、公共施設等の管理者が民間事業者（民間企業）の公募等による選定を行い（8条）、選定された当該事業者[31]

---

31)「公共施設等」として2条1項では、道路、鉄道、港湾、空港等のほか（1号）、庁舎等（2号）、情報通信施設等（3号）、船舶、航空機等の輸送施設（4号）を定義する。

Ⅲ　経済行政における行為形式論　83

が公共施設等運営権を設定できるものとする（16条）。この場合、運営を事業として開始する義務があるが（21条）、その際、管理者との間で実施契約が締結される（22条）。資金活用という趣旨からは、**利用料金を運営権者が自らの収入として収受できる**が、この場合も管理者への届出を要するため、料金規制に近い（23条）（コラム▶水道事業は公営である必要があるか）。

② **公共サービス改革** 民間企業の活用を伴う法律は、PFIのほかにも、競争の導入による公共サービスの改革に関する法律（平18法51）が根拠法として存在する。同法は、官民競争入札、民間競争入札（いわゆる市場化テスト）を活用し、公共サービスの実施について民間企業による創意工夫を活用する制度である。

③ **指定管理者制度** 地方公共団体において行われる施設管理の一つの方法であり、公の施設の管理・運営を、民間企業のほか公益法人やNPO法人などの団体を指定し、包括的に代行させる制度である（自治法244条の2第3項以下）。

COLUMN

▶水道事業は公営である必要があるか

現行水道法6条2項は「原則として市町村が経営するものとし、市町村以外の者は、給水しようとする区域をその区域に含む市町村の同意を得た場合に限り、水道事業を経営することができるものとする」と規定する。このことから、民間企業にそれを行わせることは例外的に位置付けており、仮にできる場合は、供給区域の市町村の同意が求められるが、同意要件については法定されていないため、判断主体（市町村長か、市町村議会か、いずれの同意なのか）もわからず、政治判断にゆだねる構造である。

他方、水道事業者は「水道の管理に関する技術上の業務の全部又は一部」について、「政令で定める要件に該当するもの」に限って委託できるとしているが（24条の3第1項）、あくまで技術上の業務に限定され、本来、民間企業による市場機構のシグナルを受けて経営判断を行う場合とは異なる。水道事業の民営化を検討している大阪市も、施設所有権は市に残し、PFI方式を活用することが念頭に置かれている（大阪市「水道事業民営化基本方針──公共施設等運営施設権の活用について──（案）（概要版）」(http://www.city.osaka.lg.jp/

suido/cmsfiles/contents/0000261/261507/gaiyou1.pdf))。

　しかし、自治体が水道事業の民営化を積極的に政策として掲げることはまれである。そこで、なぜ水道事業が公営のまま持続されるべきか、という命題が登場するが、水供給という公益的なサービスのためには公営であることが最適であるというものだが、これは、海外の例（イギリス）のように民間企業に行わせるケースもあるため、必ずしも説得的でない。仮にこの命題に応えるのであれば、その供給源は代替性が効きにくい極めて地元に密着せざるをえないという地理的理由を前提に、純粋な経営判断を通じて民間企業の手に委ねること自体に伴う利用者の不安のほか、わが国では上下水道が一体的に行われる実態に鑑みると、上水道だけでは片付かない組織としての民営化の困難さが、現実的な根拠として存在するように思われる。

IV　経済行政上のエンフォースメント（実効性確保）

1 ◆ 行政法総論の議論

　行政法総論では、行政上の強制執行と称して民事上の強制執行と対比させる場合がある。**行政上の強制執行とは、行政機関が行政上の義務を課している場合にその履行をしない場合には、強制的に実現する手段**であり、名宛人に対して法律を根拠に何らかの義務を命ずる場合がこれに当たる。具体的には、代執行、執行罰、直接強制、行政上の強制徴収が挙げられている[32]。なお、何の義務も命じないで直接実力を行使する場合を**即時執行**と称される。

　行政法総論の整理法に従うならば、エンフォースメント（実効性確保）は、行政上の強制執行を対象とするが、本書が経済行政上のエンフォースメントと称する場合、一般的に、課された義務の実効性を確保すること及びそのための手段の総称である。このエンフォースメントには、自由主義経済体制の下、民間企業等の自由な経済活動を前提とする機能として、違法行為を抑止する手段（**制裁的機能**）と適法な行為へと誘導する手段（**誘導的機能**）を挙げることができる。これらは、実定法が認める義務履行の確保を示す表裏の関係にある機能であって、排他的関係にはない。

---

[32] 塩野・行政法 I 227 頁。

2 ◆ 経済行政における義務の賦課

（1）概要

　行政上の義務履行確保を問題とする場合、特定の義務は法律（または条例）により命ぜられる行為を前提としたうえでその手段を論ずるが、その前提となる「命ぜられる行為」には、実に多くのケースが見られる。行政法総論では、その各ケースを「命令」（または**命令的行為**）と称し（ただし、本章 III 1 に取り上げた行政立法における行政権が定立する命令とは異なる）、簡単に処理していた。

　しかしながら、経済行政では、自由な経済活動を前提としつつ一定の行為を行政上義務付ける特徴的な行政処分がある。これにより課された義務が名宛人に対してその経済活動に一定の制約をもたらす効果を生む。

（2）義務の賦課例

　以上の意味での経済行政における行政上の義務、すなわち民間企業等一定の事業規制を受けている者に対する義務の賦課に係る代表例を挙げておく（したがって、団体・協会等については除外する）。

営業・業務等の停止・許可取消し　これらは経済行政の中でも、最も強い行政上の義務であり、許可等により認められる適法な経済活動を行い得なくなる重要な効果を伴う。しかし、憲法における経済活動の自由（職業選択の自由、営業の自由）の保障を前提とするため、これを制限するような義務の賦課は明確な根拠を要する。伝統的な行政処分（行政行為）論では、命令的行為の中に含めて裁量の余地はないと説く。確かに、警察許可の典型とされてきた食品衛生法上の営業規則については違反事由を限定する場合（54-56条等）がある一方、道運法では「この法律若しくはこの法律に基づく命令……に違反したとき」といった包括規定による場合（40条等）の違いはあるが、許可の対象業務において決せられた範囲を逸脱しないことが「命令」の基準となることには変わりない。他方、例えば、高度な独占的供給が行われる電気・ガス事業の許可に対する場合には、「公共の利益を阻害すると認めるとき」といった規定が置かれるように（ガス事業法14条2項、電気事業法15条2項）、取消等の要件に行政機関の広範な裁量が認められる余地があることもある。

変更命令　民間企業等がすでに行っている業務内容、その他、契約の内容について、必要に応じて法定の要件を満たす内容に変更するよう命ずる行政処分である。営業・業務の停止、許可の取消しなどとは異なり、営業は継続できるため、権利の制約としては緩い。変更命令の対象となる具体例として、認可や届出を受けた約款の内容（海上運送法〔昭 24 法 187〕8 条 2 項、石油パイプライン事業法〔昭 47 法 105〕21 条、電気通信事業法 19 条 2 項・20 条 3 項・30 条 4 項・33 条 8 項・34 条 3 項等）、事務規程・規約（金商法 73 条、旅行業法〔昭 27 法 239〕22 条の 17 第 2 項、タクシー業務適正化特別措置法〔昭 45 法 75〕23 条等）、運賃・料金、業務それ自体（郵便法〔昭 22 法 165〕71 条、電気事業法 24 条の 6 第 2 項等）がある。[33]

　本来、民事法によって規律されるべき契約内容に行政上の義務として変更を加えることを意味するため、過剰規制につながる可能性は否定できない。その一方、すでに競争が生じている分野にあって、変更命令の実効性は低いと考えることはできる。

改善命令　事業規制を受ける者がその業務を遂行するにあたり、行政機関が活動内容の改善を要求する場合を指す。その意味では、業務規制の一環といえる改善命令の対象となるのは、法律上は「業務改善」や「事業改善」と称されるような場合である（業務規制については☞第 2 部第 1 章 II）。このような命令規定が置かれる場合も数多く見られるが、許可制（ガス事業法 25 条の 2、電気事業法 30 条、熱供給事業法〔昭 47 法 88〕18 条、銀行法〔昭 56 法 59〕52 条の 55、鉄道事業法〔昭 61 法 92〕23 条、アルコール事業法〔平 12 法 36〕10 条等）、届出制（LP ガス法 49 条）、登録制（倉庫業法〔昭 32 法 121〕15 条、電気通信事業法 29 条、塩事業法〔平 8 法 39〕11 条等）、免許・登録制（信託業法〔平 16 法 154〕43 条）といったように、これらには事業規制の強弱といった差はなく、全般的に行われる行政上の義務の賦課である。このほか、海上運送法に基づき改善命令が出された後、それが遵守されない場合に事業停止命令が出される場合のタイミングの問題として、その適法性が争われた裁判例

---

33) このほか、技術基準に照らしてそれに反する場合の施設に係る計画内容（下水道法 12 条の 5）、締結された協定内容（航空法 111 条の 2、道運法 19 条の 2、輸出入取引法〔昭 27 法 299〕6 条）が見られる。

に**判例 Pick UP I-2-⑨**東京地判平成 22・5・26 判タ 1364 号 134 頁がある。本件は、規制緩和政策の一環として法改正が行われたことによる影響として、必要とされるサービス基準の充足が巨額の投資を必要とすることに伴い、それを担保するために行われていた他の事業者との協定についても、それが消滅することで地域住民の日常生活、社会生活を営む上で必要となる最低基準のサービスが提供されなくなることを認定し、事業者によるサービス基準の充足＝改善命令の発動義務の発生を肯定している。

判例 PICK UP I-2-⑨

●東京地判平成 22・5・26 判タ 1364 号 134 頁

事実の概要　　X（原告）は、鹿児島と種子島、屋久島とを結ぶ航路において一般定期旅客航路事業を営んできた。平成 11 年法律第 71 号による海上運送法の改正に伴い、指定区間に指定された場合、当該航路については、一定のサービス水準を確保すべく、審査基準としてのサービス基準が定められたことで、航路への参入、運行計画等を変更する場合にはこの基準の充足が求められた。そこで、X により事業が営まれていた当該航路は、運輸大臣（当時）が海上運送法 2 条 11 項に基づき、鹿児島港または谷山漁港と①種子島のいずれかの港、および、②屋久島のいずれかの港との間による各運航が指定され、乗用車 20 台を含む（フェリーによる運航）サービス基準が設定された。

　しかし、X は、その全便がジェットフォイルによる運航であり、フェリーの運航はなかったため、①種子島関連の航路は A 社との間で、②屋久島関連の航路は B 社との間で、それぞれ共同運航に関する協定を締結するなどしていたが、その一方、競合他社である C 社が、九州運輸局長に対し、種子島関連の航路につき、ジェットフォイルおよびフェリーを運航予定として事業許可を受けた。

　以上にあって、A 社が事業廃止届出を行ったため、X はサービス基準を満たさなくなったが、事業を継続していたため、九州運輸局長が X に対してサービスの改善命令（海上運送法 19 条 1 項）を行ったが、依然命令に違反していたことから、事業停止命令を行った。その後、X は貨物船を改造してフェリーにし、サービス基準を満たしている。そこで X は、局長による事業停止命令が違法であることなどを主張し、国賠法上の損害賠償請求を提起したのが、本件である。

判旨（請求棄却）　　サービス基準に反する場合には、「その時点から、本件サービス基準を充足する是正措置を講ずる法的義務を生ずるものと解するのが相当」であること、「共同運航に関する協定は、……本来独立した事業者である当該複数事業者が共同してサービスを提供することを担保するための枠組であると認め

られるから、上記協定が消滅すれば、当該担保機能が失われ、地域住民が……最低基準のサービスが提供されず、……サービス改善命令の発令要件を満たすと解することには合理性がある」などとし、Xの事業停止命令の違法性に係る主張を否定した。

措置命令　措置命令は、改善命令に類する行政上の義務履行確保の手段である。これには、何らかの積極的な行為を採ることを命ずるといった場合がある一方で（金商法32条の2、電波法38条の27、クリーニング業法〔昭25法207〕10条の2、銀行法52条の13、電気通信事業法59条等）、このような積極的な行為を求める場合とは異なり、独禁法における課徴金納付命令と並んで用いられる義務の賦課（**排除措置命令**）があり、措置命令自体は相手方に義務を課する場合の根拠であるが、これに従わない場合に刑事罰が科せられる（90条3号）といった間接強制により担保される意味において、変更命令と同様の効果を期待するものである。ただし、このような場合には、変更命令が不当な差別的取扱いや不当な競争を引き起こすおそれなどを予測する規定を置く場合、目的において重複するため、双方の適用関係が問題となることがある（コラム▶**事業法と独禁法**）。

COLUMN

▶事業法と独禁法

　事業法と独禁法の関係は、諸説相乱れる状況にあるため、何をもって良とするかは困難といえる。この問題に対する先駆的業績として挙げられるのが、岸井大太郎「公益事業の規制改革と独占禁止法──『領域特定規制』と独占禁止法・公正取引委員会──」日本経済法学会年報23号（2002年）である。岸井論文によれば、独禁法優先の原則、競争法の統一性の原則、規制の中立性の原則の三原則を「独禁法優先説」と称し、領域特定規制の評価として掲げる「並存説、相互補完説」、「独禁法＝静態的効率性説」、「領域特定規制＝"特別法"説」との比較検討を行うものである。

　そこで、現在の実務上の扱いも含め、法解釈に委ねるという趣旨は、相互に補完的関係として見る考え方（相互補完説）に立脚しているといえる。この説では、事業法と独禁法は対等な関係にあるとの前提に立っており、そこに何らかの価値観は入っていない。しかしながら、その場合であっても、同

一事例にあって事業法がある種の規制を設ける場合、独禁法の適用余地がないか、との言い方をすれば、本説にあっても事業法を優先するといった考え方に立つことは可能である。実際、相互補完説に見えるものの、事業法への配慮という趣旨から、事業法優先説に近いとらえ方をする場合もある。この種の事例として、例えば、**判例 Pick UP II-2-⑤公取委審判審決平成 7・7・10 審決集 42 巻 3 頁〔大阪バス協会事件〕〔経済百選 38〕**がある。

(3) 行政手続法との関係

適用関係　　　以上に掲げた義務の賦課例は、いずれもその名宛人にとっては不利益となり、行政手続法上の不利益処分に該当する。このため、不利益処分に係る同法の規定の適用を受けるのが本来だが、排除措置命令、課徴金納付命令等の処分は、それぞれの根拠法の中に別途事前の行政手続が設けられており、それに沿って処分がなされる場合は、一般法としての行政手続法は適用除外とされる（独禁法 70 条の 11、金商法 185 条の 20、公認会計士法 34 条の 65）。いずれにせよ、処分基準が複雑化しやすいので、明示的な基準策定が要請される（☞本章 III 1 (2)）。

聴聞・弁明手続　　　行政手続法 13 条は、不利益処分をしようとする場合には、二種類の手続を設けている。

① **聴聞について**　　行政手続法は聴聞を文言として定義付けていないが、処分の名宛人が審理主宰者の前で意見を述べ証拠資料等の提出、資料閲覧等の機会を付与し、客観的に処分の妥当性を審理する機会を与えることを指す。このような慎重な手続は、行審法（☞本章 VI 2 (1)）が処分後に行われる行政手続であることに対する事前手続としての意味合いがある。具体的な聴聞対象となる不利益処分とは、許認可等を取り消す不利益処分をしようとするとき（したがって、文言解釈として、免許・営業停止処分はこれには含まない）、処分の名宛人の資格や地位をはく奪しようとするとき（行政手続法 13 条 1 項 1 号イ・ロ）などであり、**不利益度が強い処分を対象**とする。

② **弁明について**　　聴聞手続と同様、行政手続法はこれを文言として定義付けていないが、処分の名宛人が書面（弁明書）の提出を原則と

した簡易な手続を通じて、処分の妥当性を審理する機会を与えることを指す。弁明対象となる不利益処分とは、①の聴聞対象となるそれ以外である（行政手続法13条1項2号）。

聴聞と弁明の対象となる不利益処分として微妙なケースに、営業・業務等停止・許可取消しの区別がある。停止の場合は弁明であるため、聴聞の対象にならないことは、行政手続法の規定からも明らかであるが、許可の取消しに際し聴聞を行った場合、停止とすることは認められるが、逆に、弁明手続をとったうえで許可取消しとすることは認められない。[34]

行政庁として、停止と取消しの選択肢に迷う場合が考えられるが、条文上は割り切っている。すなわち、不利益度が強い処分を聴聞が対象とする以上、名宛人にとって不利益度が高いが許認可等の取消しには至らない場合にあっては、「行政庁が相当と認めるとき」（行政手続法13条1項1号ニ）に該当するものとして、聴聞手続を経ることが可能である。[35] その一方、行政庁として当初より取消しを念頭に置きつつ、事実関係に照らして仮の停止処分を行う場合も考えられるが、行政手続法上、この状況に対応する規定は置かれていないため、この場合に対応した聴聞と弁明を区分する立法論的課題が残される。

ただし、時間的に余裕のない等「公益上、緊急に不利益処分をする必要がある」場合には、意見陳述手続（聴聞、弁明双方を含む）を執らないことも認められており（同条2項1号）、これにあてはまる具体例として、現に進行中の行為に関し至急、不都合な点を是正させる必要がある例として、金商法27条の7第2項に基づく内閣総理大臣による公開買付開始公告の内容について訂正内容の公告命令が挙げられる。[36]

聴聞手続の課題 　行政手続法制定以前の裁判例（大阪地判昭和55・3・19行集31巻3号483頁〔ニコニコタクシー事件〕）において、聴聞手続以前に不利益となる原因を名宛人となる人物に通知する必要性があると

---

34) 塩野・行政法Ⅰ307頁。
35) 同旨、宇賀・行政法Ⅰ432頁。
36) 総務省行政管理局編『逐条解説行政手続法〔増補新訂版〕』（ぎょうせい、2002年）137頁参照。ただし、旧証券取引法27条の7第2項。

されていた。行政手続法では、聴聞手続の主要内容として、次の規定が置かれる。

① **文書閲覧権**　当事者および不利益処分がされた場合に自己の利益を害されることとなる参加人は、聴聞が集結する時までの間、調書の閲覧請求が可能である（18条1項）。

② **聴聞の方式**　行政庁が指名する職員等が主宰する（19条）。当事者または参加人に対し審理手続の中で意見陳述権、証拠提出権、質問発出権が認められている（20条2項）。ここでいう参加人とは、主宰者が必要があると認めるときに参加を許可する者であり、「当事者以外の者であって当該不利益処分の根拠となる法令に照らし当該不利益処分につき利害関係を有するものと認められる者」（17条1項）であり、三面関係でいう競業者や利用者である（三面関係は☞本章Ⅰ1(1)）。なお、主宰者は、聴聞の審理経過を記載した調書（聴聞調書）を作成し、当事者等の主張に理由があるかどうかについての意見を記載した報告書（聴聞報告書）を作成し行政庁に提出しなければならない（24条2・3項）。[37]

3◆エンフォースメント（実効性確保）の例
(1) 一般論

　行政上の義務は、そのエンフォースメント（実効性確保）を担保する手段について、唯一一般法として存在するのが、行政代執行法（昭23法43）である。しかし、同法は、義務が「他人が代わってなしうるもの」でなければならず（2条）、その適用は、違反施設の除却（取り壊し）などであり（建築基準法9条1項）、ここで想定される行政上の義務は、その名宛人にのみ賦課される。これへの違反は、それぞれの法律において規定される**罰金刑等の刑事罰**によるところとなる。

---

[37] 聴聞調書および聴聞報告書については、直接経済行政とは関係しないが、風俗営業等の適正化に関する法律4条1項2号・9号に該当し8条2号の取消事由に該当することを理由に営業許可の取消処分を受けて以降、約二週間後にそれらが作成されたため、処分の名宛人が処分を受けるまでに閲覧できず、処分理由を十分に知り得なかったことが問題とされた裁判例（盛岡地判平成18・2・24判自295号82頁）がある。

(2) 課徴金納付命令

経済活動（とりわけ取引）に関わる違法行為に対するエンフォースメントの手段の一つである。一定の金額を国庫に納付する命令となり、かつ、名宛人に対し納付命令を課すのが一般的であり、この形式は、先に見た義務を課する場合と同じである。課徴金納付命令は、独禁法のそれが有名であるが（独禁法7条の2・8条の3・20条の2-20条の7）、経済活動（取引）に関わる違法行為について用いられる例もある（金商法6章の2、公認会計士法31条の2）。特に独禁法の場合、課徴金を高額化することで違反行為の抑止効果（制裁的機能）を期待し、その強化を行う方向で制度改正されている。

(3) 公表

民間企業にとって、行政上の義務を果たしていないことが市場機構において問題視されることによって、信頼が低下する等の効果があるため、第三者に対する事実の公表は有効に機能する。この公表の例として、国土交通大臣は、鉄道事業者が乗継円滑化措置を講ずべきことを勧告し、「正当な理由なくその勧告に従わなかったときは、その旨を公表することができる」場合（22条の3）がある。勧告と公表を一体的に規定する例として、小売商業調整特別措置法16条の3および16条の4に基づく調整勧告および一時停止勧告に対する公表などに、見られるところである。なお、小売商業調整特別措置法16条の5では、公表されたのちになおも正当な理由なく勧告の内容に従わなかった場合に、措置命令といった行政上の義務を課す場合があるとする。[38]

(4) 役務提供拒否（給付拒否）

必要不可欠な役務提供（給付）を拒否することであり、行政上の義務が背後に控えている場合（例、周囲との紛争解決、公害防止等別の公の理由）に、その名宛人が義務に従うことを期待して行われる行政上の義務履行確保手段の一つである。この手段も、心理的な刺激を期待する点では、公表に近似する。この一例として、地方公共団体による給水契約の締結を拒否する

---

[38] このほかにも、調整勧告と公表、調整命令といった措置を命ずる場合として、中小企業の事業活動の機会の確保のための大企業者の事業活動の調整に関する法律7条、11条1項がある。

場合があるが、水道法は「正当の理由」がなければ拒否できないと規定しているため（15条1項）、その有無をめぐって紛争が生じることがあった。具体例として、市長が建築指導要綱に従って、要綱に従わないマンション業者に対する新規給水契約の締結を留保したことが「正当の理由」には該当しないと判断された判例（最二小決平成元・11・8判時1328号16頁〔武蔵野市給水拒否刑事事件〕［行政百選I 97]）がある。これは、業務規制（利用者保護的業務規制☞第2部第3章II）の一環として役務提供義務を規定した事業法上の解釈をめぐる判例である（☞第2部第3章II 2）。

しかし、必要不可欠な役務を提供する場合とは、役務提供主体が行政機関とは限らないし、**民間企業に対する事業規制の根拠となる事業法では、相手方との契約締結を義務化する規定を置くのが一般的**である。この場合、例えば、行政機関が民間企業に対して給付拒否を行わせることは、ここで想定する給付拒否ではないし、仮にこれに従って民間企業が給付拒否を行ったとしても、法的には、給付拒否に係る行政指導であって、拒否行為はあくまで事業法上の規定に照らして判断されることになる（ただし、給付拒否は役務提供義務の例外事由に該当するので、狭義に解される）。

V　経済行政組織

ここでは、経済行政に関わる行政組織を経済行政組織と呼ぶことにする。

1 ◆ 憲法論

憲法は「行政権は、内閣に属する」（65条）とし、内閣は憲法66条1項を受けて内閣法によりその組織が定められている。しかし、憲法は、行政組織について、内閣および会計検査院（90条2項）以外は、特に定めを置いていない。このため、誰が、どの範囲まで定めるかが、行政組織法としての課題となる。この点に関わる一般的理解は、基本的な行政組織編成権が国会に帰属し、その範囲は憲法解釈に委ねられるとされている。

2 ◆ 行政組織法（一般）として
（1）所掌事務

　経済行政組織のうち、経済産業省を典型例として取り上げると、経済産業省設置法（平11法99）がその所掌事務を定めている。それによれば、通商政策・貿易、鉱工業、鉱物資源エネルギー、中小企業などの一連の政策などが所掌事務とされている（4条）。しかし、それ以外の省においても、経済行政組織としての所掌事務を担っている。例えば、国土交通省については、鉄道や道路運送等の発達、改善、調整等を担っている（国土交通省設置法〔平11法100〕4条）。

　他方、経済政策は各省の縦割りによる事務によってのみ実現されるものではなく、むしろ、総合調整の必要性がある。現在、行政改革において廃止された経済企画庁を受ける形で、内閣府が「企画及び立案並びに総合調整に関する事務」を司るものとされており（内閣府設置法4条）、これが経済行政組織のうち政策形成に重要な**総合調整機能**を果たしている。その事務の中には、経済・財政運営一般（1項1-3号）、消費者の権利等（同項17号）、経済動向分析（3項1号）、他省の所掌に属するものを除く「経済に関する基本的かつ重要な政策に関する関係行政機関の施策の推進に関すること」（同項2号）、独禁法27条2項に規定する事務（同項58号）といったように、多様な経済政策の立案が列挙されている。

　なお、このような所掌事務の帰属を決する一般則としては、例えば、行政手続法32条1項が行政指導の一般原則として定めた「いやしくも当該行政機関の任務又は所掌事務の範囲を逸脱してはならないこと」との規定がある（☞本章 III 3（3）参照）。

（2）独任制と合議制

　行政機関には、大きく分けて独任制と合議制がある。

① **独任制**　独立して任命される行政機関を指す。大臣、長官等内閣構成員をはじめ、知事、長といった場合を挙げることができる。

② **合議制**　複数人から構成される委員会形式を念頭に置いた行政機関を指す。独立行政委員会がこれに該当する。典型例が公正取引委員会である。

効率的実務の観点からは独任制が、民主的審議の観点からは合議制が、それぞれ勝ることになる。ただし、独任制のうち、大臣の場合は選挙によって、合議制の場合は衆参両院の同意によってそれぞれ選ばれるため（例、独禁法29条2項）、両者に大して違いはなく、政治任用を契機としている点では同じである（ただし、合議制の場合は時の政権による人選が大きく左右する）。このほか、独任制の場合であっても**諮問機関**（☞本章Ｖ**3**(**3**)）が存在するため、そこから得た答申内容を自らの権限行使に反映すれば、システムとして合議制に近似する。もっとも、この場合であっても、諮問手続自体を慎重に検討し、処分に反映する実質が求められる。この点につき、一般乗合旅客自動車運送事業者による免許申請に際し、運輸審議会による公聴会手続の違法性が問題とされた最一小判昭和50・5・29民集29巻5号662頁〔群馬中央バス事件〕〔行政百選Ⅰ126〕において、最高裁は「運輸審議会の公聴会における審理を単なる資料の収集及び調査の一形式として定めたにとどまり、右規定に定められた形式を踏みさえすれば、その審理の具体的方法及び内容のいかんを問わず、これに基づく決定（答申）を適法なものとする趣旨であるとすることはできない」と判示している。

　専門的能力を持った組織とされる場合や、政策的観点から公正中立的判断が求められるような場合には、合議制が好まれる傾向が考えられる。なお、**規制による競争が必要とされる分野では、合議制機関の必要性が提唱され**[39]**る**。

(3) その他

　このほか、行政機関相互の関係として、権限委任や代理・専決等、指揮監督権限など、一般的な行政組織の仕組みを理解することも重要となる。

---

39) 電気事業法の一部を改正する法律（平25法74号）附則11条6項において、「政府は、電気事業の監督の機能を一層強化するとともに、電気の安定供給の確保に万全を期するため、電気事業の規制に関する事務をつかさどる行政組織について、その在り方を見直し、平成27年を目途に、独立性及び高度の専門性を有する新たな行政組織に移行させるものとする」と規定している。

3◆経済行政組織の特徴
(1) 概要

　国の組織が肥大化する原因の一つに、行政機構による監督権限の拡大がある。一定の必要性があって行政組織が生れ、制度化されるが、監督権限拡大すれば、次第に民間企業等の経済活動の自由を阻害するとともに、時代の変遷により非効率化する結果、行政コストの増大が国庫を圧迫し、行政活動全体を揺るがしかねない事態を生じさせる。このような一連の流れは、経済行政組織を論ずる上で、避けて通ることができない問題であり、それゆえに、行政改革の一環として提唱された規制緩和政策や民営化論が、政策過程に上ることになる。

　ここでは、公共性を伴う業務を推進するために数多く設立される一方、国の業務の効率化推進の必要性を認識されるに至った特殊法人の問題、そして、そのことと並んで登場した独立行政法人化等、行政改革といった政策課題の中で高度な専門的能力を求めるために設立された審議会（諮問機関）の役割とその組織の特徴（他の省庁との連携を図ることが強く求められる場合）等の問題を取り上げる。[40]

(2) 特殊法人・独立行政法人等

特殊法人の概念　　特殊法人の定義は、総務省設置法（平11法91）4条15号の文言にある「法律により直接に設立される法人又は特別の法律により特別の設立行為をもって設立すべきものとされる法人」とするのが一般的である。この定義にいう「特別の設立行為」とは、「政府の命ずる設立委員が行う設立に関する行為」を指し、この設立委員会が発起人になる場合が、形式上の特殊法人ということになる。[41] そして、これらは、業務目的の公共性が強いものとして設立されるものの、設立形式に拠った定義であり、いかなる性質を有する法人が特殊法人であるかといった業務の実質的内容からする定義には、意義を見出さないものである。

　上記に述べた定義に沿って特殊法人を整理した場合、その合計33法人

---

40) 佐藤・経行法173頁以下、田村達久「日本における経済行政組織の法制・編成の変容と課題」早稲田法学85巻3号（2010年）735頁以下。
41) 吉国ほか・法令用語581頁。例として、郵政民営化法36条、

存在する（2015年1月1日現在）[42]。

特殊法人改革　経済行政において重要となるのは、市場機構に委ねられることなく国がその事業等を担う場合があることである。その顕著な例が、三公社五現業（☞本部第1章Ⅰ3）をはじめとし、旧公団（例、日本道路公団等）、旧特殊銀行（例、政策投資銀行等）などのように、特殊法人と称される主体が非効率な主体となる場合に、特殊法人の民営化のほか、新たに、独立行政法人化の問題が起こった点にある。ただし、特殊法人改革と称する場合、このような民営化を含まない特殊法人等改革基本法（平13法58、平成18年3月31日までの時限立法）に基づいて行われた改革を指すことも考えられることから、本書では、同法の対象とされた特殊法人と、それ以前に民営化された特殊法人とを一体的にとらえ、それらに関わる組織改編全体を特殊法人改革として、その特徴を示す。この場合、次のような点を指摘することが可能である。

① 三公社（国鉄、電電公社、専売公社）は、特殊法人等改革基本法以前に民営化され、その時は、日本国有鉄道改革法（昭61法87）、ならびに、NTT法11条1号による日本電信電話公社法（昭27法250）の廃止、および、日本たばこ産業株式会社法（昭59法69）20条1号による日本専売公社法（昭23法255）の廃止に、それぞれよった。国鉄の分割・民営化を受けて設立された新たな会社（JR）は、旅客鉄道株式会社及び日本貨物鉄道株式会社に関する法律（昭61法88）を根拠としている（ただし、東日本、東海、西日本の三社は、平成13年法律第61号により同法の規定から削除）。

② 五現業の改革の根拠法は、行政改革の基本的方向性を定めた中央省庁等改革基本法（平10法103）であり、同法第4章において、「国の行政組織等の減量、効率化等」として、四現業（郵政、国有林、造幣、印刷）が取り上げられた（33-36条）。なお、五現業の一つであるアルコール専売事業（工業用アルコール事業）は、アルコール事業法により廃止された。

42）独法・特殊法人総覧414頁。

③　特殊法人等改革基本法は、特殊法人等（公団、事業団、組合、機構）を定義し、整理、廃止、統合等の対象を明示化していた。

特殊法人の問題　1980年代から続いた特殊法人改革は、「行政のスリム化」などが目的とされるように、特殊法人等の民営化が一つの特徴としてあった。ただし、民営化は、政府系金融機関とされてきた従前の特殊法人による超低金利による貸付行為のように、既存の民間金融機関との対等な競争を困難にさせるといった**民業圧迫の課題**を生むことになった。これは、特殊法人等改革基本法以前に民営化されたNTTのほか、郵政（郵便事業）においても同様の問題があり、いわゆる**イコール・フッティング**をいかに解決するかが重要な課題となる。そしてこれは、公正かつ自由な競争との絡みから、独禁法上の問題として位置付けることも可能である（例えば、東京高判平成19・11・28判時2034号34頁〔ゆうパック事件〕〔経済百選63・123〕）。

独立行政法人の概念　独立行政法人化は、特殊法人の民営化と並ぶもう一つの組織変容の形態である。2014年4月1日現在、98法人存在するとされるが[43]、その根拠法は、独立行政法人通則法および個々の独立行政法人設立法である。すなわち、独立行政法人通則法（平11法103）1条2項は、「各独立行政法人の組織、運営及び管理については、個別法に定めるもののほか、この法律の定めるところによる」とし、同法2条1項が、独立行政法人とは「国民生活及び社会経済の安定等の公共上の見地から確実に実施されることが必要な事務及び事業であって、国が自ら主体となって直接に実施する必要のないもののうち、民間の主体にゆだねた場合には必ずしも実施されないおそれがあるもの又は一の主体に独占して行わせることが必要であるものを効率的かつ効果的に行わせることを目的として、この法律及び個別法の定めるところにより設立される法人をいう」と定義している。また、このような定義規定からも分かるように、独立行政法人であるための一つの基準は、民間の主体（民間企業を指すものと考えられる）に行わせることが困難な場合である[44]。

---

43) 独法・特殊法人総覧413頁。
44) なお、「独立行政法人改革等に関する基本的な方針」（平成25年12月24日閣議決定）に

独立行政法人と産業保護・育成　独立行政法人の中で経済行政に関わる業務に携わる法人は、市場機構では十分に吸収しきれない産業保護・育成の場面において、その存在を確認できる。例えば、中小企業基盤整備機構では、中小企業の銀行からの資金貸付を受ける場合の債務保証を行ったり、農畜産業振興機構では、国内価格の安定に寄与するために農畜産物の買入れ等を行ったりする（☞第3部第2章 I 1 (2)・II 2 (2)）。

(3) 審議会（諮問機関）

類型と特徴　政府が経済政策を形成したり、その方向性を確定する上で用いられる手法に、審議会の存在がある。ここでいう審議会とは、国家行政組織法8条に基づき、国の行政機関が「重要事項に関する調査審議、不服審査その他学識経験を有する者等の合議により処理することが適当な事務をつかさどらせるための合議制の機関」を指す。内閣府設置法37条2項にも同様の規定が見られる。経済行政法として重要となるのは、このような審議会が経済行政においていかなる機能を果たすか、という点である。

　審議会は、組織の形式を①政策提言型審議会（調査審議の結果に基づき、政策・法案等の提言・勧告等を行うもの）、②不服審査型審議会（処分に対する不服申立てに対する審査にあたるもの）、③事案処理型審議会（個別の処分につき行政庁の諮問を受けて議決、紛争処理等を行うもの）とし三分類化されることがある。[45]ただし、電波監理審議会（電波法7章の2）などは、電波に係る免許について不服のある者が不服申立を行う紛争解決機能（電波法85条以下）のみならず、省令の制定改廃、周波数の使用・割当計画の作成・変更等が必要的諮問事項とされ（電波法99条の11第1・2号）、総務大臣に対し必要な勧告を行うような場合（電波法99条の13第1項）、事案処理の機能を併せ持つことを意味し、分類横断的である。とはいえ、この例は、準司法的手続（☞本章 VI 2 (1)）を実施する機関の存在が少数というわが国の現状にあって、きわめてまれな事例といえ、一般的には、担当大臣が案件を諮問し、それ

　よれば、①中期目標管理型の法人、②研究開発型の法人、③単年度管理型の法人の三種類に分けたうえで、それぞれの種類に見合った組織改正を行うべきであることを定めている。

45) 塩野・行政法 III 82-83頁参照。

に対する客観的な審議を経て答申を行う機関の位置付けである（例、情報通信審議会、交通政策審議会など）。

経済財政諮問会議 より一般的に、経済行政において、機能面において注目される審議会として、内閣府に設置される**経済財政諮問会議**（内閣府設置法18条1項）が注目される。同会議は、中央省庁等改革基本法12条3項に基づき内閣府に設置された合議制の機関であり、これまで経済企画庁が担っていた事務を継承した審議会である。具体的な所掌事務として、内閣府設置法では、経済全般の運営の基本方針、財政運営の基本、予算編成の基本方針その他の経済財政政策に関する重要事項のほか、国土形成計画法（昭25法205）6条2項に規定された全国計画その他の経済財政政策に関連する重要事項の調査審議を行う（19条1・2項）。構成員は、内閣総理大臣を議長とし（同法21条1項）、その4割以上を同大臣の任命する外部の有識者とすることが明記されている（同法22条1項7号・同条3項）。

経済財政諮問会議は、とりわけ、内閣主導の予算編成を可能にするための会議体として機能する点が着目されるが、予算自体は多岐の政策過程に関わる内容であるため、広く政策の根幹を総括的に決しうる機関という位置付けも可能である。例えば、同会議は、「郵政民営化に関する論点整理」（平成16年4月26日諮問会議とりまとめ）および「郵政民営化の基本方針」（平成16年9月10日閣議決定）を公表したように、郵政民営化に関わる制度骨格がこの会議で議論され、決せられている。この場合、郵政民営化は、民営化以前の郵政公社が郵便貯金、郵便年金、簡易保険などの積立金を、政府が財政投融資制度を利用して、特殊法人等に対し融資することを可能にしていたことから、個人・民間企業へと融資可能にすることで市場への資金の流入に伴う経済活性化といった、経済・財政両面にわたる政策決定が経済財政諮問会議によって行われた。[47]

---

46) 全国計画とは、「国土の形成」として2条1項に規定された事項（例、国土資源、海域の利用・保全、公共的施設の利用・整備・保全に関する事項など〔1・2号、6号〕）の基本的方針、目標などを指す。

47) 資金運用部資金法等の一部を改正する法律（平12法99）（現法令名は財政投融資資金法）によって、財政投融資の資金源とされていた郵便貯金等の預託義務が廃止された。このような改革および経済財政諮問会議の役割については、争点101［櫻井敬子］。

VI　経済行政の行政救済論

1 ◆ 総説
（1）意義

　行政法総論では、行政上の法律関係に関する争いについて諸手続を定めた**行政争訟制度**（行審法、行訴法等）と公務員による損害その他国民が一定の不利益を受ける場合の事後的な金銭補償制度を定めた**国家補償制度**（国賠法、損失補償制度）の二つに分けて論ずるのが一般的であり、この両者が**行政救済法**と総称されてきた（ただし、行政救済法を行政法総論と切り分けて位置付けることもある）。

　これに対し、自由主義経済体制では、経済活動が市場機構を通じて行われるため、利害関係者間における調整は、基本的に民事法の役割であって、行政上の法律関係に関する争いとして認識する必要はないといえる。国が経済活動を行った場合にそれを受けた者が損害を被れば損害賠償責任（不法行為責任）を問うために賠償請求をするに過ぎない。加えて、民間企業が設けた機関を通じて、自主的に紛争解決が果たされることもある。

（2）経済行政の行政救済論

　しかし、経済行政に関する行政救済法は、二面関係では申請者の立場にある者、三面関係では競合者・利用者といった申請者等との間に経済的な利害関係が存在する者が、恐らく原告となることが想定される。とりわけ、三面関係の中では、利用者の法的立場が一般公益としてその利益は抽象一般化され、行政救済法では、個人的利益とは一線を画する弱い立場として位置付けられてきた。これは、料金規制をめぐる諸種の行政事件を見てもしかりである（☞第2部第2章 III 2 (3)）。このほか、行政審判手続のように、他の行政機関とは独立した組織（独立行政委員会）による分野固有の行政争訟制度を設けられるケースもあるが、それは、経済行政に立法が集中する傾向があったように、まさに**専門技術的能力が救済手続の場面において求められる**という特徴がある。それゆえに、本書では、行政救済法とは一線を画して取り上げることが一般とされる行政庁の統制について、行政救済法の文脈の中で取り扱うことから、「経済行政の行政救済論」と称する

ことにした。

ただし、上記の経済行政における行政救済論の特徴は、あくまで、行政事件として扱われる訴訟事例の傾向に過ぎず、経済行政法の本質的特徴として、何か意義を見出そうという趣旨ではない。したがって、本書では、取り上げる訴訟事例の論点を最低限理解するために、その概要を示すにとどめる。

2 ◆ 行政争訟制度
(1) 行政不服審査制度

概説 行政争訟制度の一つに、行政不服審査制度があり、その一般法が行審法である。同法は、行政処分の違法・不当を行政機関自らが審査し是正すること、そして、国民にとっての簡易迅速な紛争解決を図ることをそれぞれ目的としている（行審法1条）。経済行政の行政救済論では、そもそも不服申立続に至ることすらないこと、行政審判制度が整備されていることから、ここではその概略を示す。

不服申立ての類型 行審法は、「不服申立て」という文言で、**審査請求**（処分または不作為について処分行政庁の直近上級行政庁が審査庁として審査する不服申立て）、**異議申立て**（処分行政庁自らが審査する不服申立て）、そして、**再審査請求**（再度の審査請求）の三つの類型を準備している。処分は概括的に定義されているため、解釈が必要となる。この点は、行訴法と同義に解されるため、ここで詳細は触れない。なお、このような不服申立ての類型は、平成26年法律第68号による行審法の全面改正に伴い、異議申立てを廃止し**再調査の請求**（審査請求よりも簡易な手続で処分庁自身が調査する不服申立て）が設けられたほか、簡易迅速性とあわせ公正手続を一層確保するため、**審理員制度**を設け、該当処分に関与しない職員が客観的に不服申立てを審理できる仕組みが整備されるなど、大きく変更される予定である[48]。

---

48) 改正法を踏まえた内容は、争点42〔大橋真由美〕。

不服申立適格　いわゆる三面関係（☞本章Ⅰ1(1)）において問題となるのは、不服申立適格者か否かの判断であるが、行審法はこの点を導き出すための具体的規定を置いていない。しかし、最三小判昭和53・3・14民集32巻2号211頁〔主婦連ジュース事件〕[行政百選Ⅱ141・経済百選115]において、不当景品類及び不当表示防止法（昭37法134）10条1項（当時）に基づき、公正取引委員会が日本果汁協会により申請された公正競争規約を認定したことについて、全国主婦連合会が不服申立てを提起したことに対する不服申立適格を認めなかった。ここでの判断は、後述する取消訴訟の原告適格の思考と共通している。

行政審判手続　行政審判とは「通常の行政機関の系統から独立した行政委員会又はそれに準ずる行政機関が、裁判類似の手続である準司法的手続によって一定の決定を行う場合のその決定そのもの、あるいはその決定にかかる手続を含めた制度全体を指すとするのが一般的[49]」とされる。他方、これは法令用語でないため、何をもってその範疇に含めるかは一致した見解があるわけではない[50]。これまでの通説的なとらえ方としては、審判を行う者が他の機関から独立してその職権を行使すること（**職権行使の独立性**）、裁判所の審理手続に近似した手続をとること（**準司法的手続**）などを挙げることができる。このほか、放送免許に係る不服申立てを扱う電波監理審議会の審判手続においては、当該処分を行う者とは異なる系統の者（審理官）が主宰すること（電波法87条）なども、この概念の特徴として挙げることができる。

　このうち、準司法手続は、行審法が一般法として有する審理手続をさらに裁判手続に近いものとする意味を持つが、わが国の行政審判手続が必ずしも一般的とはいえなかった。特に経済行政においては、行政機関の専門技術的能力を発揮する場面が多く、かつ行政審判制度が活用されていたが、**行政審判手続は廃止の方向性をたどっている**（例、公益事業委員会☞本部第1章Ⅱ

---

49) 塩野・行政法Ⅱ42-43頁。
50) 体系的な試みとして、特集「準司法手続等の今日的意義」ジュリスト1352号（2008年）がある。そこでは、①当事者間紛争処理型、②違反行為監視・是正型、③不服審査型があるとされる。高橋滋「準司法手続・特例的行政手続の諸類型──総論的検討」同45-47頁。争点35 [常岡孝好]。

1(2))。このほかにも、長らく独禁法を管轄する公正取引委員会によって行われてきた審判手続が、平成25年法律第100号によって廃止された。これは、わが国の経済界において、司法上の紛争解決を強く期待する風土があり、裁判所でない機関が裁断することへの抵抗感が根強かったことを背景としていると考えられる。この結果、改正後の独禁法では、排除措置命令等に係る名宛人から公正取引委員会が指定する職員の主宰の下での意見聴取を行うものとし（49条、課徴金納付命令については62条4項による準用）、その職員は当該事件について審査官にあった者等一定の除斥事由は確保されている（53条）。しかし、当該処分については、行審法の適用が除外されているところから（70条の12）、行政不服審査手続すら認められないものとされていることは、簡易かつ迅速な紛争解決手続が主眼とされる近時の流れに逆行した法改正との評価もあろう（コラム▶公正取引委員会による行政審判手続の廃止に伴う訴訟への影響）。

　これに対して、行政審判手続は、金商法および公認会計士法に基づく課徴金制度が存在するのと連動して存続している。この手続は、課徴金納付命令等決定が行われる前に当該命令に該当する事実がある場合に実施される点（金商法178条、公認会計士法34条の40）が、独禁法上の仕組みとは異なり、事前審査型として存在してきた。

COLUMN

▶公正取引委員会による行政審判手続の廃止に伴う訴訟への影響

　独禁法は、公正取引委員会による排除措置命令などの処分について、それらを受けた事業者または事業者団体に対し、審判請求を行うことができるものとしてきたが、これらの手続は、平成25年法律第100号によって廃止されることになった（2015年4月1日施行）。

　廃止前は、事業者または事業者団体の審判請求について、公正取引委員会による審決があった後、その取消しを東京高裁に対して求めことができるものとしていたが（旧85条1号）、その場合も、新証拠の申出については一定の要件を満たす場合にのみ認められ（旧81条1項）、裁判所が審決の取消しにあたり、「審決の基礎となった事実を立証する実質的な証拠がない場合」および審決が憲法その他の法令に違反する場合（旧82条1項各号）にのみ可能とされていた（前者のものが実質的証拠法則を規定したもの）。

これらの行政審判手続に係る諸規定の廃止後は、第一審を東京地裁としたうえで（85条1号）、これまで実質的証拠法則の適用が認められてきた条文が削除されたことに伴い、裁判所として排除措置命令等の違法性に係る覆審的審査を可能とするものへと変化しているといえる。ただし、通常の裁判審理とは異なり、常に3または5名の裁判官による合議制を義務付けるなど（86条）、専門性を高めるための制度的な担保が図られている。

(2) 行政事件訴訟制度

概説　もう一つの行政争訟として、行訴法に基づく行政事件訴訟制度がある。行訴法は、訴訟手続を規定するため、行政処分の違法性が前提となり、その中心となる取消訴訟については、「裁量権の範囲をこえ又はその濫用があった場合に限り、裁判所は、その処分を取り消すことができる」と規定されている（30条）。

　行訴法は、本書の中ですでに登場した行政事件に関する訴訟手続を規定した一般的な訴訟手続法であり、手続は本法に基づき進行することはいうまでもない。以下では、経済行政に関する訴訟事例を理解する上で必要とされる訴訟手続上の基本論点のみを取り上げる。

訴訟類型　行訴法において最も重要な訴訟類型は「公権力の行使に値する行為」に関する訴え＝抗告訴訟である。ここでは、個人の利益を保護するための**主観訴訟**について取り上げ、**客観訴訟**に属する民衆訴訟（5条）および機関訴訟（6条）は取り上げない（ただし、民集訴訟としての住民訴訟〔自治法242条の2〕については別途触れる☞第2部第2章Ⅲ**3 (2)**）。

　第一に、**抗告訴訟**とされる訴訟類型であり、これには次のものが挙げられる。

① **取消訴訟**　処分または裁決の取消しを求める訴え（3条2・3項）。
② **不作為の違法確認訴訟**　行政庁が不作為状態にある場合に、その違法の確認を求める訴え（3条4項）。
③ **無効等確認訴訟**　行政庁の処分が無効等であることの確認を求める訴え（3条5項）。
④ **義務付け訴訟（申請型・非申請型）**　処分または裁決の義務付けを求

める訴え（3条6項）であり、申請に対してなんらの処分等が行われない場合に申請に係る一定の処分を求める場合（3条6項2号・申請型）、申請といった行為がない場合に一定の処分を求める場合（3条6項1号・非申請型）。

⑤　**差止訴訟**　処分または裁決の差止を求める訴え（3条7項）。

経済行政に関わる行政事件は、これまで取消訴訟が主に占めてきた。これに対して、平成16年法律第84号による改正を契機に、取消訴訟以外の他の訴訟類型として、原告の請求を直截に反映しうる義務付け訴訟の意義が高まっている。

第二に、**当事者訴訟**が挙げられる。行訴法は、次の二つの形式を規定する（4条）。

①　**形式的当事者訴訟**　当事者間の法律関係を確認しまたは形成する処分または裁決に関する訴訟で、法令の規定にしたがって行われるもの。

②　**実質的当事者訴訟（公法上の当事者訴訟）**　公法上の法律関係に関する確認の訴えその他の公法上の法律関係に関する訴訟。

このうち、実質的当事者訴訟は、原告の権利侵害を予防しようとすることが期待されるため、訴訟の機能上、処分差止訴訟と類似しているものの、別様に用いられる。例えば、タクシー事業の乗務距離について最高限度を定めた基準公示（日勤または隔日勤務の運転者に対する乗務距離の最高限度を定めたもの）の違法性が争点となった大阪地判平成25・7・4LEX/DB25445756、福岡地判平成26・1・14LEX/DB25502898、札幌地判平成26・2・3LEX/DB25446216において、実質的当事者訴訟が認容される一方、名古屋地判平成25・5・31LEX/DB25500949は当事者訴訟が認容されたほかにも唯一処分差止訴訟が認容されている。なお、これらの裁判例はすべて、乗務距離制限という事業者の営業利益に直接影響が生ずる内容を事前規制の対象とするため、その影響に鑑みて、当事者訴訟における成立要件としての即時確定の利益が肯定されたものである。

処分性　行訴法上の論点のうち、その中心は抗告訴訟であり、とりわけ取消訴訟に関するものである。そこで原告が取消訴訟を提起する場

合、一般原則たる行訴法において定められる要件を具備する必要があり、いわゆる**訴訟要件**である。裁判所は、これを充たさなければ、原告の請求を却下することになる。

　行政法総論（行政救済法）の着眼点は、**抗告訴訟・取消訴訟の対象を定義することという意味での処分性**の議論である。そして、処分性を論ずることは、行政処分の概念を定義することと共通する。ここでは、経済行政に関わる処分性が問題とされた事例を取り上げる。

① **行政組織内に関する事例**　　リーディングケースである最二小判昭和53・12・8民集32巻9号1617頁〔成田新幹線訴訟〕〔行政百選Ⅰ2〕では、全国新幹線鉄道整備法（昭45法71）9条1項に基づき、運輸大臣（当時）が旧日本鉄道建設公団の作成した成田新幹線工事実施計画について受けた認可について、それを「監督手段としての承認の性質を有するものであって、行政機関総合の行為と同視すべきものであり、行政処分として外部に対する効力を有するものではなく、また、これによって直接国民の権利義務を形成し、またはその範囲を確定する効果を伴うものではない」と判示し、処分性を否定した。

　このような判断方法は、料金規制の一つとしての高速道路値上げ認可処分につき、道路整備特別措置法（昭31法7）2条の4に基づき建設大臣および運輸大臣が日本道路公団に対して行った認可の処分性が争点となった裁判例（東京地判平成2・10・5行集41巻10号1597頁、東京地判平成7・1・26判時1539号64頁）において行政機関の内部行為としてこれを否定したこととも重なる。なお、現在の高速道路料金については、このような争点は成立しない。

② **行政指導に関する事例**　　本来、行政指導は、事実上の行為として、行政処分などとは異なる行為形式としてとらえられてきた。実際、行政指導の中でも、実定法上の根拠なくして行われれば、従来、処分性を有する行為の典型として位置付けられてきた行政処分とは大きくはみ出ることを意味する。そこで、行政指導の処分性を容認した判例として著名であるのが、最二小判平成17・7・15民集59巻6号1661頁〔富山県病院開設中止勧告事件〕〔行政百選Ⅱ167〕である。経済行政に係

る事例といえるかはやや難があるものの、本件は、病院開設の有無を病床数という基準によって判断する点から、参入規制における一種の需給調整を行政指導によって担保する場合（参入規制のうち申請調整方式は☞第2部第2章II **2 (2)**）ととらえることができるものである。いずれにせよ、最高裁は、行政指導としての中止勧告の処分性を認める上で、当該勧告に従わない場合は「相当程度の確実さをもって、病院を開設しても保険医療機関の指定を受けることができなくなるという結果をもたらす」ことを理由の一つとしていた。しかし、学説上、このような柔軟な判例の態度については、当事者訴訟によって解決すべきであり、あえて処分性を認める必要はないといった批判が見られた[51]。

原告適格　行訴法9条1項は「法律上の利益を有する者」と規定しており、取消訴訟の原告適格が認められるためには「法律上の利益」がなければならない。この場合、当該処分によって不利益を受けるものとする原告であれば、これが肯定されることになるが、処分の直接の名宛人ではない第三者が、ここでの問題となる。この点については、最二小判平成元・2・17民集43巻2号56頁〔新潟空港訴訟〕〔行政百選II 170〕や最三小判平成4・9・22民集46巻6号571頁〔もんじゅ（第一次）訴訟〕〔行政百選II 171〕といったような判例の蓄積を集約した平成16年法改正に伴い追記された行訴法9条2項[52]がある。そこでは、種々の考慮要素を列挙することで、極力、原告適格を容認するようなメッセージ（解釈基準）を裁判所に示している。

本書における関心から、この原告適格に関する事例について、次の二つの事例を簡単に列挙しておく。

---

51) 例えば、行政百選II 167 解説〔角松生史〕。
52)「裁判所は、処分又は裁決の相手方以外の者について前項に規定する法律上の利益の有無を判断するに当たっては、当該処分又は裁決の根拠となる法令の規定の文言のみによることなく、当該法令の趣旨及び目的並びに当該処分において考慮されるべき利益の内容及び性質を考慮するものとする。この場合において、当該法令の趣旨及び目的を考慮するに当たっては、当該法令と目的を共通にする関係法令があるときはその趣旨及び目的をも参酌するものとし、当該利益の内容及び性質を考慮するに当たっては、当該処分又は裁決がその根拠となる法令に違反してされた場合に害されることとなる利益の内容及び性質並びにこれが害される態様及び程度をも勘案するものとする。」

① **競業者に関する事例**　ここでいう「競業者」とは、事業の性質上、受益的な処分が一主体にのみ可能である場合、そのために競合する事業者を指す。競合する関係に伴い、様々なケースが見られる。

第一に、**単一の事業者が競業者の参入に際し、当該市場においてすでに経済活動を行う既存の事業者（原告）がその阻止などを狙いとする場合**であり、原告適格が否定される傾向がある。具体的には、次の二通りに分かれる。

一つに、**一定の許可等を付与されることで競合関係が成立する場合**である。これについて、最高裁は、事例によって結論を異にする傾向がある。否定的見解に立つものとして、競合する他の事業者が質屋営業の許可を受けたことに伴い莫大な損失を被ることを理由に、許可の無効確認を請求した原告の訴えの利益を認めなかった判例（最三小判昭和 34・8・18 民集 13 巻 10 号 1286 頁）がある。これに対し、肯定的見解に立つものとして、一般廃棄物業者が同一地区において一般廃棄物のうちごみの収集運搬業等を行う他の競業者に対して行った市長の許可更新処分に対する取消しを求めた原告の営業上の利益を肯定した判例（最三小判平成 26・1・28 民集 68 巻 1 号 49 頁〔一般廃棄物処理業許可取消事件〕）が見られる。

もう一つに、**競合関係が法的には成立していないと考えられる場合**である。例えば、卸売市場法（昭 46 法 35）9 条 2 項 6 号に基づき中央卸売市場を開設していた市が、卸売業者に対して市条例に基づき非取扱物品販売許可処分を行ったところ、競合関係にある当該市場の関連事業者が当該処分の無効確認を請求した事例において、原告適格が否定されている（札幌地判昭和 62・11・17 行集 38 巻 11 号 1623 頁、控訴審である札幌高判昭和 63・10・18 行集 39 巻 10 号 1293 頁も同旨）。[53]

第二に、**複数の申請者がいる中で、一定数の事業者のみに許可等を付与し、**

---

[53] このほか、現行法ではないが、周辺中小小売業者である原告が、大店法 3 条 1 項に基づく第一種大規模小売店舗の新設届出に対する通商産業大臣（当時）によって、同法 7 条 1 項に基づき行われた変更勧告のうち、当該届出に係る店舗面積の取消しを請求した事案において、変更勧告に処分性を認めなかったほか、変更勧告の申請権がないこと、変更勧告の内容をどのように定めるかは大臣の裁量に委ねられていることなどを根拠に、「大店法が個々の周辺中小小売事業者に対し具体的権利ないし利益を保障するものでない」と判示して、原告適格が否定されている（東京地判昭和 57・3・16 行集 33 巻 3 号 441 頁、控訴審である東京高判昭和 60・6・24 行集 36 巻 6 号 816 頁も同旨）。

その他の者が排除される場合**であり、原告適格が肯定される傾向がある。なお、他の競業者は許可等を受けた申請者とは異なり、利益を享受できないことは第一と同じだが、その許可の取消しにあっては、行政庁による利害関係の調整という観点から、本類型では広範な裁量を容認すべきか否かという実体問題となる。

　例えば、距離制限規制・適正配置規制を受ける競業者の営業上の利益をもってこれを肯定する判例（最二小判昭和37・1・19民集16巻1号57頁〔行政百選Ⅰ19〕）のほか、電波法に基づく無線放送局に係る免許に関する最高裁判決（最三小判昭和43・12・24民集22巻13号3254頁〔東京12チャンネル事件〕〔行政百選Ⅱ180・メディア百選103〕）、および、**判例 Pick UP Ⅰ-2-⑦**東京高判平成10・5・28判時1666号38頁〔東京MXテレビ事件〕〔メディア百選104〕は、ともに無線局開設のための免許を付与されなかったとして、免許付与事業者に対する免許の取消しを求める電波監理審議会に対する異議申立ての結果、郵政大臣の下した申請拒否を適法とする判断を維持したものであり、これらはともに、競合他社の原告適格を肯定している。

　なお、第二カテゴリーとはやや事案を異にするが、**判例 Pick UP Ⅰ-2-⑩**東京地判平成18・3・28判タ1239号157頁〔混雑飛行場運航許可取消訴訟〕では、原告が国土交通大臣による別の競業者に対して行った羽田空港における滑走路の利用枠の優先的扱い（☞第4部第3章Ⅲ**3(2)**）にかかる許可処分の取消訴訟において、競合他社の運行計画変更認可が行われる段階で、原告の運行計画変更認可に係る申請が相当程度確実に行われることが見込まれるか否かを判断基準としている点では、競業者間での申請段階における利用枠の確保に対する法律上の利益を航空法は保護していると解するものである（ただし、混雑飛行場に限定されたとの見方ができる）。

　　判例 PICK UP Ⅰ-2-⑩

●**東京地判平成18・3・28判タ1239号157頁〔混雑飛行場運航許可取消訴訟〕**
　事実の概要　　A社は、国土交通大臣Y（被告）に対し、航空法107条の3第1項に基づき東京国際空港（羽田空港）についての混雑飛行場運航許可を行った。これに対し、定期航空運送事業を営むX（原告）は、当該空港の発着枠をA社に

配分したことは、A社が大手航空会社であるB社グループに属しているため、本来、国土交通省が新規航空会社の市場参入を促進させる目的で定められた通達に違反していることを理由として、Xの発着枠を配分されるべき利益を侵害されたことを理由に、当該運行許可処分の取消しを求めたのが、本件である。

本件では、大手航空会社グループに属さない新規航空会社等に配分される新規優遇枠が47便分（Xに21便、A社に14便、C社に12便）とされ、その後、大手航空会社の保有分から20便分が新規優遇枠として追加された結果、当該空港への新規事業開始分6便分を除く14便分の配分につき、既存事業者のうちC社が6便分の使用申出があり計画変更認可が行われた。Xは、16便分の増便を予定しており、変更認可申請をしていなかったが、8便分に限定されたことが法律上の利益を侵害するとして出訴した。

判旨（請求却下）　「正式の許可・認可の申請をする前の新規航空会社等であっても、その地位には一定の配慮が必要であることが前提となっており、将来の新規優遇枠の使用を予定している者の個別的利益保護に配慮するものとして、法律上の利益を基礎付ける一事情とみることができる」としたうえで、XはA社に対する許可時点において、「自身の運航計画の変更認可について、いまだ申請を行っていなかったとしても、適式に当該申請を将来行うことが、客観的にみて、相当程度確実に見込まれるのであれば」具体的な利益の侵害があったと評価する余地があるものの、そうではないとして、Xの訴えを却下した。

第三に、**競合関係が独禁法を通じて成立したと認識される場合**である。独禁法上の排除措置命令を取り消した審決に対する取消訴訟について、競業者に原告適格を認めた例がある（**判例 Pick UP I-2-⑪** 東京高判平成25・11・1判時2206号37頁〔JASRAC事件〕）。本判決では、競業者である著作権管理事業者は原告のみであった点が、原告の法律上の利益を「個別的利益」として根拠付けるものと解していると思われ、判決がとる競業者の射程範囲は、必ずしも広いとは言えない。

判例 PICK UP I-2-⑪

●東京高判平成25・11・1判時2206号37頁〔JASRAC事件〕

事実の概要　音楽著作物の著作権管理事業を営む一般社団法人日本音楽著作権協会（JASRAC）Aは、著作権者より音楽著作権の管理を受託し、放送事業者に

対して音楽著作物の利用を許諾し、使用料を徴収して著作物を分配している。Aは全ての放送事業者との間の利用許諾契約において、放送事業者が放送等利用した音楽著作物総数におけるA管理に係る音楽著作物の割合を反映させない方法で放送等使用料を算定することとしていたため、仮にA以外の管理事業者の管理楽曲を放送事業者が利用した場合には、負担すべき放送等使用量が増額する仕組みであった。

　そこで、公正取引委員会（被告）は、このような使用料の算定方法・徴収が独禁法3条（排除型私的独占）に違反するとして、排除措置命令を行ったが、その後、排除効果がないとして、当該命令を取り消す審決が出された（公取委審判審決平成24・6・12審決集59巻第一分冊59頁）。これを受けて、放送等利用に係る管理事業を営む管理事業者であるXら（原告）は、当該審決の取消しを求めたのが、本件である。ここでは、原告適格に係る判示部分のみ取り上げる。

判旨（一部認容）　「独占禁止法の排除措置命令等に関する規定（同法7条、49条6項、66条）は、第一次的には公共の利益の実現を目的としたものであるが、競業者が違反行為により直接的に業務上の被害を受けるおそれがあり、しかもその被害が著しいものである場合には、公正取引委員会が当該違反行為に対し排除措置命令又は排除措置を認める審決を発することにより公正かつ自由な競争の下で事業活動を行うことのできる当該競業者の利益を、個々の競業者の個別的利益としても保護する趣旨を含む規定であると解することができる。そして、XはAの唯一の競業者であり、原告適格があると認められる。

② **利用者**　利用者の概念は多義的であるが、一定の役務に対しそれに見合う対価を支払う者を指すといえる。

すでに行政不服審査制度の中で取り上げた最三小判昭和53・3・14民集32巻2号211頁〔主婦連ジュース事件〕〔行政百選Ⅱ141・経済百選115〕では、利用者というよりも、より広義の消費者を代表する機関（日本主婦連合会）に不服申立適格があるかが問題とされたが、最高裁は、「一般消費者であるというだけでは、……不服申立をする法律上の利益をもつ者であるということはできない」と判示している。

しかし、およそ一般消費者という場合とは異なり、より利害が明確になる場合には、原告適格を肯定する余地が生まれる。この場合、独占事業として役務を受ける顧客に他の選択肢がないときに、一定の運賃額の拘束が

法律上の利益の根拠になるかが争点となった裁判例では、一般乗合旅客自動車運送事業の運賃変更認可について無効確認請求を提起した日常利用者の法律上の利益につき、「右運送事業の地域独占性が強い場合には、沿線住民は好むと好まざるとに拘らず、事実上日常的に右負担を余儀なくされる立場に追い込まれる」としてこれを肯定し（広島地判昭和 48・1・17 行集 24 巻 1・2 号 1 頁）、〔近鉄特急事件〕の第一審（大阪地判昭和 57・2・19 行集 33 巻 1・2 号 118 頁）でも、同様の論理を展開していた。

しかし、以上の傾向はまれである。むしろ、最一小判平成元・4・13 判時 1313 号 121 頁〔近鉄特急事件〕[行政百選 II 172]、東京地判平成 11・9・13 判時 1721 号 53 頁（控訴審である東京高判平成 12・10・11LEX/DB25410138）〔小田急料金認可訴訟〕にあっても、原告適格を否定する結論が継承されたが、実定法から導かれる利益の存否があった。その意味では、鉄道利用者の原告適格を肯定した**判例 Pick UP I-2-⑫**東京地判平成 25・3・26 判時 2209 号 79 頁〔北総線料金認可取消等訴訟〕にあっても、この傾向は同様である（ただし、行訴法 9 条 2 項が原告適格の解釈基準を明示している点が結論を左右したと読むことはできる）。

判例 PICK UP I-2-⑫

●東京地判平成 25・3・26 判時 2209 号 79 頁〔北総線料金認可取消等訴訟〕

事実の概要　北総線において鉄道事業を営む A は、鉄道事業法（平成 11 法 49 改正前）16 条 1 項に基づく旅客運賃変更認可処分を受け、同路線における旅客運送を行っている。本件は、同路線沿線住民であり、通勤・通学のために定期券を購入しまたは IC カードを利用して定期的に勤務先等に通う X ら（原告）が、A の定める運賃が高額であることを理由に、運輸大臣（当時）の行った A に対する運賃変更認可処分の無効確認および予備的に同処分の取消し、国土交通大臣が現行鉄道事業法 16 条 4 項 1 号、23 条 1 項 1 号に基づく旅客運賃上限等の変更命令の義務付けの各訴えを提起したのが、本件である。ここでは、X らの原告適格を肯定した部分について扱う。

判旨（請求一部棄却）　「鉄道事業法の関係法令は、旅客運賃上限認可処分について利用者が特別の利害関係を有することを前提に、国土交通大臣が上記処分を行うに当たり、鉄道利用者に一定の手続関与の機会を付与しているものというこ

とができる」として、「少なくとも居住地から職場や学校等への日々の通勤や通学等の手段として反復継続して日常的に鉄道を利用している者については……日常生活の基盤を揺るがすような重大な損害が生じかねない」ため、Xらに同法は具体的利益を保護しているとして、原告適格を肯定した。

なお、控訴審（東京高判平成 26・2・19LEX/DB25503237）においても、東京地裁とほぼ同様の判断を下しているが、成田空港線の北総線区間について、その区間の京成鉄道に対する運賃として認可処分を受けている旅客運賃についても、当該処分の取消しに係る原告適格を有するものとして、拡大的に肯定した。

（3）経済行政の裁量統制

抑制的な裁量統制　以上に見たように、行政争訟制度は、行訴法に規定された訴訟類型のうち、特に抗告訴訟を中心として、その意義が論じられてきた。その場合、訴訟要件と並び、重要な問題となるのが、裁判所による処分の違法性に関する判断方法である。これについては、行政法総論において、伝統的に、裁判所がどの程度行政機関の判断について審査することができるか（司法審査の可否とその範囲）という意味での**裁量統制**と呼ばれる問題が論じられてきた。具体的には、裁判所では、自ら確定した事実に対し、法律を解釈し、その解釈を事実に当てはめる作業を行い紛争解決するといったプロセスを経るが、その解釈を事実に当てはめる方法が、ここにいう裁量統制に関わる議論である。**経済行政では、特に行政機関によって専門技術的な判断がなされる必要性があることを前提に、裁量を拡大的にとらえ、その結果、司法審査が抑制される場面が顕著である。**その背景には、対象となる国民（民間企業等）の利害関係が複雑であり、それを前提に、行政機関はその能力を適宜生かして判断することが求められることがある。しかし、時にそれは、行政機関によって、偏った利害調整が法治主義とはかい離して行われることがあり、その結果、不利益を被る者が生ずることになる。まさにこの点が、経済行政における裁量統制が求められる場面ということになろう。

古典的な裁量統制　行政法総論が裁量統制論として抱いたイメージとして、ここで重要となるのは、規制の名宛人が受ける利益

（授益）が、行政庁の判断によって左右されることを、講学上、**裁量**（または**自由裁量**と一括して呼ぶこともある）と称し、三権分立を理由として司法判断は狭い範囲でしか認めないという論理が展開されたことである。こうした論理は、司法判断を排除するのが自由裁量（または便宜裁量）、そうではない一定の範囲において容認するのが覊束裁量（または法規裁量）、といった分類の形で現れることになる。この裁量には、行政処分の根拠となる要件部分に行政庁の判断権限があるかとする**要件裁量**、行政処分を行うか否か（決定裁量）、行うとしてどのような行政処分を行うか（選択裁量）という意味において効果の部分に行政庁の判断権限があるとする**効果裁量**があるとされた。

　しかしながら、学説は、裁量統制の基準として自由裁量の領域を拡大することには批判的であり、極力裁量の余地を司法統制によって狭めることを期待した。広範な裁量が認められれば、その分、国民の不利益を被る場合にあっても法的なコントロールが及ばず、法治主義を貫徹できないとされたからである。

多様な統制基準　　現代の行政法総論では、伝統的なそれとは異なり、多様な裁量統制基準が判例・裁判例を通じ形成され、学説が一定の整理を行う形を採っている。その整理の大要を示すならば、裁量権の逸脱・濫用統制（平等原則違反、比例原則違反、目的動機違反または他事考慮）、実体的判断代置主義（最大限審査）、社会観念審査（最小限審査）、その他（事実認定の裁量、時の裁量、手続の裁量）[54]である。これらはいずれも、実定法の明文規定によって区分された基準ではなく、観念的、つまり学説が判例から集約し整理した基準である。[55]

　以上にあって、社会観念審査（最小限審査）は、公務員の懲戒処分などにおいて用いられる判断基準（最三小判昭和52・12・20民集31巻7号1101頁〔神戸税関事件〕〔行政百選Ⅰ83〕等）であり、その他は、行政庁の判断権の着眼点を個々に示すことで統制対象を特定する場合である。このうち、経済行政と関連するものとして、裁量権の逸脱・濫用統制、中でも目的動機違反、

---

54) 小早川・行政法下Ⅱ195頁以下。
55) 整理の仕方として、宇賀・行政法Ⅰ322-323頁。

および、実体的判断代置主義（最大限審査）を取り上げておく。

**目的動機違反
（他事考慮）**　裁量権の逸脱・濫用基準の一つとして、当該行政処分がその根拠規定に定められた目的・動機に反しているか否かに関するものである。これには、外為法の規制目的に関する**判例 Pick UP I-2-⑬**東京地判昭和 44・7・8 行集 20 巻 7 号 842 頁〔日工展ココム訴訟〕[56]のほか、道運法 40 条に基づき近畿運輸局長が行った輸送施設利用拒否処分の取消しおよび義務付けに係る訴えが提起された**判例 Pick UP IV-2-①**大阪地判平成 24・2・3 判時 2160 号 3 頁〔ワンコイン八尾事件〕がある。

後者の事件では、事業者に対する特別監視地域・緊急調整地域に指定された地域内の営業所における一定の違反を理由に、道運法 40 条が定める輸送施設の利用停止処分の日車数を加重する処分の違法性が争点となったが、この背景には、原告事業者が、特別地域に指定されて後に基準車両数を増加させていた点があった。これについて、第一審では、このような加重処分は、「事実上の需給調整である減車勧奨及び増車抑制を目的とする」と位置付け、平成 12 年改正後の道運法の趣旨、目的に合致しないものとして、違法と解している（控訴審である大阪高判平成 25・4・18LEX/DB25446011 も同義）。

＊＊＊ **判例 PICK UP I-2-⑬** ＊＊＊

●東京地判昭和 44・7・8 行集 20 巻 7 号 842 頁〔日工展ココム訴訟〕

事実の概要　原告は、1969 年北京・上海日本工業展覧会に出品予定の貨物につき、通商産業大臣（当時）に対し、外為法 48 条 1 項および輸出貿易管理令（昭 24 政 378）1 条 1 項に基づき、輸出承認申請を行ったところ、当該貨物がココム（いわゆる対共産圏輸出統制委員会）の申合せにより輸出制限の対象とされた商品に該当するため、同令 1 条 6 項の規定により輸出不承認処分を行った。これに対して、当該処分は、要件とされている「国際収支の均衡の維持と外国貿易及び国民経済の健全な発展を図るための必要性」の解釈、適用を誤り、裁量権の限界を越

---

[56]〔日工展ココム訴訟〕以外にも、関連事例として東京地判昭和 63・3・22 判時 1276 号 30 頁〔東芝機械ココム違反事件〕があるが、そこでの東京地裁は、ココム規制に抵触する製品を旧共産圏（ソ連）に輸出したことを、外為法および輸出貿易管理令に反するものとして、その責任者を有罪と判断している。

えた違法な処分であると主張し、その取消しを求めたものである。本件では、訴訟の係属中、展覧会自体が取りやめとなったことから、これに伴う損害の賠償請求を提起されている。

判旨（請求棄却）　大臣の処分について「輸出貿易管理令１条６項の趣旨とするところは、輸出の自由は基本的人権であるから、国民の行なう輸出が純粋かつ直接に国際収支の均衡の維持ならびに外国貿易および国民経済の健全な発展を図るため必要と認められる場合、たとえば需給の調整、取引秩序の維持などのため必要と認められる場合に限り、通商産業大臣においてこれを制限することができる」と判示し、本件処分の実質的理由は「ココムの申合せを遵守するためという国際政治的理由によるものであることが認められ」るため、大臣が行使しうる裁量権の範囲を逸脱し、違法であるといわなければならないとして、処分自体は違法と認定した。

実体的判断代置主義　裁判所が行政庁によって行われた判断を全面的に審査し直したうえで、その結果と当該行政庁の判断との間にかい離が生じた場合は裁判所の判断を優先するという判断方法である。**最小限審査**に対する**最大限審査**と称することができる。確かに、この方法は裁量判断に法的コントロールを及ぼすべきとしてきた従来の学説からは理想形といえるが、その判断を司法府がより踏み込んで行うことによって、三権分立に反しないかという原理的な疑問はもとより、政策的判断を司法府が行うことを通じて、逆に過剰な統制につながらないか、などといった懸念も伴うため、この方法が妥当する場面は必ずしも広いとは言えない。

タクシー運賃規制の事例（料金算定形式に関わる技術上の問題は☞第２部第１章II）からタクシー運賃については、総括原価主義を基本的な料金決定原則とし、「適正な料金」（道運法９条の３第２項１号）や不当競争禁止条項とされる「不当な競争を引き起こすおそれ」（同項３号）が規定される一方、このような規定が曖昧であるため、裁判所は行政庁の**広範な裁量にゆだねるべき**といった**論理が導かれやすかった**。

経済行政関連の事例として有名な裁判例のひとつが、**判例 Pick UP I-2-⑭**大阪地判昭和60・1・31行集36巻1号74頁〔MKタクシー事件〕〔経済百選141〕である。本件は、近畿陸運局長（当時）による「同一地域・同

一運賃の原則」に照らした値引き運賃の申請却下処分を道運法上違法と判断したが、その判断枠組みが実体的判断代置主義を採用したという理解の下、学説上の批判が見られた。

> **判例 PICK UP I-2-⑭**
>
> ●大阪地判昭和60・1・31行集36巻1号74頁〔MKタクシー事件〕［経済百選 141］
>
> **事実の概要**　京都市内において「MKタクシー」の名称で一般常用旅客自動車運送事業を営む株式会社であるX（原告）は、大阪陸運局長Y（被告）に対し、道運法8条1項（当時）に基づき、旅客の運賃および料金の変更申請を行ったが、Yはこれを却下する処分を行った。この申請は、京都市域の全事業者の運賃が一斉に値上げされた後、Xだけの申請であった。Yは、却下処分の理由として、運輸省（当時）の行政方針である同一地域・同一運賃の原則に反するもので、同法8条1項1・4号の各基準に該当しないことを理由としたものであった。当該行政方針は、昭和30年通達によって明確にされ、以後、昭和48年通達によって確立していた。
>
> **判旨（請求認容）**　道運法1条・8条1項・同条2項4号の規定から「タクシーの運賃についても、適正な競争を認め、事業者間にタクシー運賃の差異の生ずることを容認しているものと解すべきである」としたうえで、同一地域・同一運賃の原則は、「タクシー利用者（消費者）の利益を無視してタクシー事業者の保護のみを招く一種のカルテルであって、タクシー運賃の分野における公正な競争を実質的に否定するものというべきであるから、独禁法8条に違反する疑いがあるというべきであるし、経営内容のよいタクシー事業者の運賃値上げを認める点で、適正原価、適正利潤の原則を定めた法8条2項1号の規定の趣旨に反するものというべきである」こと、申請の全部または一部認可によって「二重運賃が発生したとしても、これにより、直ちに、利用者、タクシー事業者の間において、混乱が生ずるものとは認め難い」ことなどを理由として、Xの請求を認容した。

同じく、タクシー運賃に関わる事例として、道運法9条の3第2項3号に規定された不当競争禁止条項の適用が争点となった**判例 Pick UP I-2-**

---

57) 代表的なものとして、阿部泰隆『行政裁量と行政救済』（三省堂、1987年）303頁以下参照。
58) 「他の一般旅客自動車運送事業者との間に不当な競争を引き起こすこととなるおそれがな

⑮大阪地判平成 19・3・14 判タ 1252 号 189 頁〔大阪ワンコインタクシー（第一次）〕は、多数の考慮要素を提示するため、判断代置的に判示したと読めるが、その一方、申請者の原価に含まれる人件費や燃料費を原告の主張に沿って計算し直した上で運輸局長の処分を審査するのではなく（原価の計算金額自体を裁判官による主観的事象によって適正性を判断することの妥当性は問われる）、審査に際して必要とされる考慮要素の不足をもって、局長の判断の違法性を認めた（類例として仮の義務付けである名古屋地決平成 22・11・8 判タ 1358 号 94 頁）。

:::: 判例 PICK UP I-2-⑮ ::::

●大阪地判平成 19・3・14 判タ 1252 号 189 頁〔大阪ワンコインタクシー（第一次）〕

事実の概要　X ら（原告）は、初乗運賃を 480 円などとするタクシー事業に係る旅客の運賃・料金の変更認可申請をしたところ、近畿運輸局長からその運賃等の変更が道運法 9 条の 3 第 2 項 3 号の基準に適合しないとして申請を却下する処分がなされたため、当該処分の取消しとともに、同局長に対し、申請に応じた運賃等の変更認可処分をすべき旨命ずることを求める義務付けの訴えを提起したのが、本件である。

　本判決（確定）以降、X らの同様の申請が同局長に対して行われたものの、再度却下し、これについても本件と同様の訴えが提起されたが、地裁（大阪地判平成 21・9・25 判時 2071 号 20 頁）では X の請求が認容されたが、控訴審（大阪高判平成 22・9・9 判時 2108 号 21 頁）では棄却された。

判旨（請求認容）　道運法の不当競争禁止条項について、申請額と査定額のかい離の程度、事業運営に際し十分に能率を発揮して合理的な経営をしている場合に必要とされる原価を下回るか、運転者 1 人当たりの平均月額と標準人件費のかい離の程度、運賃適用地域の立地条件とその規模、当該地域における市場の構造、特性等、事業の営業形態、利用者の利用の実態、当該申請者の種別、企業規模、営業形態、運転者の賃金構造等、当該地域における需給事情、運転者の賃金水準、一般的な経済情勢等を総合勘案した上で、「当該申請を認可することにより他の一般旅客自動車運送事業者との間において過労運転の常態化等により輸送の安全の確保を損なうことになるような旅客の運賃及び料金の不当な値下げ競争を引き起こす具体的なおそれがあるか否かを社会通念に従って判断すべきである」とし、

いものであること。」

この基準を本件事実関係に当てはめた上で、「これらの事情をしんしゃくせず、……初乗り500円を下回る運賃は法人タクシー運賃では存在していないことにもかんがみて」、道運法9条の3第2項3号の基準に適合しないと判断し、却下処分を下したため、「その裁量権の範囲を超え又はその濫用があったものというほかないというべきである」と判示した。

3 ◆ 国家補償制度①（国賠法）

　国賠法は、違法な行為により損害を被った国民が国または公共団体を被告に、損害賠償を提起する場合に関する一般法である。したがって、行為の違法性に着目しない（適法を前提とした）行為によって財産権の侵害を受ける場合は、憲法29条3項によって「正当の補償」を受けることができるとした損失補償制度とは異なる。損失補償は次の**4**で扱う。

（1）国賠法1条1項

概説　「国又は公共団体の公権力の行使に当る公務員が、その職務を行うについて、故意又は過失によって違法に他人に損害を加えたときは、国又は公共団体が、これを賠償する責に任ずる」と規定する。

① **国または公共団体**　国および地方公共団体が行政主体であって、民間企業等は、それ自体に含まれず、「公権力の行使に当る公務員」に該当しないため、その責任は国または公共団体には問われないことになる（通説）。

② **公務員の「公権力の行使に当る行為」**　この文言は抽象的、多義的である。学説上、国または公共団体の私経済作用および国賠法2条1項の対象となるものは除外されるとの考え方が通説である（広義説）[59]。「私経済活動」とは、国・公共団体自らが法主体となり、相手方と対等な関係に立って行う経済活動の意味であり、一般的には、物品等の契約締結行為が念頭に置かれる。他方、民間企業等の行為であっても、法律の構造に照らして該当性が肯定されることも考えられる。例えば、建築基準法上の指定確認検査機関の確認行為につき、当該機関は民間

---

59) 塩野・行政法Ⅱ306頁。

企業が同法上の建築確認業務を行う上で国土交通大臣または都道府県知事から指定を受けることによるものであるが（建築基準法77条の18）、最高裁は、建築主事が置かれていた横浜市の責任を肯定している（最二小判平成17・6・24判時1904号69頁〔指定確認検査機関事件〕〔行政百選 I 6・地方百選67・消費者67〕）。なお、民間企業等が公の団体から民間委託を受けている場合には、その限りで、当該企業の経済活動も「公権力の行使に当る行為」に含まれる（☞本章 III 4 (3)）。

③ **「違法に損害を与える場合」**　この文言から、国賠法1条1項は違法性の認定が要件となるが、これについては、一定の行為規範を措定したうえでそれに抵触するか否かにより決せられるのが一般的理解である。したがって、実定法により導かれる行為規範への抵触という視点から問題とされるものであり、過失要件とは切り離して（二元的理解）とらえられることが考えられる。**判例 Pick UP I-2-⑬**東京地判昭和44・7・8行集20巻7号842頁〔日工展ココム訴訟〕において、東京地裁が、外為法上は違法であるが、通商産業大臣（当時）に過失を認めなかった点は、この判断方法の典型である。ただし、過失を客観的に解釈する場合（公務員の職務上の注意義務違反により法令違反が生ずるという意味での違法性。これを職務行為基準説と称することがある）、違法性が過失と一体的に解されることになり（一元的理解）、この見解に立つ判例・裁判例が多い。

競業者に対する処分　行政庁が競業者に対して行った処分等により被った損害を国賠法に基づき賠償請求する場合である。一般旅客定期航路事業を営む原告が、事業の一部停止命令のほか、競合者に対する船舶運航計画変更認可処分、および、不当廉売行為に対する規制権限不行使がそれぞれ違法であることを理由に、国に対して国賠法に基づく損害賠償請求が棄却された**判例 Pick UP IV-2-②**東京地判平成22・5・26判タ1364号134頁がある。このほか、当該判決と同じ原告が競業者の届出に係る運賃につき、国土交通大臣（権限の委任された九州運輸局長）が海上運送法8条2項に基づき「不当な競争を引き起こすおそれ」があったにもかかわらず運賃変更命令を発出しなかったことが違法であることを理由とし

て、国賠法に基づき損害賠償請求を提起した事件（東京地判平成 23・12・5LEX/DB25490551）では、「海上運送法の趣旨、目的やその権限の性質等に照らし、著しく合理性を欠くものとはいえない」として請求が棄却されている。

競業者・利用者への規制権限の不行使　**利用者が求める規制権限が不行使である場合**である。このような例では、競業者・利用者が当該規制権限によって受ける法的利益は反射的利益とする論理は、現在では否定されている。そこで重要となるのは、直接的に規制の名宛人ではない第三者との関係において、**規制権限の行使の根拠となる法令がその第三者をいかに保護しているのかを、根拠法令に照らして検討することが求められる**。以下、経済行政の関心事に照らし、財産上の利益に関わる事例に焦点を当て、具体例を挙げる。

① **事業規制の場合**　直接の名宛人ではない利用者または競業者たる第三者が、当該行政庁による変更命令が行われていないことを、国賠法上違法であると主張する場合がある。例えば、電気およびガスの各料金値上げに係る通産大臣（当時）による各供給規定の変更認可処分について、料金の認定処分および電気事業者に対する変更認可申請（電気事業法23条）を命ずる権限の不行使の違法性が問題とされた事例（大阪地判平成2・10・29判時1398号94頁）がある。

② **監督権限の場合**　監督の懈怠等その責任範囲において限定的な責任を負う場合である。最二小判平成元・11・24民集43巻10号1169頁〔京都宅建業者事件〕［行政百選Ⅱ229］では、宅業法に基づく知事等の監督処分について、損害を受けた顧客が免許を行った京都府知事に対し、免許取消し等を行わなかったことに伴い被害を受けたとして、国賠法1条1項に基づく損害賠償を国および京都府に対し請求した事件がある。最高裁は、「業務の停止ないし本件免許の取消をしなかったことが、監督処分権限の趣旨・目的に照らして著しく不合理であるということはできない」とし、国賠法上の違法性を否定している。

監督処分を行使しないことに伴う損害賠償請求が提起された事例は、このほかにも見られる。例えば、「純金ファミリー商法」により損害を被っ

た原告らが、関係六省庁（警察庁、公正取引委員会、法務省、通商産業省、経済企画庁、大蔵省）によって規制権限を一切行使しなかったことを理由に、国賠法に基づく損害賠償請求が提起された事件において、最高裁は原告の請求を棄却した（最一小判平成14・9・26税務訴訟資料252号順号9205頁〔豊田商事大阪事件最判〕）。なお、原告が異なる同一事件においても結論は同じである（東京地判平成4・9・29判時1471号104頁〔豊田商事東京事件〕）。

　認容事例としては、抵当証券業の規制等に関する法律（昭62法114、平18法66により廃止）に基づき、抵当証券業登録業者に対して監督権限を有する行政庁（近畿財務局）が、更新登録を拒否すべき義務があったにもかかわらず、登録を更新したことにより損害を被ったとして、当該業者から抵当証券を購入した原告らが国に対して国賠法に基づき損害賠償請求を提起した事件では、原告の請求が認容されている（大阪地判平成19・6・6判時1974号3頁、控訴審である大阪高判平成20・9・26判タ1312号81頁〔大和都市管財事件〕〔金商百選88・消費百選60〕）。この認容判決の理由付けとして、控訴審では、登録更新前の具体的事実関係に照らして、被害発生の現実的危険の切迫性、利用者による危険回避の現実的可能性の不在といった事情を総合的に考慮している。このため、本件を一般論として位置付けることは難しく、事例解釈の域は超えないが、重要な視点である[60]。

(2) 国賠法2条1項

　「道路、河川その他の公の営造物の設置又は管理に瑕疵があったために他人に損害を生じたときは、国又は公共団体は、これを賠償する責に任ずる」と規定する。国賠法1条1項が公務員の不法行為を起因とした賠償請求規定であるのに対し、国賠法2条1項は、公の営造物の設置・管理の瑕疵に起因したそれであるため、問題となる事案を異にする。

① **公の営造物**　これは公物概念と共通するといわれるが、設置または管理の主体が、国または公共団体でなければ、ここに該当しない。

---

[60] 利用者の範疇には含まれないが、商工共済組合の組合員が原告になった裁判例（佐賀地判平成19・6・22判時1978号53頁〔佐賀商工共済協同組合事件〕）では、粉飾経理操作を行い事業を継続していた当該組合に対し、県が中小企業等協同組合法（昭24法181）に基づく規制権限を適切に行使しなかったことが違法であるとして認定されている。

その意味では、「国又は公共団体」の該当性とも共通した論点ということになる。これは、公物の設置・管理者が民間企業等である場合が問題となり、例えば、PFI（☞本章Ⅲ**4**(**3**)）などのケースがこれに該当する。

② **設置または管理の瑕疵**　法文自体は抽象的であり多義的である。学説上、当該公物施設の通常有すべき安全性が欠如している状態（物的瑕疵）が判断基準とされている。このような、行政法総論（行政救済法）の観点から、河川などとの関係で問題となることがある。なお、その施設の本来の利用者ではなく、第三者が結果的に施設の瑕疵に伴い損害を被ることが考えられるが、これは、二面関係ではなく三面関係において瑕疵が生ずる場合として構成するものである（供用関連瑕疵）。ただし、周辺住民に対し、施設に起因する騒音に関わる損害賠償請求を想定するものであって、直接的には経済行政と関わるものではない。

4 ◆ 国家補償制度②（損失補償制度）

（1）概説

国賠法とは異なり、損失補償は直接根拠とできる一般法規は存在しない。憲法29条3項は「私有財産は、正当な補償の下に、これを公共のために用ひることができる。」と規定するが、これを直接根拠として請求できること（**直接請求権説**）は判例上認められてはいるものの、その請求が認められるのはまれである。

（2）土地収用法の例（公益事業特権）

目的と収用案件　民間企業が大規模な施設を建設するために必要とされる土地利用に当たり、損失補償制度を含む土地収用法（昭26法219）の適用が問題となることがある。ここでは、経済行政において、同法の適用との関係で問題とされる論点を取り上げる。

土地収用法は、公共の利益となる事業に必要な土地の収用・使用を可能にすることによって、公共の利益の増進と私有財産との調整を図り、国土の適正かつ合理的な利用に寄与することを目的とするものとされた法律で

ある（1条）。これに対し、同法3条は「土地を収用し、又は使用することができる公共の利益となる事業」をその収用案件とし、明文化されたカテゴリーの中には、当該分野と直接関係しないものも含まれているものの、道路（1号）、鉄道・軌道（7号・7号の2・8号）、乗合または貨物運送に係る道路運送（9号）、航空（12号）、郵便（13号の2）、通信・放送（15号の2・16号）、電気・ガス（17号・18号）は、いずれも民間企業が行う経済活動に関わる施設であって、その意味では営利を目的として行う事業の一環と観念されるものの、いずれも施設自体に「公共の利益」に供することを前提とした土地の収用・使用が念頭に置かれていることを意味する。

　これらの事業は、いずれも国土交通大臣が事業の認定に関する処分を行うものとしており（17条1項3号）、都道府県収用委員会による収用または使用の裁決（一般的に「収用裁決」といわれる）を行う（47条の2）とされる。裁決は、損失補償に係る額をはじめとする一連の内容を含めた処分であるが、仮に収用裁決が行われた結果、起業者（3条各号に掲げる上記事業を行う者を指す。8条1項）たる当該施設を設置する者、すなわち、民間企業等は、当該土地所有者・関係人に対し補償金を支払う義務が発生することになる。なお、訴訟との関係においては、損失補償額等は当事者間において解決すべく、起業者と土地所有者・関係人間に委ねられる仕組みがとられている点に特徴がある（133条2・3項、行訴法4条前段の形式的当事者訴訟に該当）。

公益事業特権　　土地収用法は、特に定められた事業に係る施設に供される土地の収用・使用に関する一連の手続を定めているが、公益性を有する事業を遂行するに当たり、土地の利用・立入り、植物の伐採・移植を行う必要がある際に、所有者の意に反してこれを行うことができるとする場合がある（ガス事業法43-45条、電気事業法58条以下、鉄道事業法22条1・2項、電気通信事業法128条以下等）。これらは、当該事業を行う者が一方的に可能とする場合であり、**公益事業特権**と称される特殊な権利がある（本書に定義する公益事業概念は☞第2部第1章Ⅰ2）。ここでいう特権とは、法令上の用語ではなく、通常の民間企業には付与されない権限という意で用いられている。この場合、公共の用地の利用についても片務的な権利としてその行使を可能としているが（ガス事業法42条、電気事業法65条）、特権

はこれも含んだ概念といえる。

　損失補償との関係では個別法規によって規定が置かれており（ガス事業法45条、電気事業法62条、鉄道事業法22条3項以下、電気通信事業法137条）、憲法上の適否を論ずる必要はないが、若干問題が残る。すなわち、法文に定められた事業者が当該所有者に対し補償を行うことを意味するため、ここでいう「損失補償」は、土地収用法のように裁決等の手続を介在させることで決められるものではないため、土地収用法における収用裁決と比べて簡易な手続である点では、財産権侵害に係る手続保障にもとることになる。しかし、補償について協議が整わない場合には、都道府県知事が裁定するものとしており（ガス事業法45条2項、電気事業法63条、鉄道事業法22条5項、電気通信事業法137条2項）、補償金額については、ガス事業法45条4項や鉄道事業法22条10項のように、事業者と所有者等との間の訴訟として明示的に規定されているため（この場合は形式的当事者訴訟であるが、他の規定がない場合に提起された訴訟は実質的当事者訴訟といえる）、土地収用法にいう土地所有者・関係人と類似の救済措置が念頭に置かれている。

(3) その他の経済行政関係事例

経済事象の変動に伴う例　経済事象にはさまざまなケースが考えられる。例えば、規制緩和政策がその典型であり、これまで規制により保護されていた事業者にとって、国や公共団体による積極的な政策目的のために、従前に成立していた事業者の利害が大きく変動することが考えられる。そして、このことが、政策の変化に伴う財産権の侵害を理由として、正当な補償を求めることになる場合が考えられる。しかし、**経済事象の変動は、そもそも取引に内在するリスクでもある**ため、果たして損失補償の対象として成立するかが問題となる。

　この点については、例えば、内航海運業を営む原告が、船腹調整事業により発生していた引当資格の経済的価値が規制緩和政策に伴い無価値になったとして憲法29条3項に基づき損失補償請求に対し、請求を棄却した裁判例として、**判例Pick UP I-2-⑯広島地判平成15・5・27訟月50巻4号1297頁**がある。

判例 PICK UP I-2-⑯

●広島地判平成15・5・27訟月50巻4号1297頁

事実の概要　Xら（原告）は、自己の船舶を所有して内航海運業を営んでいた。

本件で問題とされた船腹調整事業とは、内航海運組合法（昭32法162）8条1項5号に係る事業であるが、内航海運業者の組織組合たる日本内航海運組合総連合会が、運輸大臣（当時）による認可を受けた同会船腹調整規程によって、スクラップ・アンド・ビルド方式と呼ばれる船舶の建造、改造またはその他の用途からの転用を行う場合に、一定の船舶の解撤、沈没または海外売船を行う義務付ける方式を指す。この船腹調整事業によって、船舶の建造等を行う際には、解撤等すべき船舶を自ら用意できない事業者は他者から購入する必要があったところ、その場合のスクラップとしての価値が「引当資格」ないし「引当権」と称し、内航船の売買に付随し船舶本体の価格以外の一定の金銭的価値を有するものとして取引対象となっていた。

しかし、政府の規制緩和政策のため、船腹調整事業が廃止されたことを受け、「引当資格」の経済的価値が暴落し多大な損害を受けたことを理由に、Xは国（被告）に対し、国賠法上の損害賠償、および、憲法29条3項に基づく損失補償をそれぞれ求めたのが、本件である。

判旨（請求棄却）　損失補償請求について、「規制緩和の要請という公共目的に基づく内閣等の政策決定が影響を与えたことにより、結果的に引当資格の経済的価値が失われたとしても、それはもともと経済的価値の維持存続が何ら保障されていないという引当資格の性質に内在する制約によるもの」として、Xの請求を棄却した。

なお、ここでの事例とは趣旨を異にする場合であるが、住民訴訟として、地方公共団体が支払う損失補償金としての補助金が無駄遣いであることを理由に、その適法性が争われる事例が見られる。ただし、これら事例が、経済事象の変動に伴い必要とされる補償金であるか、という問題が残される。すなわち、卸売市場の移転に伴い市が業者に支払った補償金としての補助金の適法性が認定された裁判例（東京高判平成3・7・30行集42巻6=7号1253頁）では、旧市場の老朽化等に伴う移転後に、その旧市場の扱いに対する補償という意味合いがあった（本件は、国賠法に基づく損害賠償請求も提起されていた）。これに対して、経営不振に陥った地方公営企業であると畜場の廃止に伴い、不利益が生じた利用者に対し支援金をを自治体が拠出する

場合、これを損失補償と見るべきかというケース（最三小判平成22・2・23判時2076号40頁〔八代市と畜場廃止事件〕［地方百選48]）でも同じく、補助金の適法性が認められている。しかし、本件につき、最高裁は、補助金支出の理由に、警察規制目的を正当化しているように読める一方、民間企業とは異なり、公営企業の廃止による公共性のとらえ方との関わり合いとして見る余地が残されている。

実定法上の例　条文によって明記されていない場合であっても、損失補償の対象案件としてとらえるべきかが問題となる場合もある。軌道法（大10法76）9条は、道路管理者が道路の施設または改廃のため必要と認めるときは、軌道経営者の敷地を無償で道路敷地にできるものとするが、違憲の疑いが強い。ただし、軌道法は、現行の憲法制定以前の国家による公用収用が一般的に容認されていた時代の実定法であるといった特質があることに、注意を要する。

競争政策実現目的の例　経済行政において損失補償制度が関係する場合、競争政策の実現という観点から、この制度が課題となることも想定できる。公益事業（ネットワーク産業）における公平な競争を実現する上で競争促進的業務規制（☞第2部第3章III）が試みられることがあるが、これを実行するためには、民間企業が保有するネットワークをそれ以外と分離（アンバンドル）することが考えられる。しかし、**国家がこのことを競争政策目的実現のために強制的に行うことは、当該民間企業の財産権侵害に該当することになる**ため、損失補償請求権が成立することは十分考えられる。[61]　逆に、法政策として、このような手法を回避する形で、民間企業に所有関係を継続し、ネットワークを引き続き保有させることで実質的な分離（アンバンドル）を可能にすることも考えられるため、一般的には、そちらが制度選択として採られることになる。

---

61) ただし、分割が自主的に行われることが念頭に置かれる。友岡・ネットワーク210頁以下。

第2部
事業規制・業務規制法制

Summary

　多岐にわたる経済活動の中で、さまざまな規制が必要とされてきた。その一部は第1部においても取り上げたが、第2部では、第1部において十分に特徴を説明できないものについて、その諸機能に着目して整序する。もっとも、その方法には正答がなく、依拠すべき事柄も一致した見解があるわけではないため、いかなる基準を持って整序できるかが問題となる。この場合、現代社会では、より横断的にその諸機能を理解することが求められていると考えられるため、一つの試みとして、次のような構成を採ることとする。

　第1章では、規制の対象としての事業と業務の意義について、それぞれ解説する。

　第2章では、事業者が経済活動を行うにあたり、それに伴う弊害を行政機関が事前に予測し除去する規制を「事業規制」として取り上げる。これは、第1部の中でも断片的に取り上げているが、より経済活動に特化する形で整序する。この場合、経済活動の中でも、被規制者には過剰ともなりがちな諸規制を取り上げ、場面場面に応じて法的問題を明らかにするものである。具体的には、事業開始規則（参入規制）、料金規制、そして事業終了規則（退出規制）である。

　第3章では、経済活動そのものに規制を課する場合を「業務規制」として取り上げる。この規制は、本来、自由な取引に委ねられるが、必要に応じて一定の義務が課されるものであり、民事法に属するともいうべき領域が想定されるが、特に、公益的観点に立った特殊な規制として括ろうというものである。具体的には、利用者保護的な業務規制として、役務提供義務規制とユニバーサル・サービス規制を、競争促進的業務規制として、特に公益事業（ネットワーク産業）に見られる諸規制を、それぞれ取り上げる。

第1章

総説

I　規制対象としての事業

1 ◆ 事業とは
（1）総説

　法令用語としての事業は、「一定の目的をもってなされる同種の行為の反復継続的遂行を言うが、営業及び事務と対比することによって観念を明確にすることができる」とされる[1]。営業とは、業務遂行上の活動そのものであり、後に見る業務規制の対象となる（例、タクシー事業における旅客運送等）。加えて、営業には、役務を提供して対価をうる営利としての側面が強調されるのに対し、事業の意味には役務提供に対する対価が必然的な要素とされるわけではない（例、医療事業と言っても医療営業とは言わない）。さらに、法令用語の説明にあるように、事業と対比しうるもう一つの事務とは、企画的・営利的判断を伴わない価値中立的な業務を指す。このように絞られたのが事業概念であって、本書も、このような法令用語として事業が行政上の規制対象とされる場合、これを**事業規制**と称することにする。

（2）実定法での使われ方の例

　事業に関わる文言を定義する実定法規を見ておく。

国有財産法の場合　　国有財産法（昭 23 法 73）3 条 2 項 1 号では、「国の事務、事業」といったように、非営利を目的にする場合があり、一概に営利が本質的要素となる企業活動などを念頭に置くとは限らない。

独禁法の場合　　独禁法では「事業を行う者」を事業者と称するが、これを行為の主体、すなわち「商業、工業、金融業その他の事業を行う者」（2 条 1 項）と規定し、規制対象とする。そこで最高裁は、この

---

1) 吉国ほか・法令用語 336 頁。

法律の規定を受けて、「何らかの経済的利益の供給に対応して反対給付を反覆継続して受ける経済活動を行う者」を事業者と判示し（最一小判平成元・12・14民集43巻12号2078頁〔都営芝浦と畜場事件〕〔経済百選60・地方百選60〕）、そこでは、地方公共団体が経営する企業（地方公営企業）である都営と畜場がこれに該当するとされた。その他、訴訟事例に登場する「その他」の事業者として、法人としての地方公共団体自身（山口地下関支判平成18・1・16審決集52巻918頁〔豊北町福祉バス事件〕）、政府（郵便事業として最三小判平成10・12・18審決集45巻467頁〔お年玉年賀はがき事件〕〔経済百選1・62〕）、協同組合・共済組合、公社・公団、事業団、日本放送協会、経済的側面を有する教育・宗教・事前事業、自由業（弁護士、建築士、野球選手等）を営む者が挙がっている。このように、事業者には、およそ経済的利益の供給があれば営利を目的とするか否かも問われないのが通説的見解である。ただし、これは公正かつ自由な競争を促進するなどの目的をもった独禁法上の規制対象を把握するための解釈である。[2]

その他の法律の場合　国有財産法や独禁法以外の数多くの実定法（**事業法**と称される法律群）では、○○事業や○○事業者といったように、免許・許可等の行政処分を課す対象として事業を認識し、それら法律群は、これら行政処分の根拠法として機能する。そして、経済行政法が念頭に置いてきた事業とは、このような、事業法を根拠とする規制の対象であったといえる。

2◆公益事業概念について

（1）概念と沿革

○○事業と称する場合にも、個別法に基づく行政機関による免許・許可等の対象となるのとは異なり、より広義の概念として用いられるのが、公益事業である。これは、私たちの生活に不可欠となる公益的役務を安定的に提供するため、**市場における自由な経済活動が行政上の規制を受けて制限される民間企業およびその経済活動を指す**。そもそも、公益事業はアメリカ法

2）根岸＝舟田・独禁法42頁。

に由来する用語であって、Public Utility や Public Utilities の訳語であり、さらに遡れば、イギリス判例法（コモン・ロー）によって形成された「公共職（common calling）」の概念に由来し、公共性を伴う法的義務を意味する（コラム▶コモン・キャリア）。

COLUMN

▶コモン・キャリア

　「コモン・キャリア（common carrier）」（または、イギリスでは「コモン・キャリッジ」と称することもある）は、英米法における判例法上の用語である。「公共運送人」などの訳語があてられるが（例えば、田中英夫編『英米法辞典』〔東京大学出版社、1991年〕124頁）、運送の引き受け義務を負う運送引受人として、この義務に反する場合には、刑事上の制裁が課され、民事上の損害賠償義務を負うことを念頭に置いたものである（思想上の背景については、原野・現代国家 55・58 頁注 11）。

　そこで、現在では、これをより発展させ、運送者は物理的な何かを運搬する者に限定されず、電気通信のように情報（電磁的信号）を第三者のために送信する場合といったより一般化した概念といえる。しかし、より広義には、通信網、さらには、送配電網・導管網等のネットワークを有する者（コモン・キャリア）またはネットワークそのもの（コモン・キャリッジ）を指すともいえ、第三者から当該役務について提供の申込があった場合にそれが義務付けられるという意味においては、公法上の義務を含むものとしてとらえられがちである。しかし、少なくともわが国において、役務提供義務は、法的根拠に基づき、あくまで相手にとって生活上不可欠であることなどといった公益的な観点を主とする一方、ネットワーク部分の役務提供義務というのは、コモン・キャリアだからという理由付けではなく、純粋な競争政策の観点から合理性を説明できるに過ぎないと考えられる。このため、英米法において位置付けられてきた概念と同視できるものではないといえよう。

　なお、競争法の概念として、**不可欠施設（エッセンシャル・ファシリティ）の法理**と呼ばれる関連用語があるが、これは独禁法上論じられるものである点に注意を要する。

3）例えば、原野・現代国家 47 頁以下。

(2) 実定法での使われ方の例

例えば、民事執行法（昭54法4）57条5項は「電気、ガス又は水道水の供給その他これらに類する継続的給付を行う公益事業」と表現し、そのうち、電気通信、上下水道、工業用水道を指す場合（共同溝の整備等に関する特別措置法〔昭38法81〕2条3項）、「医療又は公衆衛生の事業」を含み公益事業と呼ぶ場合（労働関係調整法〔昭21法25〕8条4号）、通信・医療事業を除く場合（石油需給適正化法〔昭48法122〕3条）がある。しかし、これらとは全く異なる概念として用いる場合（社会福祉法〔昭26法45〕26条、宗教法人法〔昭26法126〕6条、更生保護事業法〔平7法86〕6条)[4]もあるように、公益事業概念として想起される**私たちの生活に不可欠となる公益的な役務提供だけを指すとはいい難い**。

他方、学説の中には、役務提供義務（供給義務）のほか事業開始規制（参入規制）、料金規制、事業終了規制（退出規制）を念頭に経済的な直接規制に包括的かつ継続的に服していることをもって公益事業ととらえる考え方もある。[5]これは、自由競争の制限に伴う特定の規制が存在することに着目したものであり、その背後には、**独占的な営業の保護という思考があるため**である。規制緩和政策の背景を論ずる上で優れたとらえ方といえる。

ところが、段階的に競争的な構造へと変化させる過程では、これらの規制の存在をもって、公益事業の概念を法的に括ることの意義が問われる。

(3) 公企業・公共企業との関係

概要 公益事業と類似する呼称の中に、**公企業**や**公共企業**があり、行政法各論などで取り上げられてきたのは、この二者であった。ただし、公企業、公共企業の用語法は論者によって異なっていたため、ここでは、それぞれの代表的な学説を取り上げて、その意義と問題に触れておく。

4）国・公共団体の用に供する「公共用、公用又は公益事業」として国有財産の把握のための概念とされるケース（国有財産法24・27条、国有財産特別措置法〔昭27法219〕9条1項、日本国とアメリカ合衆国との間の相互協力及び安全保障条約第6条に基づく施設及び区域並びに日本国における合衆国軍隊の地位に関する協定の実施に伴う国有の財産の管理に関する法律〔昭27法110〕5条、国有林野の活用に関する法律〔昭46法108〕3条1項5号）もある。

5）例えば、林敏彦『公益事業と規制緩和』（東洋経済新報社、1990年）2頁〔根岸哲〕。

公企業　ドイツ語の öffentliches Unternehmen の訳語であり、「特定の社会公益の目的の為めに国家又は公共団体が自ら経営し又は国家の授権に基づき私の企業者の経営する権力の行使を本質と為さざる事業を謂ふ」とされていた[6]。公企業の特許（☞第 1 部第 2 章 III **2 (2)**）の対象となる企業（法主体としての概念ではなく事業概念の意味であり、特許企業とも称される）とあわせ、広義の公企業と呼ばれる[7]。

公共企業　ここでの企業とは、法主体としての企業を指し、各企業の運営の適正合理化を図り、国家的見地から企業の発展を図りその利用者の利益を保護し、公共の福祉の増進に資する等の見地から、特別の警察統制を加えられるなどの規制をうける私的企業を指していた[8]。

意義と問題　広義の公企業や公共企業は、国・公共団体により営利的に経営する事業が存すること、それら事業は民間企業であっても行われること、一定の公益性を持った事業として理解されること、をいかに整理するかを目指す法概念であった。しかしながら、1980 年代以降、行政改革・規制緩和政策により、特殊法人改革、民営化といった動き、さらには、積極的な民間企業の活用などを通じて、従来の法実態に大きな変化が生じている。確かに、特定の規制を正当化する上で、一定の共通の規制目的を見出すことは、重要な意味を持つことが考えられるが、それは、立法により決せられるべきであり、**立法が市場機構における自主的な経営判断を求めることを可能にするようになれば、当然、その概念に変容を迫られる。**むしろ、そのような変容により具体的な不利益が生ずる場合の事前規制の必要性を、産業特性という視点だけで説明する以外にも、より広い視野を持った規制目的に照らして検討すべきであろう。したがって、当初念頭に置かれたこれらの用語が持つ概念的な意義は、著しく低下しているといってよい[9]。

---

6) 美濃部・行政法下 576 頁。
7) 公企業概念について体系的整理を試みたものとして、山田幸男『公企業法』（有斐閣、1957 年）。そこでは、特許企業についてカテゴリーを設けていた（55 頁以下）。
8) 田中・行政法下 108 頁。
9) 法令上、公企業は、保険業法施行規則別表（59 条の 2 第 1 項 3 号ハ関係）資産運用に関する指標等に「公企業貸付」があるに過ぎない。公共企業も、法令用語としては、三公社

(4) ネットワーク産業として

　公益事業をネットワーク産業（network industry または networking industry）と同義にとらえる考え方もある。ネットワーク産業とは、経済学の用語法であり、「利用者が増えるほど利用者の利便性が高まり、補完財の供給も増える（ネットワーク外部性）。また、規模の経済性や範囲の経済性が働き、供給独占となることが多い」[10]と定義される分野である。この概念にあてはまる事業には、電気・ガス、通信、水道、鉄道等において、送配電・ガス導管網のほか、通信網、水道管網、鉄道網等といった社会基盤施設（インフラストラクチャー）と呼ばれるネットワークを主要な構成部分とする。ネットワーク産業には、役務提供の独占的性格によって、事業者が設定する料金に対する規制を行うことが、正当化されている。このほか、かかる施設整備のために、民間企業の公用収用に係る権利も認められているが、これは**公益事業特権**と称されてきた（☞第2部第2章 VI 4 **(2)**）。結果としてこの産業は、**経営主体を問わず、独占が容認されていること、施設に着目した権限が認められること、に特徴を持つ産業**である。

　しかし、ネットワーク産業は、経済学上の用語法であるため、公益事業概念、公企業・公共企業概念のように公益性（社会公共性等）を要するといった視点はないため、法律上の概念を論じる中では、このことを問題にする余地はある。しかし、例えば、平成26年法律第72号による電気事業法の改正に伴い、従前に競争が制限されていた家庭用をはじめとした小売部門への競争の拡大に伴い、役務提供義務（☞本部第3章 II **2**）の緩和が決せられているように、公益事業という概念枠組みに収めるのではなく、むしろ、規制の必要性の中身に照らした考察が求められる[11]（産業特性に照らした電力改革の変遷は☞第4部第2章 III **1 (2)**）。したがって、本書において公益事業と称する場合、**ネットワーク産業と同義とし、規制単位としての特徴を説明する概念としてのみ扱うこととし、概念自体に法的意義を持たせることはし**

　　を指す「公共企業体」が見られた程度である（三公社については☞第1部第1章 I **3** 参照）。
10）経済辞典989頁。
11）争点122［友岡史仁］。

ない。

II　規制対象としての業務

1 ◆ 業務とは

　事業者の経済活動それ自体を、業務と表現する。もっとも、業務の一般的な用語法として「社会生活上、反復継続して行われる事務又は事業。利益を伴うかどうかを問わない」とされ、さらに、刑法上の用語法では、業務は経済活動ですらない[12]。それはともかく、経済上の取引を公的規制に服する包括的な概念として、業務ではなく事業の語を用いるのが一般的である[13]。

　しかし、広く経済行政上の規制対象として見た場合、事業者の幅広い経済活動を取り上げる際に、事業者の活動過程を切り離してとらえることも可能であり、この活動過程における事業者間の取引が規制対象となる。こうした規制は、**一方的な行政上の義務を事業者に課する場合が一般的である**。本書では、このような規制対象を**業務**と称し、かかる規制を**業務規制**と称しておく。この意味において、業務規制とは、経済行政上のエンフォースメント（実効性確保）の手段（☞第1部第2章IV）として位置付けることもできる。

2 ◆ 実定法上の行為形式の例

　業務規制は、実定法の中で個々に発見する必要がある。ここにいう実定法には、法律以外にも条例を含むが[14]、以下では法律に絞って、いくつかの具体例を挙げるに止める。

---

12) 法律用語辞典 237 頁。
13) 刑法（明 40 法 45）211 条 1 項（業務上過失致死傷罪）、233 条（業務妨害罪）・234 条（威力業務妨害罪）。
14) 鹿児島市中央卸売市場業務条例に規定された者に該当しないことを理由に、売買参加者の非承認処分につき取消しを認めた裁判例として、鹿児島地判平成 9・6・20 行集 48 巻 5・6 号 472 頁がある。

(1) 業務内容を認可・届出の対象とする場合

　事業者が策定する諸種の業務規程・業務内容を行政機関に届出させることがある。具体的には、事前に業務規程を特定の者に定めさせ、それを認可（例、気象業務法〔昭27法165〕24条の31第1項、不動産の鑑定評価に関する法律〔昭38法152〕14条の9第1項）や届出（例、農林物資の規格化及び品質表示の適正化に関する法律〔昭25法175〕17条の7第1項、宅建業法17条の9第1項、労働安全衛生法〔昭47法57〕48条1項、警備業法〔昭47法117〕30条1項等）に服させることで、業務の適正化に関わる規制がある。なお、有価証券の募集・売出しに関する届出は、「内閣総理大臣に届出をしているものでなければすることができない」と規定している（金商法4条1項）。

　以上のように、業務内容が行政処分に服している場合は、一般業務の内容を事前に定めることがあるが、このほかにも、**業務規程自体が関連する事業者の自由な経済活動を縛る場合もある**。例えば、商品先物取引（昭25法239）において、商取引所の設立に際し、主務大臣の許可に服させ（9条・78条）、その許可基準として内容審査が予定される（15条1項4号・80条1項6号）。旧商品取引所法（平成21年法律第74号による改正前の名称）に基づき、国が取引所に対し適法な措置をとるよう適切な指導監督をしなかったことを違法とする国賠法に基づく損害賠償請求が提起された裁判例（東京地判平成7・6・30判タ911号177頁）では、「市場管理は、第一次的には会員自治組織である取引所が行うべき」とし、国の裁量に逸脱がなかったことを理由に原告の請求が棄却された。

(2) 委任命令による場合

　業務内容が法律に書き込まれているとしても、具体的な内容は下位法（行政命令）に委ねる形式が採られることもある。例えば、銀行法（昭56法59）13条の3第3号では、銀行の業務に係る禁止行為の一つとして、密接な関係を有する者の営む業務に係る取引を行うことを条件とした信用の供与等の禁止事項を内閣府令で定めるものとしている。[15]

　これに対して、委任された行政命令が本体たる実定法の定める業務の範

---

15) 銀行法施行規則（昭57大蔵省令10号）14条の11の3が、禁止する業務事項を列挙する。

囲を超えて規制していると解されれば、当該命令が無効になる場合がある。例えば、医薬品のインターネット販売について審理した**判例 Pick Up II-1-①**最二小判平成25・1・11民集67巻1号1頁〔医薬品インターネット販売規制違憲判決〕では、平成18年法律第69号による改正後の薬事法施行に伴い改正された薬事法施行規則において、郵便等販売を広範に禁止したことが、同法の委任の範囲を逸脱して違法無効であると判断された。本件では、薬事法上、事業者はすでに許可を付与されており、同法に委任された命令において、薬局開設者等に対する医薬品の販売を禁ずる業務規制の範囲が定められている場合に、その限界の程度を論ずる事例であった。

判例 PICK UP II-1-①

●最二小判平成25・1・11民集67巻1号1頁〔医薬品インターネット販売規制違憲判決〕[憲法百選ⅡA11]

事実の概要 Xら（原告）は、平成18年法律第69号1条による改正前の薬事法の下で、店舗を開設し、インターネットを通じて医薬品を販売していた。そして、同年頃までは、多くの事業者が郵便その他の方法による販売を行っていた。しかし、厚生労働省は、販売時の情報提供に関する規定のない第三類医薬品を販売する限度でこのような販売方法を認めるために、平成18年法律第69号1条による薬事法改正に伴い、同法施行規則の一部を改正する省令（平21厚生省令10号）を制定公布後、附則により離島居住者に対する第二類医薬品に係る郵便等販売を一定期間に限り認める規定を置く改正を行い、新施行規則が施行された。

そこでXらは、このような新施行規則は、改正後の薬事法の委任の範囲外の規制を定めるため違法無効であるなどと主張して、当該薬品を販売することができる権利・地位を有することの確認等を国（被告・上告人）に求めたのが、本件である。

判旨（上告棄却） 「旧薬事法の下では違法とされていなかった郵便等販売に対する新たな規制は、郵便等販売をその事業の柱としてきた者の職業活動の自由を相当程度制約するものであることが明らかである。」

「新施行規則による規制は……一般用医薬品の過半を占める第一類医薬品及び第二類医薬品に係る郵便等販売を一律に禁止する内容のものである」のに対して、「新薬事法36条の5及び36条の6は、いずれもその文理上は郵便等販売の規制並びに店舗における販売、授与及び情報提供を対面で行うことを義務付けていないこと」や「医薬品に係る販売又は授与の方法等の制限について定める新薬事法

37条1項も、郵便等販売が違法とされていなかったことの明らかな旧薬事法当時から実質的に改正されていない」といったように、郵便等販売を規制すべきであるとの趣旨を明確に示すものは存在しない。このことから、「新薬事法の授権の趣旨が、第一類医薬品及び第二類医薬品に係る郵便等販売を一律に禁止する旨の省令の制定までをも委任するものとして、上記規制の範囲や程度等に応じて明確であると解するのは困難であるというべき」と判示した。

(3) その他

以上のほかにも、業務規制の形式として、次のような場合が見られる。

① 事業者の諸活動を一括りとして業務規制の根拠とすることがある。具体的には、電気事業法18条以下では、供給（料金を含む）、広域的運営、監督を業務と称して一括りにする場合である（ただし、会計・財務は除く）。ガス事業法16条以下もこれと同じ規定の構造が見られる。

② 労務上一定の規制を業務規制とすることがある。タクシー業務適正化特別措置法は、指定地域内の営業所に配置されたタクシーの運転者について、運転者登録原簿に登録を受けた者以外の者を乗務させることを禁ずること（3条）などとされ、事業者の従業員自身の経済（営業）活動を業務と把握し、規制対象とする。

なお、鉄道事業法25条では「鉄道事業に係る業務の管理の委託及び受託については、国土交通大臣の許可を受けなければならない」とされ、「鉄道事業に係る業務」との文言から、事業規制の対象となる鉄道事業と一体的な業務が求められる場合の規制である。例えば、列車通行管理において、複数事業者が一つの施設を利用する場合に、一方の事業者に一元的な運航管理を委ねる必要がある場合がある[16]。そうなると、この規定は、許可対象とされる鉄道事業本体と個々に規定された業務の管理については一体的に見る必要性がある場合に当たる。

---

16) 鉄道逐条177頁。

第2章

事業規制法制

I　総説

1 ◆ 共通機能

（**1**）事前規制であること

　事業規制は、事業者の経済活動に伴う弊害を行政機関が事前に予測し除去するものであるため、**事前規制**である。これに対し、自由主義経済体制では、かかる予測をすべて市場機構に委ねるものであって、事業規制とは異なり、事後規制としては、独禁法に基づく諸規制が一般的となる。

　ところが、事業規制は、事後に生ずるさまざまな結果を予測し対応するには、行政機関の職務として、行政職員への負担、規制の維持に係るさまざまなコストなど、職務上極めて多くの負担を強いることが考えられる。このため、規制緩和政策では、この点に着目したうえで、政策的観点から事前規制としての規制緩和・撤廃を求め、事後規制へと転換することが一定の合理的理由があるものとして、正当化されるのである。これに対し、第1部第1章でも取り上げた第二次臨時行政改革推進審議会による「公的規制の緩和等に関する答申」I5では、「規制緩和の基盤的条件」として、国民・企業の自己責任の原則の徹底、自己責任の補完と並び、独禁法の厳正・的確な運用等を掲げていた。

（**2**）法的根拠があること

　事業規制は、営業活動を事前規制の対象とするため、憲法によって保障された職業選択の自由（営業の自由）の保障への侵害の可能性がある。そこで、第1部において扱ったように、行政機関が行う行政指導は、憲法上の経済的自由権への侵害行為と同様の効果が生ずる可能性を回避するために、本来的には、法治主義の観点から、法的根拠が存する場合に限定するのが事業規制の筋ということになる。

2 ◆ 諸種の機能
(1) 公益性担保機能

概要 　事業規制には、二面関係における行政庁の相手方のほかにも、三面関係として当事者ではない第三者を含む、幅広い利益（公益性）を担保する機能が備わっている。ただし、本機能が念頭に置く第三者とは、狭義には役務等の提供を受ける利用者であり、広義には**国民または経済的利益を受ける者**であって、事業規制はそれらの者を保護する機能を持つことに注意を要する。

　もっとも、**公益性の意味は極めて多義的である**ため、一般的にはケース・バイ・ケースで個々の実定法に照らして、これを特定することになるが、それ自体が高度な政策に依存する場合、過剰規制との批判が伴う。ここでは、公益性担保機能の具体的内容を例示し、それぞれの問題点を指摘しておく。

公平性担保機能 　**市場機構に委ねられることで、競合関係にある事業者間の公平性を担保するもの**である。例えば、いずれか一方が、資本等の関係において対等でない場合に、事前規制を通じてその公平性を実現しようとするといった具合であり、**非対称規制**（asymmetry regulation）がこれに該当する。このほかにも、利用者間に差別が生ずる可能性を予防する場合（例、高所得者と低所得者等）も、この機能に含まれる。ただし、競業者間では、この機能が独禁法を通じて実現すること、利用者間では、実際に営業が行われる過程に一定の業務規制（☞本部第3章）によってこの機能が発揮されることもあり、その場合、事前規制としての事業規制によることが過剰であるか否かの争点が生ずる。

市場健全化機能 　**需給の不均衡に伴う諸種の混乱を予防的に防止し、市場機構において求められる規制の健全性担保を正当化するもの**である。しかし、ここにいう市場健全化は、取引等に関わる民事法上の規制によって実現可能と考えれば、事業規制においてこの目的が達成されるのは例外的場合と言いうる（例、参入規制としての需給調整☞本章 II 2 (2)）。したがって、緊急時として速やかに市場機構の健全化が求められる事態が生ずる場合は、経済統制に委ねるのが一般的である（例、国民生活安定緊急措置

法)。なお、例外的場合として需給調整を通じた参入規制における市場機構の不健全化の是正は、次の安全性・利便性等確保機能にもつながっている。

安全性・利便性等確保機能 競争によって役務提供に危害が生ずる可能性を未然防止することを理由にしたものである。例えば、事前規制により、価格競争を極力抑え、とりわけ人件費を確保することで役務提供に伴う顧客への危害を未然に防止することにあるため、道路運送業における運転手等被雇用者が危険性のある業務に直接携わる場合の事前規制を典型とする。しかし、人件費は、事業者が役務に対する対価を決する最大の判断要素といえる。そこで、業務規制の一つとして安全規制（警察取締規制）に結びつけることで、十分に足りるという見方もできる。

社会保障機能 市場機構から淘汰されることにより、**事業者による生計維持を可能にするために、事業規制を通じて被規制者に一定の所得を確保する機能**を期待するものである。この例として、小売商業調整特別措置法やたばこ事業法等による距離制限規制・適正配置規制を挙げることができる。しかし、社会保障機能そのものをいかに考えるかといった問題を含み、それがわざわざ事業規制により担保すべき機能といえるかは、**安全性・利便性等確保機能**と同様の問題を抱える。さらに本機能は、前に掲げた諸機能に比べて、該当事業の位置付けが社会情勢の変化に大きく左右されることによって、その要不要ないし程度が問題となる。

(2) 行政監督機能

市場機構における事業者の事業活動に対する監督を行政機関に可能とする機能である。監督とは、公益性担保機能を発揮する手段であり、その目的に向かって一定の抑止力を行政上の規制に期待する機能といえるものである。その意味では、業務規制との強い接点がある（☞本部第1章 II 2 (1)）。事業規制の例でいえば、行政機関によって策定された計画に基づき、需要と供給の均衡を行政機関が維持するといった**需給調整**がある。ただし、これの適正な程度は絶えず問題をはらんでおり、当然ながら監督作用が強ければ強いほど、被規制者にとって過剰となりやすく、逆にゆるければゆる

いほど監督作用が及ぶ範囲は狭くなる（憲法上問題となるのはこの部分である）。
（3）補完的機能
　事業規制は、その直接の対象者（例、民間企業等）にとって、自由主義経済体制下における経済活動を補完する機能を果たす。この場合、料金規制（約款認可制）のように、私法上の取引関係を形成する上でそれが不適当にならないように補充的に行政監督機能が働く場合もここに含まれる。この機能は、経済学において、市場機構にあくまで委ねることを前提とし非効率的であると考えられる場合に、不可避的に規制が求められる意味での**市場の失敗**の効果として説明されることはあるが、それは規制の根拠それ自体を指しており、ここで述べる機能とは趣旨が異なる。
（4）諸機能の相互関係
　以上のいずれの機能も独立して存在するものではなく、**相互に依存しあう機能である**ことに注意を要する。すなわち、行政監督機能に求められるべき機能自体が公益性担保機能の手段ではあるが、現状に鑑みた規制の必要性を特定するための判断が容易ではないことから（☞第1部第1章 I 2 **(2)**）、個別実定法の中で、規制の持つ諸種の公益性担保機能に照らして、臨機応変な解釈により決すべきことが求められる。

II　事業開始規制（参入規制）

1 ◆ 意義

概念　　事業開始規制とは、ある者（個人、集合体を問わない）がある種の事業を、自由意思をもって始めることを前提として、行政上の規制対象となることを指す。このようなとらえ方は、自由主義国家観を基調としてきた行政活動のとらえ方と整合的であるが、これまでの用語法でいえば、行政処分の分類である警察許可と公企業の特許（公益事業の許可）の相違（☞第1部第2章 III 2 **(2)**）といった国民と行政の二面的関係の視点というよりも、**営業の自由の保障を大前提としたうえで、公的規制による市場機構からの排除の効果という視点に立つ**ものである。本規制による排除の意味は公正かつ自由な競争を主眼とする独禁法的思考（競争秩序の維持）と整合的で

あるが（☞第1部第1章Ⅰ5(**3**)）、排除の効果を事前規制によって実現しようとする特性を持っている。

事業開始は、市場機構の存在を前提に価格競争を行う者がある種の事業活動に参加する行為の意味では、まさに**参入**であり、事業終了を意味する**退出**とは対立概念である（退出は☞本章Ⅲ参照）。法令上、事業開始という表現は用いられておらず、参入という語が用いられる。例えば、中央省庁等改革法33条3項は「政府は、郵便事業への民間事業者の参入について、その具体的条件の検討に入るものとする」とか、再生医療を国民が迅速かつ安全に受けられるようにするための施策の総合的な推進に関する法律（平25法13）8条2項は「再生医療の研究開発に関する事業への参入の促進」といったものが見受けられる。ここでも**参入**の語を用いる。[1]

規制の意義　　参入規制には、個々に生ずる事象に照らしてその目的が説かれるように、さまざまな存在意義がある。しかし、いずれの規制にあっても、目的と手段との間で必ずしも結びつかない場合があること、または、参入規制以外（参入規制とはいっても他よりも緩やかな規制）があれば、その規制自体が過剰規制となり、憲法上の営業の自由に抵触する場合があるのは、すでに取り上げた通りである（☞第1部第1章Ⅲ**1**(**1**)）。いまひとつの規制目的に共通すると思われる点として、**自由主義経済体制下においては、市場機構における競争に委ねる前提に立つものの、過剰な競争に至ることによる弊害を未然に防止することが主眼にあるものと考えられてきた**（**過当競争の防止目的**）。

もちろん、こうした規制目的の存在を論ずるべき価値があると思われるが、それ以外にも、個別の分野に応じて正当化できるさまざまな規制が考えられるため、参入段階において必ず複数の申請者が存在する場合に選択ないし調整の必要性が生ずる点に着目し、規制の具体的機能について分類、検討することがむしろ適当と思われる（ただし、個々の産業特性として存する詳細な参入要件は扱わない☞第4部）。以下、**一律排除型、調整排除型、資格制限**

---

[1] このほか、環境教育等による環境保全の取組の促進に関する法律21条の3（平15法130）、簡素で効率的な政府を実現するための行政改革の推進に関する法律（平18法47）25条など。

型に分けて見てみる。

2 ◆ 分類と問題点
（1）一律排除型

概要 ある事業を行う上で一定の基準（人、物等に着目する）に該当する者を一律排除しようとする規制である。およそすべての公的規制について、法定要件が付されている場合にはこれに該当するといってよいが、ここでとらえるべきことは、ある基準に該当すれば一切経済活動ができないとする場合であり、これが過当競争防止を目指すことにつながる場合に該当する。その意味では、公益事業（ネットワーク産業）（☞本部第1章Ⅰ2）に見られる事業者の事実上の独占を認めるために、実定法が事前に仕組みを置く参入規制を含むものであるが、この場合も、個別の規制が持つ意味に照らして、その意義を判断する必要がある。このため、ここでは判例として問題にされてきた**距離制限規制・適正配置規制**を取り上げる（公益事業〔ネットワーク産業〕においても、個々の事業規制に応じて理解が求められる。その一部は☞第4部）。

そもそも、一律排除型は、定性的要件を念頭に置かない規制であるので、人権保障との抵触可能性がある。この場合、**他の規制に比して参入を阻止する極めて厳格な規制であり、過剰規制**との批判を招く。憲法訴訟として「営業の自由」の侵害が問題とされた判例が、この類型に属する。なお、一律排除型は申請段階においては誰もに「営業の自由」が保障されているため（距離制限規制の場合は白地の地域において、という意味）、水道事業のような市町村の経営を念頭に置いた規定が法律の中で置かれる場合（水道法6条）とは根本的に異なる。このような事業の主体者を法律によって事前に指定する場合、過当競争の防止という以前に、既に立法事実として**役務提供における公益性を保障すべき趣旨が含まれる**と解することになる。

2）下水道の場合もこれと同様との見方は不可能ではない。しかし、下水道法は、各施設の管理に着目し、公共下水道および都市下水路については市町村（3条1項・26条1項）、流水下水道については都道府県（25条の2第1項）とそれぞれ規定しているため、下水道を事業（ビジネス）として想定するものではない。

Ⅱ 事業開始規制（参入規制）　147

関連訴訟　距離制限規制・適正配置規制に係る違憲訴訟が挙げられる。違憲判決は、最大判昭和50・4・30民集29巻4号572頁〔薬事法距離制限違憲判決〕〔憲法百選 I 97・経済百選 140〕や最大判昭和47・11・22刑集26巻9号586頁〔小売商業調整特別措置法事件〕〔憲法百選 I 96〕がある（☞第1部第1章Ⅲ **1(1)** 参照）。このほか、公衆浴場法に基づく公衆浴場の設置許可に関わる一連の最高裁判決として、**判例 Pick UP II-2-①** 最大判昭和30・1・26刑集9巻1号89頁〔憲法百選 I 94〕、最二小判昭和37・1・19民集16巻1号57頁〔行政百選 I 19〕、最二小判平成元・1・20刑集43巻1号1頁、最三小判平成元・3・7判時1308号111頁〔公衆浴場法訴訟〕、たばこ事業法に基づくたばこ小売販売業の許可（最二小判昭和62・2・6訟月34巻2号413頁、最二小判平成5・6・25判時1475号59頁）も挙げることができる。これらで争われた規制は、薬事法の判例以外はすべて合憲判断が下されている。

なお、前出最三小判平成元・3・7は、「入浴料金が物価統制令により低額に統制されていること」をその正当化事由として指摘しており、公衆浴場入浴料金の統制額の指定等に関する省令（昭32厚生省令38）に基づく唯一の指定対象料金であるといった重みづけが与えられているが、逆に、このような判示部分がそれ以前に見られなかった点に鑑みれば、合憲判断は、公衆浴場の日常生活の不可欠性以上に、料金規制の対象である点を重視したという見方ができる。

　判例 PICK UP II-2-①

●**最大判昭和30・1・26刑集9巻1号89頁〔公衆浴場法訴訟〕〔憲法百選 I 94〕**

事実の概要　X（被告人）は、公衆浴場法2条2項において定められる適正配置規制のための営業許可を受けることができなかったにもかかわらず、自ら設備した浴場において、大人一人8円、小人一人5円の料金で、一般公衆を入浴させ、計2万4,633円を徴収していた。他方、福岡県条例第54号3条は、市部にあっては250メートル以上、郡部にあっては300メートル以上の距離制限を規定するなどしていた。

判旨（上告棄却）　「公衆浴場は、多数の国民の日常生活に必要欠くべからざる、

多分に公共性を伴う厚生施設である。そして、若しその設立を業者の自由に委せて、何等その偏在及び濫立を防止する等その配置の適正を保つために必要な措置が講ぜられないときは、その偏在により、多数の国民が日常容易に公衆浴場を利用しようとする場合に不便を来たすおそれなきを保し難く、また、その濫立により、浴場経営に無用の競争を生じその経営を経済的に不合理ならしめ、ひいて浴場の衛生設備の低下等好ましからざる影響を来たすおそれなきを保し難い」ことから、配置適正を欠き、偏在ないし濫立に至ることは公共の福祉に反し、このことを理由として許可を与えないことができる旨の規定を設けるのは、憲法22条に違反しない。

(2) 調整排除型

概要　この型は、行政機関が調整を行ったうえで申請を認めるか否かが決せられる場合がこれに該当する。規制の強弱という観点からすれば、一律排除型に比べると、事前に行政機関が調整するという点において緩やかである。したがって、一律排除型が憲法訴訟化しやすいのに対して、調整排除型は、行政機関が申請内容を審査したうえで許可等が行われるために、広範な裁量が認められやすいことが問題となる（☞第1部第2章 Ⅵ 2 (3)）。ここでは、調整方法に関する二つの方式として、**計画調整方式**と**申請調整方式**を取り上げる。

計画調整方式 (一般論)　計画調整方式とは、行政機関が策定した計画の中でそれに沿わない場合には経済活動ができないというものであり、事業規制の要件の一つにこれが含まれる場合が多い。この典型例が**需給調整条項（規定）**であり、事前に関連市場での需要と供給の量的均衡を行政機関が審査するものである。法文上の表現として、一般的には、「事業の遂行上適切な計画を有するもの」を許可の要件とするように、申請に際し事業者により提出される計画内容を審査対象とし、調査対象を適切な事業遂行という内容面で広範囲にわたる（**広範囲型**）例として、道運法6条2号、航空法101条1項2号、海上運送法4条3号、信書便法9条3号などが挙げられる。これに対し、例えば後述する酒税法10条11号のように、「酒税の保全上酒類の需給の均衡を維持する必要があるため酒

類の製造免許又は酒類の販売業免許を与えることが適当でないと認められる場合」を免許拒否要件の一つとし、酒税の保全を明示的目的として調整対象を限定する（**限定型**）のは、例外的である。なお、国民生活安定緊急措置法 26 条などにも類似の表現があるが、これは事業規制としての規定ではない。

計画調整方式（広範囲型）について　計画調整方式のうち広範囲型について、実体法の解釈が問題とされた事例は多くないが、例えば、海防法が規制する廃油処理事業に係る参入規制が問題とされた裁判例（**判例 Pick UP II-2-②**静岡地判昭和 59・4・27 行集 35 巻 4 号 572 頁。控訴審である東京高判昭和 61・2・20 行集 37 巻 1・2 号 161 頁も同じ結論）がある。ここでは、当該事業に係る許可を与えないことが職業選択の自由を制限、剝奪する処分であるとの原告の主張は特に判断されず、もっぱら、海防法上の実体判断を行い、しかも計画そのものにより参入が排除されたというよりも、既存事業者により処理事業が目的を十分達していることをもって、過剰な参入は逆に事業に支障をきたすことを理由とした。これは、ネットワーク産業のように、船舶廃油処理事業に**巨額の設備投資を要するという特性**からも説明できるものでもある。

判例 PICK UP II-2-②

●**静岡地判昭和 59・4・27 行集 35 巻 4 号 572 頁**

事実の概要　X（原告）は、油類の製造、加工および販売、液化石油ガスの販売ならびに産業廃棄物の収集、運搬および処分等に関する一切の業務を目的とする会社であり、主として静岡県内の港湾、漁港等を事業対象区域として、ビルジ、バラスト、タンク洗浄水、スロップオイルおよびコレクトオイル等の船舶廃油処理事業を行うために、運輸大臣 Y（被告）に対して、海防法 20 条 1 項に基づき廃油処理事業の許可申請をしたが、同法 23 条 1 号に適合しないことを理由に却下とする処分を行ったため、その取消しを求めたのが、本件である。

本件当時、静岡県内には自家用廃油処理施設を除き、海防法 20 条の許可を受けまたは届出をした廃油処理施設が 3 か所（民間処理事業者 A および県の各施設）存在し、県からの委託を受けて A が県の施設を運営していたこと、実際の廃油処理量はその処理能力に比べかなり低く、結果的に、県内の廃油処理施設の稼働率も全国の各廃油処理施設の平均稼働率をはるかに下回っていたこと、などの事

実があった。

判旨（請求棄却）　処理施設の事業主体は県でありＡがこれを利用しているに過ぎないこと、「船舶廃油処理事業は、一般に巨額の間接費、固定費を要し、しかもその処理料金を市場の需給関係によって適正に決定できない要因があるから廃油処理施設の適正な配置、運営並びに公害の防止等海洋汚染防止法の目的達成のためには廃油処理事業を私企業間の自由競争に委ねることは妥当ではなく、船舶廃油の処理につき需要に適合していると認められない限り新規業者の参入が阻まれ一定地域において既存業者に事実上独占的地位が付与されることとなるのもやむを得ない」。ただし、海防法では監督規定が置かれており、既存業者がＡ一社しかないとしても、そのことから直ちにＹが申請に対し許可をしなければならないものとはいえないこと、仮にＡに対し事業停止または許可の取消規定が適用されても、他の業者に委託するなどすることで、廃油を支障なく処理できるとされた。

なお、原告適格の有無（☞第1部第2章 VI 2（2））について、法律が解釈の中で需給の調整がなされていると解する場合がある。具体例として、廃掃法上の一般廃棄物収集・運搬業に関わる競合関係が問題とされた最三小判平成26・1・28民集68巻1号49頁〔一般廃棄物処理業許可取消事件〕がある（コラム▶**一般廃棄物処理業と需給調整**）。

COLUMN

▶一般廃棄物処理業と需給調整

　廃掃法上定められた一般廃棄物処理業が、競合関係に立ったことで需給調整が行われることが考えられる。例えば、最三小判平成26・1・28民集68巻1号49頁〔一般廃棄物処理業許可取消事件〕では、廃掃法に基づき、市長から市全域における一般廃棄物のうちごみ、し尿および浄化槽汚泥の収集運搬を業とする許可を受け、数次にわたって更新を受けていた原告が、その後、市長によって他の複数の事業者に対し、市全域におけるごみ等の収集運搬を業として許可処分と、その後、更新処分を繰り返し行われたことに対し、各更新処分の取消しと国賠法1条1項に基づく損害賠償請求が提起された。

　本件では、原告適格の存否が主要な争点となり、最高裁は、廃掃法が「一般廃棄物処理業は、もっぱら自由競争に委ねられるべき性格の事業とは位置付けられていないものといえる」こと、「当該区域における需給の均衡及び

その変動による既存の許可業者の事業への影響についての適切な考慮を欠くものであるならば、許可業者の濫立により需給の均衡が損なわれ、その経営が悪化して事業の適正な運営が害され、これにより当該区域の衛生や環境が悪化する事態を招来」することなどから、当該区域の衛生や環境を保持する上でその基礎となるものとして、その事業に係る営業上の利益は個別的利益としても保護されるとした。

ここで問題とされるのは、競合関係が成立することを前提に、一般廃棄物処理業が非競争的事業であり、「当該区域の衛生や環境を保持する上でその基礎となるものとして、その事業に係る営業の利益を個々の既存の許可業者の個別的利益としても保護すべきもの」と解している。これは、純粋に民間企業同士の競争という関係とは異なるものであるが、廃掃法上、市が策定する一般廃棄物処理計画との適合性を許可要件としていた点が、需給調整機能を果たし、それが当該区域の衛生環境の保全につながると理解することで、当該許可は一種の**利便性等確保機能**を発揮すると解したといえる。ただし、判旨の理解は、本来、廃掃法の規制構造は、市の事業であることを前提としているため、経済行政一般として取引上の自由にかかわる事例とは異なるものである。

計画調整方式（限定型）について　計画調整方式のうち限定型に関わる事例として、酒類販売業の免許拒否要件に係る需給調整条項（規定）の解釈に関する酒類販売業免許等取扱要領の妥当性が問題となった判例である。当該要領の中では、基準人口規制などが規定されていたが、各小売販売地域を決定し、当該地域における基準人口を決めたうえで、管轄する税務署内の人口をこれで除することで得られる数値を、当該地域における参入可能な免許数とするものであった。これについては、判例（最二小判平成10・7・3訟月45巻4号751頁、判例 Pick UP II-2-③最一小判平成10・7・16訟月45巻4号807頁[3]）が見られるが、ともに、販売業免許の合憲性を前提にしたうえで、需給調整条項（規定）を定めた酒税法の解釈を

3）本判決を前提とした一連の最高裁判決（最一小判平成10・7・16税務訴訟資料237号159頁、最一小判平成10・7・16税務訴訟資料237号364頁、最一小判平成10・7・16税務訴訟資料237号590頁、最一小判平成10・7・16税務訴訟資料237号580頁）でも、これと同旨の判断を下している。

行い、当該税務署長による拒否処分の適法性を認めた。

判例 PICK UP II-2-③

●最一小判平成10・7・16訟月45巻4号807頁

事実の概要 X（原告）は、酒税法9条に基づき一般酒類小売業を行うために酒類販売業免許を申請したが、上野税務署長（被告）は、酒販免許を付与した場合には「販売地域における酒類の需給の均衡を破り、ひいては酒税の確保に支障を来すおそれがあると認められ、酒税法10条11号に該当」するとの理由で、これを付与しない処分を行った。このため、Xは処分を不服とした東京国税局長への審査請求に対する棄却裁決を経て、処分の取消しを求めたのが、本件である。

本件当時、免許付与に関する内部的基準として、一連の通達（昭和53年6月17日付間酒1125国税庁長官通達、平成元年6月10日付間酒31295国税庁長官通達の別冊「酒類販売業免許等取扱要領」、同日付間酒31296国税庁長官通達「一般酒類小売業免許の年度内一般免許枠の確定の基準について」）（以下、「平成元年取扱要領」という）に基づき、需給調整規定の認定を行うものとした。本件については、小売販売地域は、基準人口が1,500人（A地区）であり、同区の人口は16万3,402人であるところ、基準となる当該地区を管轄する税務署管轄区域の人口は6万7,585人であるから、同管轄区域の基準人口比率は45となるところ、当時、一般酒類小売業免許場数は119場であったことを理由として、Xに対しては当該免許年度内の免許枠はないものとした。

判旨（上告棄却） 酒税法10条11号は、供給過剰になった場合には「酒類販売業者の経営の基礎が危うくなり、その結果、酒類製造者による酒類販売代金の回収に困難を来し、酒税の適正かつ確実な徴収に支障を生ずるおそれがある」ため、新規参入を調整することで供給過剰となる事態を避けようとしたものと解され、合理性を有するものということができる。

平成元年取扱要領における認定基準は「当該申請に係る参入によって当該小売販売地域における酒類の供給が過剰となる事態を生じさせるか否かを客観的かつ公正に認定するものであって、合理性を有しているということができる」とし、ので、これに適合した処分は原則として適法というべきであるとしたものの、「酒類販売業の免許制が職業選択の自由に対する重大な制約であることにかんがみると、同条11号の規定を拡大的に運用することは許されるべきではない」と判示した。

申請調整方式　事前に申請段階で排除する行為に着目するものである。この方式による場合、**法定外の要件を行政指導によって付加することで申請行為自体を断念させる場合**がありうる。

　計画調整方式では、需給調整という視点が、行政処分の機能的分類の観点からとらえた場合の免許と許可の用語として使い分けるための基準であった。これに対し、申請調整方式は、申請者が実定法上、申請が権利として認められる場合であり、規制緩和政策によって消失するものではない。行政手続法33条は、既にみたように、このようなことを想定して、「申請者が当該行政指導に従う意思がない旨を表明したにもかかわらず当該行政指導を継続すること等により当該申請者の権利の行使を妨げるようなことをしてはならない」と規定している（☞第1部第2章III 3 (2)）。もし申請がなされれば、それを受けた行政庁には審査義務があることになろう。他方、許可等が限定的にしか認められないような場合に、**審査段階において並行して調整が行われ、その結果、申請の取下げを暗に求めるやり方も考えられる**（例、申請者が多数に上るが、その審査には時間がかかる場合など）。しかし、こうした申請に対する審査段階の調整も、審査基準による公表といった申請手続の問題であり、行政手続法の趣旨からすれば違法な調整方式と考えるべきである。

(3) 資格制限型

　一定の資格要件が充足されなければ、参入が排除される場合として見ると、資格要件自体が事業規制と見ることは不可能でないが、ここでいう「資格」といっても、さまざまな場合が考えられる。狭義には、高度な技術・能力の習得期間を経たうえで資格を付与することで、一定の業務を法的に可能とするものである。例えば、弁護士、医師、公認会計士などを挙げることができ、これらは、いわゆる「士業」と称される一連の法律（公認会計士法、医師法〔昭23法201〕、弁護士法〔昭24法205〕）に基づくことになる。これに対して、広義には、許可の要件などに、当該申請者の属性に照

---

4) この類型に属する判例として、歯科医については最大判昭和34・7・8刑集13巻7号1132頁〔歯科医師法等違憲訴訟〕、司法書士については最三小判平成12・2・8刑集54巻2号1頁〔司法書士法違憲訴訟〕〔憲法百選I 100〕がある。

らした内容が課されていれば、それ自体がすべて資格制限とすることも考えられる。例えば、刑事罰が科された者、外国資本、財政的基盤を有さない者、民間企業等を排除する場合などであるが、これらは事業種別によって多種多様であり、個々に問題とされるべきである（外資規制については☞第3部第2章Ⅲ）。

以上にあって、特に狭義の資格制限型をめぐっては、**市場機構との関係において事前規制の必要性が個人の高度な技術・能力の習得を前提とすることに由来する**ため、参入規制ではないものと整理できる。

3 ◆ 兼業規制による参入規制

特定の事業者が同時に他の業務を行うことは認められないとする兼業規制があるが、これは参入規制の一形態ともいえる。本来、業務規制（☞本部第3章）の範疇として論じられるべき事柄であるが、一事業者が複数の業務にまたがって従事することになり、利益相反等が生ずる可能性がある場合、一方の業務を規制し、結果として事業者の参入規制となるものである。こうした参入規制の機能を担う形態には、二つの業務を兼ねることを禁止するものと、本来業務と無関係な業務を行うことを行政上の規制に服させるものの二通りがある。これらは、新規参入に融和的となる規制緩和政策により廃止されつつあるが、依然として、兼業を禁止する場合であれば、銀行等の金融機関の有価証券関連業を禁止し（金商法33条以下）、行政上の規制に服させる場合であれば、銀行その他の金融機関が信託業務を行う際に内閣総理大臣の認可を受けさせる（金融機関の信託業務の兼営等に関する法律〔昭18法43〕1条）といったように、金融業において残されている（コラム▶**兼業規制と規制緩和**）。

COLUMN

> ▶**兼業規制と規制緩和**
>
> 兼業規制の典型例として、かつて電気事業法12条およびガス事業法12条が、一般電気事業または一般ガス事業の各事業以外の事業を営むときは、通商産業大臣（当時）の許可を要するものとしていたが、これらは、電気事業法及びガス事業法の一部を改正する法律（平11法50）により廃止された。

Ⅱ 事業開始規制（参入規制） 155

他方、兼業をそもそも禁止する例については、有料職業紹介事業に関する職業安定法（昭22法141）33条の2が「料理店業、飲食店業、旅館業、古物商、質屋業、貸金業、両替業その他これらに類する営業を行う者は、職業紹介事業を行うことができない」とされていたが、これも、職業安定法及び労働者派遣事業の適正な運営の確保及び派遣労働者の就業条件の整備等に関する法律の一部を改正する法律（平15法82）により廃止されている。

なお、銀行および証券の兼業規制は、金商法の前身である証券取引法65条（当時）が、銀行等金融機関が証券事業（一般的には証券業務と称される）を行うことを禁止していたが（銀証分離）、現行金商法33条以下では、数次の改正を経て、厳格な分離を緩和している。

4 ◆ 独禁法上の問題

申請等の段階において事前に事業者間（または事業者団体）において競争を制限する場合に、一定の取引分野からの人為的な排除が明らかになれば、排除した事業者（または事業者団体）に対する独禁法の適用可能性が生ずることが考えられる（3条・8条）。このことは、自由競争に委ねられた一定の取引分野においては、純粋な独禁法上の問題として処理されるが、参入規制が課されている場合について、経済行政法上の議論となりうる。

これまで、訴訟事例としては、道運法上のバス事業に係る免許申請をめぐる協定につき、法的拘束力を有しないとした高松高判昭和61・4・8判タ629号179頁〔奥道後温泉バス事件〕の判断が、上告審（最二小判平成元・11・24判時1344号132頁）においても追認されている。このほかにも、医療機関の開設にあっては、本来、医療法上の事前規制を受けるが、医師会による事前承認を受けなければ諸種の医療機関としての活動に制限が加えられる場合、当該事業者団体に対して独禁法上の規制が肯定された東京高判平成13・2・16判時1740号13頁〔観音寺市三豊郡医師会事件〕〔経済百選2・39〕などがある。[5]

5）公正取引委員会による審決事件としては、事業者団体が事前に増車計画の申請に際し、その数量を調整する場合があるが、これも事業者団体規制の対象になる。これまでにも、公取委勧告審決昭和56・4・1審決集28巻3頁〔新潟市ハイヤータクシー協会事件〕、公取委勧告審決昭和57・12・17審決集29巻82頁〔群馬県ハイヤー協会事件〕、公取委勧告審決昭和58・3・31審決集29巻100頁〔岡山県トラック協会事件〕などがあった。

III　料金規制

1 ◆ 意義
(1) 料金の定義

　料金とは「利用又は使用したことに対し支払われる『かね』をいう」[6]とされ、法令用語としても一般的に用いられている。ここでいう「かね」とは、**ある種の役務に対する対価**である点では、私法上の契約に基づく支払うべき金額（貨幣そのものではない）と同義である。なお、類義語として、価格または価額が見られるが、これらは法令用語として「物の値段、物の交換価値の金銭で表示された大きさ」[7]とされており、料金とは異なる概念として位置付けられている。実際、法令上も、○○価格（例、発行価格〔金商法4条1項5号〕等）といった用い方をしており、単独で規制の対象とされる料金とは異なり、事業規制として現れる場合、正確には、価格規制ではなく料金規制が正しい用語法といえる。なお、物価統制令は統制対象を「価格」とするが（2条）[8]、その対象は公衆浴場料金である点に鑑みても、料金に近似した用い方である[9]。

　料金以外にも**使用料**がある。これも「物又は権利の使用の対価」[10]とされ、物・権利といった特定された内容にかかわる対価であることから、料金よりも狭義または別の概念と言いうべきである。しかし、施設の使用料が料金と同義に解される限りにおいて、行政上の規制対象とされる（例、水道料金）。以下では、使用料も料金規制の対象に含めておく。

(2) 規制の意義

　役務への対価の設定は、参入の場合と同様、事業者の市場機構の動向に

---

[6] 吉国ほか・法令用語761頁。
[7] 吉国ほか・法令用語67頁。
[8] 「本令ニ於テ価格等トハ価格、運送賃、保管料、保険料、賃貸料、加工賃、修繕料其ノ他給付ノ対価タル財産的給付ヲ謂フ」。
[9] これに対して、廃止前のアルコールの政府売渡価格（アルコール専売法〔昭12法32、平12法36により廃止〕19条）、米・麦の政府売渡・買入価格（食糧管理法〔昭17法40、平6法113により廃止〕4条・4条の2）、塩の小売人販売上限価格（塩専売法〔昭59法70、平8法39により廃止〕29条）などは、料金とは異なる概念であったといえる。
[10] 法律用語辞典613頁。

照らした自主的判断に委ねられるのが基本である。それは、自由な料金が実現しなければ、市場機構自体が機能しないことを意味するからである。料金規制は、規制の名宛人の収益を事前に決める（または予測しうる）効果を持つこと、その相手方である利用者の利益にも大きく影響することから、**三面関係の類型に属し、被規制者と第三者いずれか一方を利する可能性が高い**。したがって、料金規制には参入規制以上に公益性担保機能が強く働くことが考えられることを意味する。

（3）公共料金として

料金規制に上記のような機能を持たせる点に注目して、規制の対象が**公共料金**と称される場合がある。ただし、公共料金とは政府が物価抑制の対象として政策課題にのぼったことを契機に広まった単語であり（コラム▶**消費者庁の設置と物価政策**）、法令用語ではない。したがって、公共料金を定義付けたり、用語として規定する実定法は見当たらない。定義が見当たらない理由は、**料金の規制権限は各府省大臣が行うものとされ、ある種の料金を横断的にとらえて抽象的に定義する必要性がない**ことによるものと思われる。ただし、省令レベルでは公共料金を「日本国内において供給される電気、ガス、水道水その他これに準ずるものに係る料金をいう。」（電波法施行規則〔昭25電波監理委員会14〕51条の11の9、国民年金法施行規則〔昭35厚生省令12〕72条、国税通則法施行規則〔昭37大蔵省令28〕3条、外国為替に関する省令〔昭55大蔵省令44〕8条2項3号等）と定義付けることがあるように、まれに、横断的な規制が求められる場合に用いられることがある。

COLUMN

▶**消費者庁の設置と物価政策**

　公共料金は、1960年代後半に消費者物価指数が5から6%の上昇を示したことで、政府が物価問題を重要な政策課題とし始めたころから登場した用語とされ、本格的な政策課題とされはじめたのは1970年に政府における「物価問題に関する関係閣僚会議」の創設を機に、公共料金が物価の抑制対象の一つとして本格的に検討され始め、現在に至っている（消費者庁作成・国立国会図書館アーカイブ内ホームページ http://warp.da.ndl.go.jp/info:ndljp/pid/8556256/www.caa.go.jp/information/koukyou/towa/to07.html 参照）。

> 他方、食品偽装問題などを契機に、2009年（平成21年）に消費者庁及び消費者委員会設置法（平21法48）に基づき、消費者庁が内閣府の外局として、消費者委員会も同府において、それぞれ設置されたが（2条1項・6条1項）、現在の物価に係る政策判断は、消費者庁および消費者委員会がその事務を司るものとされているため（4条21号・6条2項1号イ）、公共料金に関わる諸政策についても、所掌事務としてここに含まれている。

　料金規制を問題にするのは、それが公共料金だからともいえる。そうした視点からとらえる場合、公共料金の概念は、政策的意図をもって低廉に金額を抑えることも視野に入れて論ずる意義があるように、利用者利益の保護を料金規制において反映しようと思考され、そうした立場から、役務の提供主体を問わず（民間企業であろうと国営・公営企業であろうと）、国民が不可欠とする公益的役務として、社会保険診療報酬・介護報酬[11]を含めた考察が求められる[12]。

　ただし、本書では、事業規制の観点から料金規制を位置付けるに止め、公共料金という枠組みを設けることはしない。

2 ◆ 料金決定手続①
（1）概要

　料金決定手続は、事前規制に照らし行政処分の形式が採られ、**認可制または届出制が一般的**（詳しくは、後述）である。認可制は、当事者間の契約に対する補完的機能を果たすものとして講学上説明されてきたが（☞第1部第2章III 2 (3)）、事業者には申請内容について行政庁の要件裁量を認める制度である。これに対し、届出制は、事前の簡易の法定要件を充足する場合に自動的に法的効果を生ずるものであって、裁量判断の余地はない。したがって、届出制は認可制に比べて、料金の変更をより簡易な手続によっ

---

11) その決定過程は、まずは内閣が改定率を決定し、それを社会保障審議会において策定された基本計画を基に、中央社会保険医療協議会の答申によって決せられるものとされる（健康保険法82条）。このため、ここで想定する業務規制とは異なる。
12) 消費者庁は公共料金の概念に含めている。

て可能にするものであり、**立法政策として、市場機構に委ねられるべき料金が、市場の動向に合わせて多重的な体系を構築する場合、行政庁による厳格な裁量審査を伴うことなく、事業者に対する一定の柔軟性と自主性を持たせる届出制によることが多い。**

　なお、電気通信事業（☞第4部第4章 III **1**（**2**））のように、参入規制として総務大臣への登録制が採られる一方（電気通信事業法9条）、届出の対象となる役務提供に係る条件を規定した契約約款の中に、料金の額の算出方法が適正かつ明確に認められていなければ変更命令の対象とされる場合がある（同法19条2項1号）。

（2）規制緩和政策との関係

　このような認可制および届出制の性質を利用し、規制緩和政策では多様な効果を期待することがある。すなわち、**事業者に積極的に料金改訂を届出させることで、多様な料金メニューの策定を促し、それが利用者の利便性に資する効果を期待するものである。**例えば、認可制を原則とする電気料金について、別料金メニューとして「その一般電気事業の用に供する設備の効率的な使用その他の効率的な事業運営に資すると見込まれる場合」に別の約款（選択約款）を定めた場合には届出によること（電気事業法19条11・12項）とされているが、これは、多様な料金メニューを提示させることで利用者の選択肢を増やすこと（特に、値下げ対象となる料金メニューの選択）を狙いとしたものである。

（3）認可制・届出制の内容

認可制について　認可制が採られる場合、実定法では行政庁によって審査すべき要件が明示される。認可に際しての基準を定める場合がその典型であるが（例、ガス事業法17条2項、電気事業法19条2項、鉄道事業法16条2項、水道事業者が地方公共団体以外の者である場合に水道法14条2項等）、この場合は、契約内容を盛り込んだ供給約款（水道の場合は供給規程）を認可する形が採られる。これに対して、タクシー事業のように、運賃（および料金）を直接対象とする場合（道運法9条の3第2項）も見られる。

　認可制に関わる訴訟事例（行政事件）に言及しておくと、経済行政過程における二面、三面のそれぞれの関係において、若干様相を異にしている。

① **二面関係の場合**　事業者が申請した料金内容を行政庁が拒否したことで当該事業者が取消訴訟等を提起する場合である。これは、認可対象事項として申請された原価が認められないなどから、認可の根拠規定に照らして、申請または約款の内容が適当であるかが求められることになる。

② **三面関係の場合**　事業者が申請した料金内容を行政庁が認可したことに対し、それにより不利益を受ける第三者（利用者等）が取消訴訟等を提起する場合である。この場合は、二面関係とは異なり、訴訟要件の該当性が争点となることが多い。例えば、旧日本道路公団の料金値上げ申請に係る認可の取消訴訟（東京地判平成 7・1・26 判時 1539 号 64 頁）では、「認可」という文言は用いられていたとしても、内部行為として処分性が否定され、訴訟要件を充たさないとされた。同じ趣旨の事例に、認可の取消しを求めた審査請求に関する東京地判平成元・1・31 判時 1304 号 88 頁がある。このほか、第三者が訴訟を提起するため、約款認可制のように、多数の利用者が登場する場合には保護されるべき「法律上の利益」がどのように認定されるかという**原告適格の存否が問題となる**（☞第 1 部第 2 章 Ⅵ **2** (**2**)）。この典型が、鉄道利用者による運賃値上げに係る認可の取消訴訟であった（最一小判平成元・4・13 判時 1313 号 121 頁〔近鉄特急事件〕〔行政百選Ⅱ172〕等）。

なお、三面関係における訴訟を予防的に回避するために、申請された料金に対する行政庁による審査の過程において、審議会への諮問手続が存する場合には、利害関係人がこの審議に参加することもある（例、鉄道事業法 64 条の 2、鉄道事業法施行規則〔昭 62 運輸省令 6〕73 条）。

届出制について　届出制には、届け出られた料金について、一定の基準（不当差別禁止、不当競争禁止等）を充たさない場合には、行政庁によって、当該事業者に対し**変更命令**が出されるという仕組みが採られる。これには、空港法（昭 31 法 80）13 条 2 項、航空法 105 条 2 項、港湾運送事業法 9 条 2 項、放送法 120 条、海上運送法 8 条 2 項の例があるが、いずれも行政庁による届出に対する料金の判断基準ともいえる。ただし、認可制を採る道運法 9 条の 3 第 2 項 3 号でも不当競争禁止を認可要件とし

ており、変更命令の基準は届出制が採用されたことは論理的には結び付かない。届出制は、本来、行政庁が申請内容に応じてその詳細が審査する形式とは異なるため、**事前規制としての事業規制ではない**といえるが、判断基準に照らして出される変更命令が不利益処分であることや、その基準が処分基準としても公表されることを考えれば、事業規制として機能すると考えてよいであろう。

3 ◆ 料金決定手続②
(1) 国の場合

国の事業であっても、独立採算性が採られる場合には、国の行政機関がその担い手を事業規制の対象とすることはあってよい。しかしながら、財政法（昭22法34）3条は「租税を除く外、国が国権に基いて収納する課徴金及び法律上又は事実上国の独占に属する事業における専売価格若しくは事業料金については、すべて法律又は国会の議決に基いて定めなければならない」と規定しているため、専売価格、事業料金は、法律または国会の議決により決せられる。これは、憲法83条（財政議会主義）および憲法84条（租税法律主義）と、その決定手続を同じくするものであるが、このような財政法上の制度を**料金法定制**と呼ぶことがある。

この料金法定制が適用される範囲について、財政法制定後に新たに制定された財政法第三条の特例に関する法律（昭23法27）が、「政府は、現在の経済緊急事態の存続する間に限り、財政法第三条に規定する価格、料金等は、左に掲げるものを除き、法律の定又は国会の議決を経なくても、これを決定し、又は改定することができる」と規定し、製造たばこの定価、郵便・通信関連料金（郵便、電信、電話、郵便貯金、郵便為替及び郵便振替貯金に関する料金）、国鉄運賃（国鉄における旅客・貨物の運賃の基本賃率）（コラム▶**国鉄運賃と訴訟**）を明文として掲げられることになった（1-3号）。

もっとも、このような料金法定制が、憲法上の要請といえるかは疑義があったが[13]、このような財政法の規定は、三公社五現業の民営化とともに、

---
13) 根岸哲『規制産業の経済法研究第Ⅰ巻』（成文堂、1984年）204頁以下。

議論の実益が低下している。

> **▶国鉄運賃と訴訟**　　　　　　　　　　　　　　　　　　　COLUMN
>
> 　現行法下では料金法定制の下での訴訟事例は見当たらないといえるが、かつては、国鉄時代の新幹線運賃などが国有鉄道運賃法（昭 23 法 112、昭和 61 法 93 により廃止）によって規制されていたことがあるため、いくつかの判例・裁判例が見られる。例えば、料金の高さゆえに消費者（利用者）がそれを紛争化した訴訟事例として、東海道本線新幹線の実測キロによらず東海道本線の営業キロを用いて新幹線普通旅客運賃を計算したことが国有鉄道法 3 条に反するとし、利用者が超過部分を国鉄に対し不当利得返還請求が成立するかが争われた最二小判昭和 61・3・28 判時 1195 号 82 頁〔新幹線運賃返還請求訴訟〕では、第一審（東京地判昭和 53・11・30 判時 908 号 25 頁）では請求認容、第二審（東京高判昭和 57・7・14 判時 1049 号 3 頁）では原告の請求が棄却され、その結論が確定している。
>
> 　このほか、同じ運賃返還請求訴訟ではあるものの、国鉄清算事業団が地方交通線に選定された線区について全国の幹線とは異なる割高な賃率を定め、それが施行されて以降に和歌山線の乗車運賃を支払った利用者が、幹線運賃との格差分の返還を請求した和歌山地判平成 3・2・27 判時 1388 号 107 頁〔国鉄和歌山線格差運賃返還請求事件〕がある。ただし、本件は、当該割高賃率を定めた就業規則の規定が、日本国有鉄道の経営する事業の再建の推進に関する臨時措置法（昭 58 法 50、昭 61 法 93 により廃止）・国有鉄道運賃法に抵触しないなどとされ、原告の請求は棄却されている（交通権との関係は☞第 4 部第 3 章 II 1 参照）。

(2) 地方公共団体の場合

特徴　　自治法では、行政財産の使用または公の施設の利用に係る対価としての使用料等（225 条・228 条 1 項・238 条の 4 第 7 項）、「指定管理者にその管理する公の施設の利用に係る料金」（244 条の 2 第 8 項）については**条例制定義務**を定めている。そこで、公の施設を管理する民間企業への対価として「料金」という文言が用いられるが、印鑑証明等（このほか、身分証明、公簿の閲覧等）に係る手数料、公立学校授業料のように、類似表現の種

III 料金規制　163

類は多様である。しかし、経済行政との絡みから、ここでは、地方公営企業が行う各種事業（地方公営企業法〔昭27法292〕2条1項は水道、工業用水道、軌道、自動車運送、鉄道、電気、ガスの各事業を掲げる）として、民間企業が行うことを可能とする事業を念頭に置きつつ「料金」を議論することになる。[14]
なお、地方公営企業法21条2項では、徴収される料金について**原価主義が採用されていること**からも、ここでの関心対象に含まれる（料金決定原則については☞本章 III **4（2）**）。

そこで、地方公共団体の場合の特徴である条例制定義務との関係から、料金設定の特徴が民間企業とは異なる場合が問題となる。条例外の料金収受の適否が問題とされた判例（**判例 Pick UP II-2-④**最三小判昭和60・7・16判時1174号58頁〔大津ガス供給事件〕［地方百選61］）では、条例の範囲において別の契約が締結されていると見て、その適法性を認定している。

判例 PICK UP II-2-④

●最三小判昭和60・7・16判時1174号58頁〔大津ガス供給事件〕［地方百選61］

事実の概要　　大津市は、一般ガス事業者として通商産業大臣（当時）の許可を受け、供給規程として同市ガス供給条例を制定し、大阪通商産業局長の認可を受けた。他方、市水道・ガス事業管理者Y_1（被告）は、Y_2（被告）との間で、当該条例とは異なる供給条件によりガス供給を行うことを内容としたガス需給契約をほぼ一年ごとに締結し、ガス供給を行ってきたが、当該契約に基づく料金額は、一定範囲内の使用量について条例所定の額よりも低額とされていた。この契約については、その都度、ガス事業法20条但書に基づく大臣の認可を受けていた。なお、当該条例では、「本市は、特別の事情がある場合には、大阪通商産業局長の許可を受けて、この条例以外の供給条件によることがある」旨の特別供給規定が存していた。

そこで、市住民であるX（原告）は、自治法242条の2第1項3・4号に基づき、Y_1が条例所定の料金額と現実の徴収額との差額について違法にガス使用料金の賦課徴収を怠っていることを理由としてその違法確認を、Y_2が差額を不当

14）水道法6条2項は明示的に、工業用水道事業法（昭33法84）3条2項は同条1項が届出制を採るのとの対比として、それぞれ民間企業が事業を行うことについては、制約があるものの、不可能ではない。他の事業は、規制に差がない。

利得していることを理由として差額金を市に返還請求する住民訴訟を、それぞれ提起したのが本件である。
判旨（上告棄却）　地方公営企業の給付に対する対価としての料金に関する事項は、自治法の定めるところにより条例で定めなければならないことから、「地方公営企業の管理者は、当該地方公営企業の業務の執行として供給契約を締結する場合、使用料に関する事項については、条例で定められたところに従ってこれを締結する義務がある」。しかし、市ガス供給条例は、ガス事業法20条但書所定の要件に該当する場合に限り「同条例で定めた以外の供給条件によりガス供給契約を締結することを管理者に対して認めている」。したがって、本件契約は、大阪通商産業局長の認可を受けたものである以上、市条例に基づかず締結されたものではないため、無効ではない。

　これとあわせて、自治法では利用強制（244条2項）や不当差別禁止（同条3項）が規定されているが、後者の不当差別禁止は、事業法に定められた料金等を含む供給規程または供給約款の適合要件の一つであるため（工業用水道事業法17条3項4号、水道法14条2項4号、ガス事業法17条2項4号、鉄道事業法16条5項1号、電気事業法19条2項4号、道運法9条6項2号〔一般乗合旅客自動車運送事業〕）、この部分は事業規制と完全に競合的である。

住民訴訟との関係　地方公営企業は、その地方の地方公共団体が運営するため、当該企業が損失計上をしたり、職員の無駄遣いがあったりしたと解される場合には、住民が原告となり、無駄遣いであることが公金支出（財務会計上の行為）に違法であるとして、当該団体が損害賠償請求を、当該企業や職員等に請求するよう求める**住民訴訟**（自治法242条の2）を提起する可能性はある。その意味では、**民間企業が仮に高い料金を収受したとして利用者が行政訴訟を提起する場合には、原告適格等のハードルを伴うことになり**（☞第1部第2章Ⅵ**2(2)**）、それとの比較において、住民訴訟はより提起しやすい訴訟類型である。ただし、およそ水道やガスなどの料金自体が高いことを争点とすることは、条例そのものの違法性を主張するに等しく、個別具体的利益への侵害の程度が決め手になることは、他の行政訴訟と変わりない。

　なお、町民以外の者の別荘に係る基本料金を大幅に値上げ改定した簡易

水道事業給水条例の規定が自治法に違反して無効であると判断した最二小判平成18・7・14民集60巻6号2369頁〔旧高嶺町水道料金条例事件〕〔行政百選Ⅱ162・地方百選16〕では、第二審（東京高判平成14・10・22判時1806号3頁）が、憲法14条1項とあわせて、水道法（平13法100による改正前）14条4項4号および地方公営企業法21条2項違反を認定していたのとは対照的に、自治法の抵触のみを判断している。規定が競合する場合であっても、問題となる基本料金自体が条例規定事項であるため、これを無効と解することで原告たる住民の主張を認める根拠法規を示すに必要・十分と判断した事例といえる。

4 ◆ 料金決定原則
（1）概要

　料金規制において、料金の決定手続に着目することは、経済行政過程では重要であることはいうまでもないが、その場合、いかなる基準により具体的な料金が決せられるのかという**料金決定原則**に関わる問題がある。自由主義経済体制の中で、このような原則が問題となる余地はなく、市場機構の中での各事業者による判断の集合体が、いわば原則となる以上、これが行政上の規制として対象となることはない。しかしながら、とりわけ公益事業（ネットワーク産業）を中心として、料金決定原則が事前に定められ、事業者に当てはめられてきた経緯がある。このような公益事業（ネットワーク産業）の持つ特質の存在が、**自然独占性**を容認する理由とされることもあるが、独占ではない事業においても存在する。

　公益事業（ネットワーク産業）において当てはめられる料金決定原則とされる基準にも、いくつかのものが考えられる。次に概要を列挙しておく（認可制・届出制は問わない）。

　① 能率的な経営の下において「適正な原価」が定められることがある。経営が能率的か否か、さらには、原価が適正であるかといった原則は、あくまで市場機構に照らして判断されるべきである。このことを、事業者による料金の申請内容に求めることの意義は、市場機構への何らかの弊害を予測したうえでそれを除去する**市場健全化機能**を料金規制

に求めたものといえる。

② 料金決定原則の一つとして、料金が定率または定額で定められていることがある。このような規定が定められていない場合、利用者が自ら役務提供を受けた量等を基にして料金の算出が困難であるため、かえって利用者間の公平性が阻害されることが考えられる。この意味で、定率性または定額性による料金決定原則は、**公平性担保機能**を果たすものといえる。

③ 届出制の場合、事後的な変更命令を課することがあることは、料金決定原則と矛盾するものでなく、命令の基準が不当な差別を禁止する場合であれば**公平性担保機能**が、不当な競争をを禁止する場合であれば**市場健全化機能**がそれぞれ働くといえる。こうした機能を担うのであれば、届出制であっても認可制と類似の機能を果たす一例である。

(2) 原価の定義と意義

原価とは 　原価は広義の経営学（会計学）上の用語であり、民間企業が自ら経済活動を行う上で必要とされる諸経費（人件費、固定費等）を指す。用語としては、「製品等の給付のためにその給付の一定単位に対応して費消された経済的価値をいう」とされるが、この経済的価値は、当然、その時々に応じて変動するものである。なお、原価を指すのに「費用」の語を用いることもある（例、独禁法2条9項3号）。しかし、「費用は一定期間の収益に対応するもの」として、別異に解するのが、厳格な用語法といえる。[15][16]

原価を算定する必要性につき、大蔵省企業会計審議会中間報告（昭和37年11月8日）において公表された「原価計算基準」によれば、「原価計算制度において、原価とは、経営における一定の給付にかかわらせて、把握された財貨又は用役（以下これを「財貨」という）の消費を、貨幣価値的に表したものである」（第一章三）とされており、原価計算は、真実の原価を正確に算定して、経営管理に必須とされる財務諸表の作成に役立てることが狙

---

15) 不公正な取引方法の一つである不当廉売の要件であり、「その供給に要する費用」とあるが、「原価」の意である。根岸＝舟田・独禁法229頁。
16) 引用も含め、法律用語辞典301頁。

いとしてある。

原価の意義 　こうした純粋な**経営学（会計学）的な原価の意義を、法的な概念として定義するのは有益でない**。むしろ、各実定法が原価を規制の対象とすることから、実定法に適合するか否かにつき個々に算定し、個々の法令に応じた評価に変化がある。このように原価を基礎とした料金規制では、申請された原価ごとに行政庁が審査すべきこととなる（**個別申請・個別認可制**の法理）。このことは、同一種類の事業者であっても、多様な原価が存在することを前提とした理解である。この点が問題とされたのは、一律的な申請料金を認可する通達（同一地域・同一運賃の原則）が違法と解されたタクシー事業に関する諸事例においてである（判例 Pick UP I-2-⑭大阪地判昭和60・1・31行集36巻1号74頁〔MKタクシー事件〕）。

　この場合も、経営学（会計学）上の概念に沿うのではなく、同法が規定する要件（「公正な競争を阻害するおそれ」）に照らして算定すべきことは、いうまでもない。

（3）実定法の定め方の例

概要 　料金決定原則として知られる法文上の表現に、「適正な原価」がある。これは、申請事業者が事前に策定した料金を行政庁が事前審査する場合に用いられる基準であり、競業者間での比較の要素が入ることによって企業会計において用いられる原価主義の意味とは異なる（コラム▶**原価主義と料金規制**）。これに関わる具体例を、以下で取り上げる。

COLUMN

▶原価主義と料金規制

　原価主義とは、一般的には「資産の価値を原価（取得価額又は製作価額）で評価する資産評価基準」とされるが（法律用語辞典302頁）、資産の取得段階に着目した原価の概念であるため、**取得原価主義**と称することがある。これに対する概念として、時価または市場価格に基づき評価する**時価主義**と呼ばれる考え方があり、当然、変動が激しいのが時価主義ということになる。

　しかし、原価主義（取得原価主義）と時価主義といった対立的概念は、企業会計の議論として焦点となる企業資産の評価基準における財務諸表への反映の仕方を問題にするものである。これに対して、料金規制が対象とするとこ

> ろの原価主義という考え方は、料金を算出する根拠を相対評価的に論ずるものであって、企業会計そのものを関心対象とする場合とは異なる。

適正原価（＋適正利潤）型 一般的に、「能率的な経営の下における適正な原価に適正な利潤を加えたもの」といった表現が用いられ、**適正な原価と適正な利潤の二つの要素を持つ場合**である。この型が用いられる料金決定原則は、次に見る**総括原価主義**が妥当するといってよい。具体的には、いわゆる公益事業（ネットワーク産業）に該当する役務提供に対する対価を決するための原則である（例、ガス事業法17条2項1号、水道法14条、電気事業法19条、鉄道事業法16条2項）。なお、郵便料金（郵便法3条・67条2項1号）、自動車損害賠償責任保険等の料率（自動車損害賠償保障法〔昭30法97〕25条）、空港旅客取扱施設利用（空港法16条2項）といった個別事業についても、類似の規定が見られる。

このほかにも、路線バス事業（道運法9条2項）、タクシー事業（道運法9条の3第2項1号、特定地域等特措法16条2項1号）、一般定期旅客航路事業の旅客等の運賃（海上運送法8条4項）、水先人の水先料（水先法〔昭24法121〕46条3項）などについては、「適正な原価に適正な利潤を加えたものを超えないもの」（傍点著者）といった文言が用いられることもある。この「超えないもの」といった追加された文言は、先の文言に比べて、行政庁に一定の限界を加えた基準として見ることができる一方、申請する事業者にとっては、その基準内の料金しか認可されず、**より競争的な規定と解される**。

適正原価（経済考慮）型 料金決定原則の中には、適正原価のほかにも、物価その他の経済事情を考慮して、料金水準の上限となる料金指数を定める場合である（電気通信事業法21条1項）。この料金指数は、総務大臣が**基準料金指数**として定めるものであり、当該役務の料金

---

17) 類似の文言では、石油パイプライン事業法20条2項1号が、「料金が能率的な経営の下における適正な原価に適正な利潤を加えたものの範囲をこえないものであること」を基準とする。

18) 電気通信事業法施行規則19条の5第1項は「基準料金指数＝前適用期間の基準料金指数×（1＋消費者物価指数変動率－生産性向上見込率＋外生的要因）」とする。

を変更しようとする場合、変更後の料金の指数が基準料金指数を超えるものである時は同大臣の認可を受けること（同条2項）などが規定されている。これがいわゆる**プライス・キャップ規制（価格上限規制）**と呼ばれる方式である。

適正原価（公正妥当）型　事業者が定めようとする料金について、より公益性の高い業務に関しては、公正妥当性を決定原則に含められ、直接認可基準とはされない場合である。したがって、ここでの料金決定原則は、業務規制との位置付けが可能となるものであり、例えば地方公営企業法21条2項では「前項の料金は、公正妥当なものでなければならず、かつ、能率的な経営の下における適正な原価を基礎とし、地方公営企業の健全な運営を確保することができるものでなければならない」とする。しかし、同じような規定は、電気通信事業法に基づく接続料の認可基準にも見られる（33条4項2号）（☞第4部第4章 III **1 (2)**）。これら用例では、適正な利潤を料金決定原則には含めないため、業務の性格上、利潤追求を認めないことを意味し、**当該業務が高い公益性を有することを念頭に置いた規定**である。

　なお、地方公営企業法の場合、事業者を特定した規定ではないので、地方公営企業が運営する事業にあっては、**適正原価（＋適正利潤）型**を採用する場合も見られるが、適用の優先に関わる定めが置かれていないため、重複適用が考えられる。しかし、この場合も、両者が矛盾した関係にあるのではなく、基本的に同レベルの規制が行われるべきであると考え、民間企業との差異はないことを意味する[19]。

適正原価（指針）型　当該事業者に対する指針的要素を持つにすぎないと見てよい場合がある。例えば、廃棄物処理センターが行う産業廃棄物の処理施設の設置・処理に関する料金（廃掃法15条の10）にも、「適正な原価を下らない料金を徴収するものとする」との文言が見られるが、事前規制としての性格は持たないため、業務規制といえる。これは、行政庁による認可の対象として事業者の定める業務規程の中に定め

---

19) このような理解は、細谷芳郎『図解地方公営企業法〔改訂版〕』（第一法規、2013年）15頁。

られる料金決定原則に「能率的な業務運営の下における適正な原価」と定められている場合（宅業法50条の5第2項、金商法156条の74第2項、割賦販売法35条の43第3項、貸金業法41条の20第3項）についても、同様である。

(4) 料金決定原則の課題

概要　実定法の定め方の例を見ても分かるように、料金決定原則のいずれも、実定法中に明記されるのは非常に抽象的表現である。そこで、実際には、行政機関が定める具体的な原価算定方式（省令、さらには、行政手続法上の審査基準としての各事業に関する算定要領を定める例が見られる[20]）が存し、これにしたがって事業者が申請するのが、一般的である。

総括原価主義とその課題　総括原価主義は、料金決定原則の一つであり、レート・ベース（事業資産などと訳される）に一定の報酬率を乗じて算出される**事業報酬**を主要な要素とするのが一般的理解である。したがって、総括原価主義を、**レート・ベース方式**とか**公正報酬率規制**（Fair Rate of Return Regulation）と称することがある。ただし、この方式自体が料金算定に直結するというのではなく、原価算定期間における原価および報酬額を算出する上での基礎的な計算方式である。

原価および報酬を算出するにあたっては、**将来にわたる算定期間が事前に決められている**。具体的には、始期が特定された上で、一定期間（例、一年間）を単位とした将来の合理的な期間を定め、当該期間において事業を運営するのに必要な原価に利潤を加えた額を算定する[21]。

こうした総括原価方式に関わる制度には、**経費削減を通じた自主的な企業努力を通じて原価を引き下げながら、それを料金に反映する仕組みは回避する**といった、**経営の非効率化が生ずる問題**が潜んでいる。総括原価主義は、将来の原価を基準に算定されるため、事業者は損失を出さないように申請額の決定を許すからである。これに対し、安定収入の確保によって長期的な

---

20) 例えば、電気事業では、一般電気事業供給約款料金算定規則（平11通産省令105）、電気事業法に基づく経済産業大臣の処分に係る審査基準等（平12資16号）および供給約款料金算定要領（平12資庁1号）。電気通信事業では、電気通信事業法施行規則（昭64郵政省令25）と電気通信事業関連審査基準（平13総務訓令75号）別紙1電気通信料金算定要領といった具合である。

21) このように定める例として、一般電気事業供給約款料金算定規則2条2項。

視野に立った投資を可能にすることも、この方式の本質的特徴であるため、この長所を活かしつつレート・ベースが適切に算定されているかを見極めるための**行政機関の専門技術的能力が不可欠である**（これゆえに、司法審査では専門技術的能力な判断を容認する傾向を認めることになる。☞第1部第2章 **VI 2 (3)**)）。

プライス・キャップ規制　総括原価方式の反省を踏まえた料金決定原則が、プライス・キャップ規制（価格上限規制）である。本規制は、事業者が規制値を達成すれば、それ以上の効率化に伴い取得した利潤はすべて事業者が享受できるため、**総括原価主義が経営の非効率化に陥る可能性を防ぐ機能がある**。しかし、基準料金指数を算定するうえで必要となる「生産性向上見込率」と称される、被規制者に対する経営効率化のための指数は、行政庁の裁量によって将来の予測に基づく数値であることに変わりない。このため、この方式は、業者の将来的な効率化を予測しやすい、ある程度競争的かつ柔軟性のある投資が可能な分野に限定される。

（5）業務規制との関係（会計の整理）

趣旨　「会計の整理」または同種の規定は、事業者の経営基盤となる会計の適正化を図るためのものである。具体的には、**行政機関が確認できるようにするために、当該事業者が、勘定科目の分類などを定めること**であり、業務規制といえるものであるが、料金規制との一体的な機能が求められるため、ここで取り上げる。

実定法の例　会計の整理が求められるのは、公益事業（ネットワーク産業）（ガス事業法26条、電気事業法34条、熱供給事業法19条、電気通信事業法24条、鉄道事業法20条）のほかにも、東京湾横断道路の建設に関する特別措置法（昭61法45）6条、金融業者の貸付業務のための社債の発行等に関する法律（平11法32）9条、高速道路株式会社法（平16法99）14条にも見られる。このうち、料金規制との関係で重要となるのは、公益事業（ネットワーク産業）に対するものである。

意義　「会計の整理」の意味は、特に市場機構にさらされない事業者の場合、料金の算定根拠となる原価に関わる会計の整理が適正化されれば、役務提供を受ける利用者による経理、料金等の理解への期待につなが

ること、他の事業者との比較を可能にすることで自己の経営の適正化の指針になることなどにあると指摘される[22]。ここで取り上げているものは、その目的に照らし、経営学（会計学）の観点からは企業外部に対する**財務会計**[23]として位置付けられるものである。なお、競争促進的業務規制として、会計の整理が求められる場合もあるが（☞本部第3章 III 3）、これは企業内部に対する**管理会計**[24]となる。

5 ◆ 独禁法上の問題

　事業法上申請した料金等につき行政庁による認可を受けた事業者としては、**事業法上適法**（＝事前に変更命令等の事後規制を受けるべき状況にはない）と判断されたことで、当該認可料金等は独禁法に反しないと主張する根拠となる。しかし、こう考えるには、事業法を一般法たる独禁法に対する特別法と位置付け、事業法を優先させるとの立場にたつことになるが（**一般法・特別法の理論**）、これはこれまでの通説に反する理解である。

　この点を争点の一つとした事業者団体（独禁法8条）に対する公正取引委員会による排除措置命令に係る**判例 Pick UP II-2-⑤公取委審判審決平成7・7・10審決集42巻3頁〔大阪バス協会事件〕[経済百選38]**では、認可の法的性質に照らして検討し、道運法上の運賃認可制度が「独禁法の規律する競争秩序を規定、拘束することはないという意味においては、双方の法律に一般法と特別法との関係はない」と判示している。このような判示方法に対しては、同審決において事業法への配慮がなされているとの批判もあり得るが、認可の法的性質以外にとどまらず、いかなる場合に独禁法の適用が可能であるかを見極める判断基準を示す点から、相互補完的に両法の整合性を打ち立てる工夫が行われた点を評価すべきであろう。このほか、注目点として、本件では、独禁法違反の有無にかかわる一般的な判断基準を定立しているが、これは、道運法上の料金規制が形骸化している点を念

---

22) 例えば、電気解説280頁。
23)「企業外部の利害関係者に対して企業の経営成績および財政状態に関する情報を伝達し、彼らの意思決定に資するための会計」（経済辞典466頁）。
24)「企業内部の各層の経営管理者に対して、彼らの意思決定または経営業績の評価に有用な会計情報を提供するための会計」（経済辞典199頁）。

頭に置いたものであり、安全規制を考慮に入れて、なおも問題のない場合にのみ独禁法の適用を肯定できるとの立場を可能としたと解する余地はある[25]。しかし、料金規制の持つ**安全性確保機能**の妥当性を容認する立場が道運法の内在的な解釈自体から可能かは、議論の余地が残されていよう。加えて、独禁法を管轄する公正取引委員会が、このような道運法上の規制機能を独禁法上のそれと一体的にとらえるべきかは、規制機関が負う所掌事務として適正であるかが問題として残る。

判例 PICK UP Ⅱ-2-⑤

●公取委審判審決平成7・7・10審決集42巻3頁〔大阪バス協会事件〕[経済百選38]

事実の概要　X（被審人）は、大阪府を事業区域として、一般乗合、一般貸切または特定旅客の各自動車運送事業を営む者を会員とした社団法人である。Xの会員である貸切バス事業者のバス台数は、同地区内のほぼ全部を占めていた。

本件当時、貸切バス事業者は、運賃等を変更しようとするときは、道運法9条1項に基づく運輸大臣の認可を受けなければならず、この場合、当該運賃は、認可された基準の運賃率により計算した金額のそれぞれ10パーセントの範囲内で滋養者が自由に設定できることとされていた（ただし、認可以降は15パーセントに拡大）。

しかし、大阪府の貸切バス市場では、事業者と旅行業者との取引上の力関係などから、貸切バス旅行向け輸送を中心に、Xの会員事業者のほぼ全体を通じて、認可された運賃等の額を大幅に下回る運賃等による取引が大規模かつ経常的に行われており、大手旅行業者に対する取引の依存度が大きいため、引き上げを図ることは困難な状況にあった。これを受けて、Xでは、会員事業者の収支改善を図ることが検討されてきたが、旅行業者の主催旅行向けおよび学校遠足向けそれぞれの輸送運賃の最低運賃等を決定し、会員事業者からそれを遵守する趣旨の誓約書を提出させ、低運賃での運送契約の締結が判明した場合は改善勧告することなどが決定された。

審決要旨　道運法に基づく認可運賃等を下回る運賃等を定めた事業者団体による最低運賃等に関する協定について、独禁法上の排除措置を命ずることの一般的

---

25) このような公正取引委員会の判示に対する理解として、道運法上の料金規制を「安全上問題のあるバス運行の温床となる、という政策判断が、背景にあるものと思われる」との評価として、争点123〔白石忠志〕。

可能性について、当該命令の可否は、もっぱら独禁法の見地から判断すべきであるが、そのことから直ちに認可運賃等を下回る内容の協定が常に対象となるとの結論が導かれると断ずるのは早計である。

しかし、「全く同じ理由に基づき、価格協定が制限しようとしている競争が事業法等他の法律により刑事罰等をもって禁止された取引条件に係る場合であっても」価格協定に対して独禁法上の排除措置を命ずることが、同法1条に記載された目的から首肯され得る特段の事情があるときは、同法の構成要件に該当する。この特段の事情の例として、「①事業法等他の法律の禁止規定の存在にもかかわらず、これと乖離する実勢価格による取引、競争が継続して平穏公然として行われており……、かつ、②その実勢価格による競争の実態が、公正かつ自由な競争を促進し、もって、一般消費者の利益を確保するとともに、国民経済の民主的で健全な発達を促進する、という独占禁止法の目的の観点から、その競争を制限しようとする協定に対し同法上の排除措置を命ずることを容認し得る程度までに肯定的に評価される……ときを挙げることができる」。

本審決では、Xの最低運賃等の決定につき、事業者団体規制である独禁法8条1項1号（当時）違反であるとされた。

IV 事業終了規制（退出規制）

1 ◆ 意義

事業終了規制とは、ある種の事業を開始していた者が、これを終了する行為を規制の対象とする場合である。事業の終了は、市場機構への参加を意味する参入とは反対概念であり、これを**退出**と称することもあるが、法令用語として登場する意味、つまり「施設から退く」こと（公職選挙法〔昭25法100〕51条等）ではない。ここで想定される事業終了（＝退出）とは、本人の意思（経営破たん、継続意思のないことを理由にした廃業等）により市場機構から退く場合と、営業許可等の取消しによる適法な業務継続を行えないことによる場合の二つがありうるが、退出規制は、**民間企業の自らの意思（経営判断）に対する行政上の事前規制**を指す。したがって、退出に競争が働く余地はないことから、当然のことながら、独禁法の適用余地はない。

自由主義経済体制は、市場機構から退出する者に対して無関心であり、国家がこのことを阻止したり促進したりする必要はない。しかし、わが国

では、**護送船団行政**のように、極力退出をさせない代わりに、事業者を強力な監督下に置くといったことがあるが（例、かつての金融業など）、これは事業規制として行われるものとは異なる。

　退出規制が課される例は、参入規制が多数の分野にわたる場合とは対照的に、少数である。この背景には、従来その担い手とされていた事業者が、退出によりもたらす利用者への影響が多大であることがある。特に、他に代替する事業者が存しないとされる場合には、不利益な影響の抑制という退出規制の目的が機能すると考えられる。したがって、他に代替的手段が存するにもかかわらず、あえて退出規制を強要することは、やはり過剰規制であるとの評価を免れない。この場合の具体例は、次に取り上げる。

2 ◆ 具体例

　規制の形式としては、さまざまであり、特定されない。また、法文上は退出という文言よりも「廃業」を用いるのが一般的である。もっとも、「廃業」とはいっても、自らの意思をもってその旨届け出る場合（例、質屋営業法〔昭25法158〕4条、宅業法11条、商品投資に係る事業の規制に関する法律〔平3法66〕11条、著作権等管理事業法〔平12法131〕9条）は退出規制に含まれない。ここでは、次の諸点を指摘しておく。

① 事業の休止・廃止が規制の対象となる場合である。これは、許可制が採られる場合（軌道法22条ノ2、ガス事業法13条1項、電気事業法14条1項）と届出制が採られる場合（鉄道事業法28条の2）が見られる。これらは、**1**に掲げたように、利用者への不利益を回避することが念頭に置かれていると考えられるものであり、**利便性確保機能**が期待されている。

② 事業者自身の解散をめぐる効力を行政庁の認可にかからせている場合である。これは、法人としての解散の決議または総社員の同意（ガス事業法13条2項、電気事業法14条2項、鉄道事業法29条）、株主総会の決議（金商法156条の36第1号、銀行法37条1項、郵政民営化法115条・142条）が挙げられる。前者は、事業の休止・廃止に対する規制と一体的に規定されている点に後者との違いがあり、その意味では、後者は公益性

担保機能のうち**市場健全化機能**が求められる事業規制と解することができる。

なお、国鉄時代に退出規制として、ローカル路線の廃止に伴う鉄道路線廃止許可処分について周辺住民が取消訴訟を提起した事例（東京高判平成12・2・16LEX/DB25410076〔信楽線廃止許可処分取消訴訟〕およびその原審である前橋地判平成11・2・26LEX/DB25410017）があったが、原告適格は認められなかった（類例として、東京地判平成10・5・13訟月44巻12号2184頁）。

第3章

業務規制法制

I 総説

1 ◆ 業務規制の性質

業務規制は、事前規制としての事業規制とは異なる。つまり、本規制は、市場機構における事業者の自由な経済活動に伴う弊害を行政上の規制によって除去することを念頭に置いて設けられるものでない。さらに、本規制は、一方的に義務を課す点に着目するが、このような義務も、特段の規定に拠らず、民事法に委ねるべきとの考え方もできる。しかし、以下では、業務規制の中でも法的根拠が存在する場合に限定する。

2 ◆ 諸種の機能

業務規制の諸機能は、事前かどうかを別にすれば、事業規制に見られるそれとほぼ同様である。それには、公益性担保機能、行政監督機能、補完的機能がそれぞれ備わっており、さらにいえば、事前の規制に拠らないことを原則とするため（例外あり☞本章 II 1）、**事業規制を補完する機能が働く特徴**を備えている。もう一つの特徴として、業務規制は、当該実定法において多数の諸規制が複合的に構成されることで、その目的に沿った諸規制として意義を有する。例えば、金商法に掲げられた諸種の業務規制は、市場機構への影響をとらえ活かしつつ、望ましくない取引に対する抑止効果を期待したものであり、刑罰とも併用される（197条の2第1号）。

II 利用者保護的業務規制

1 ◆ 概要

業務規制のうち、利用者の保護を専らの狙いとしたものを、本書では、**利用者保護的業務規制**と称することにする。業務規制の公益性担保機能を

考えた場合、利用者保護という視点が当然含まれている。また、市場機構における競争の公平性という視点から、本規制を説明することも考えられるが、独禁法の適用との関係において切り離して位置付けることが適当と思われるため、かかる規制はⅢに取り上げる他の競争政策的業務規制の中でとらえる。

利用者保護的業務規制には、次の特徴があるといえる。

① ここにいう「利用者」は、役務提供者と相対の関係で成立する民法上の典型契約（例、売買契約等）などとは異なり、その数がきわめて多数に上るため、集団的な利益を保護する必要性があると考えられるのが、一般的である。ただし、かかる利益が法的利益とされるためには、個々の実定法に照らして判断される必要がある。

② 「保護」は、利用者と役務提供者との利益に法的な差異がある場合に生じる態様であるが、特に、取引関係において利用者側の利益を確保するように役務提供者たる事業者の自由な経済活動を規制する必要があることになる。機能面からとらえれば、当該規制に**公平性担保機能**が期待される場合といえる。

③ 利用者保護的業務規制は、利用者側の利益を一方的に保護する点では、役務提供者側の**片務的義務**である。その意味では、当事者間の合意が成立しなければ、給付または同意を求める民事訴訟か、刑事罰による間接的な強制を通じて、最終的な義務履行の実効性が担保されることになる。

④ 利用者への役務提供をめぐって、市場機構に委ねられない何らかの問題が生ずる場合、これを法的に保護する必要性がある。経済学は、この必要性を、公益事業（ネットワーク産業）の自然独占性に求めることがあるが（☞本部第1章Ⅰ2）、経済行政法では、業務規制がなければ市場機構の中で必要不可欠とされる役務提供が行われず、その結果、多数の利用者が不便をきたすといった予測の下で成立する規制概念である。このため、このような業務規制では、必然的に、事前規制的性格を強く持つと言ってよい。

以上のような特徴を持つ業務規制の代表例として、ここでは、**役務提供**

義務（供給義務）およびユニバーサル・サービス義務の二種類を挙げておく。

2 ◆ 役務提供義務
(1) 概要

　事業者による利用者への役務提供は、任意の判断に委ねられるべきであり、その対価を多く支払う者に対して提供したり、自ら資格要件を設けてその人物以外には役務を提供しないことも、独禁法等明文規定に抵触しない限りは、原則許される。しかしながら、役務提供義務は、**事業者の任意の判断に委ねられる場合に、本来必要とされる役務が提供されないことが予想され、これを事前に規制しておく場合に必要とされる行政上の義務を課する**ものである。本規制には、当然ながら、**公益性担保機能（公平性担保機能、社会保障機能等）** が強く期待されている。

　役務提供義務は、利用者にとって役務提供の求めに事業者が応ずる義務を指すほか、事業者にとっては役務の提供を滞ってはならない義務を意味する。これら二つの意味の義務は、当事者それぞれの立場から見て表裏一体的であるが、業務規制という観点からは、後者に力点が置かれるのが一般的である。事業規制（特に参入規制）とは異なり、事業者自身がこのような規制を過剰規制として主張した事例は、見当たらない。

　なお、「役務提供」という語は、公の事業、財産管理の主体からとらえた公法関係の一つとして用いられたことがあるが[1]（☞第1部第2章 I 1(1)）、ここに掲げた「役務提供」とは、義務を負う者から見た規制の機能という視点で整理したものである。

(2) 実定法の定め方の例と解釈

根拠規定　役務提供義務に関する実定法は、契約締結の際に当該事業者は「正当な理由」がない限りそれを拒否できないとする場合（ガス事業法16条1項、水道法15条1項、電気事業法18条1項、熱供給事業法13条1項）のほか、役務提供の拒否それ自体を禁止する場合（一般貸切旅客自動車運送事業を除く一般旅客自動車運送事業者に対する運送引受義務として道運法13条のほ

1）田中・行政法上79頁。

か、と畜場法 11 条 1 項、石油パイプライン事業法 22 条）が見られる。なお、基礎的電気通信役務を提供する電気通信事業者に対し「その適切、公平かつ安定的な提供に努めなければならない」（電気通信事業法 7 条）とする努力義務が課せられる場合もある。

拒否事由の解釈　役務提供義務が契約により担保される場合、「正当の理由」の該当性が解釈問題となることがある。一般的には、この基準に該当する場合、利用者側による料金不払いなどが含まれると解されるが、事案に応じた判断が求められることは、いうまでもない。

給水義務と拒否事由の解釈との関係で問題とされた最高裁判決（**判例 Pick UP II-3-①**最一小判平成 11・1・21 民集 53 巻 1 号 13 頁〔志免町給水拒否事件〕〔地方自治 43〕）では、水資源の稀少性が「正当の理由」の該当性を肯定する根拠付けとしている。これは、「無い袖は振れない」理解に立つものだが、既存の居住者への供給義務を果すための資源獲得ができない場合に限定して認めている。ここから、新規の入居者がすでに確定している段階において利用者に差を設ける拒否の仕方ができるかの争点をめぐって、既存と新規の各利用者における役務提供義務に差を設けることへの一定の合理性があると解釈したといえる。

:::: 判例 PICK UP II-3-①

●最一小判平成 11・1・21 民集 53 巻 1 号 13 頁〔志免町給水拒否事件〕[地方自治 43]

事実の概要　不動産売買会社である X（原告）は、Y 町（被告）の水道事業の給水区域内にマンションの建設を計画し、建築予定戸数 420 戸分の給水申し込みをしたところ、Y 町の水道事業給水規則 3 条の 2 第 1 項が「共同住宅棟で 20 戸 (20 世帯) を超えて建築する場合は全戸」に給水しないと規定したことから、給水契約の契約締結を拒否された。そこで X は、水道法 15 条 1 項に違反することを理由に、Y 町に対する給水契約の申込みの承諾等を求めたのが、本件である。

判旨（上告棄却）　「水が限られた資源であることを考慮すれば、市町村が正常な企業努力を尽くしてもなお水の供給に一定の限界があり得ることも否定するこ

2）代表例である電気事業では、技術的な拒否事由のほかにも、事業者側の理由として、「料金を支払わずに契約を解除された者が滞納料金を支払わずに受給契約の締結を申し込むような場合」が挙げられている。電気解説 148 頁。

とはできないのであって、給水義務は絶対的なものということはできず、給水契約の申込みが右のような適正かつ合理的な供給計画によっては対応することができないものである場合には」水道法15条1項にいう「正当の理由」に該当するため、拒否は許される。

「近い将来において需要量が給水量を上回り水不足が生ずることが確実に予見されるという地域にあっては、水道事業者である市町村としては、そのような事態を招かないよう適正かつ合理的な施策を講じなければなら」ないところ、それでもなお、深刻な水不足が避けられない場合には「専ら水の需給の均衡を保つという観点から水道水の需要の著しい増加を抑制するための施策を執ることも、やむを得ない措置として許されるものというべきであ」り、新規申込みのうち、「需要量が特に大きく、現に居住している住民の生活用水を得るためではなく住宅を供給する事業を営む者が住宅分譲目的でしたものについて、給水契約の締結を拒むことにより、急激な需要の増加を抑制すること」は「正当の理由」がある。

3 ◆ ユニバーサル・サービス義務

(1) 概要

ユニバーサル・サービス (universal services) とは、「国民生活に不可欠なサービスであって、誰でもが利用可能な料金など適切な条件で、全国あまねく安定的な供給の確保を図るべきサービスをいう」[3]とされ、事業者にとって、①**誰でもが利用可能な条件であること（Availability）**、②**あまねく安定的な供給を確保されること（Affordability）**の二概念が、その必須の構成要素である。このような呼称は、元々、アメリカにおける通信産業の独占化を念頭に置いた概念であったが[4]、役務提供の観点に立つ場合、この義務は、法的には役務提供義務と重複している。ここでは、この二つの概念から形成される義務が業務規制として存在する場合を、ユニバーサル・サービス義務と称することとする。

なお、実定法上、あまねく安定的な供給の確保を強調する例も見られる。例えば、社会福祉法（昭26法45）81条は、都道府県社会福祉協議会が「都

---

3) 経済辞典1252頁。
4) 歴史的経緯は、林紘一郎＝田川義博『ユニバーサル・サービス——マルチメディア時代の「公正」理念』（中公新書、1994年）。

道府県の区域内においてあまねく福祉サービス利用援助事業が実施されるために必要な事業を行う」としており、**社会保障機能**として理解しているということができる。しかし、以下では、先に見た二つの概念を構成要素とする義務がある場合のみを取り上げて、内容を詳しく見ることにする。

(2) 実定法の定め方の例と解釈

根拠規定　　以上に定義したユニバーサル・サービス義務は、NTT法3条[5]、電気通信事業法7条[6]、郵便法1条[7]、日本郵便株式会社法5条[8]において見られる。ただし、厳密にいえば、二つの要素を明文で含むのはNTT法および郵便法である。このうち、電気通信事業法が基礎的電気通信役務の提供に係る場合に規定する以外は、それぞれ特定の株式会社に対する規定であること、NTT法および電気通信事業法は努力義務として、郵便法は同法の目的規定として、それぞれ規定されていることを指摘できる。

これらのうち、NTT法3条と電気通信事業法7条は、NTTが基礎的電気通信役務の担い手である場合であり、このうちNTT法が規定する「国民生活に不可欠な電話の役務」に該当すると解される場合には、両者が重複的に適用されることを意味する[9]（基礎的電気通信役務の具体的内容は、電気通信事業法施行規則14条☞第4部第4章III **1 (2)**）。他方、日本郵便株式会社法5条は、郵便局が行う業務についての規定である。

---

5) 「会社及び地域会社は、それぞれその事業を営むに当たっては、常に経営が適正かつ効率的に行われるように配意し、国民生活に不可欠な電話の役務のあまねく日本全国における適切、公平かつ安定的な提供の確保に寄与するとともに、今後の社会経済の進展に果たすべき電気通信の役割の重要性にかんがみ、電気通信技術に関する研究の推進及びその成果の普及を通じて我が国の電気通信の創意ある向上発展に寄与し、もって公共の福祉の増進に資するよう努めなければならない。」
6) 「基礎的電気通信役務（国民生活に不可欠であるためあまねく日本全国における提供が確保されるべきものとして総務省令で定める電気通信役務をいう。以下同じ。）を提供する電気通信事業者は、その適切、公平かつ安定的な提供に努めなければならない。」
7) 「この法律は、郵便の役務をなるべく安い料金で、あまねく、公平に提供することによって、公共の福祉を増進することを目的とする。」
8) 「会社は、その業務の運営に当たっては、郵便の役務、簡易な貯蓄、送金及び債権債務の決済の役務並びに簡易に利用できる生命保険の役務を利用者本位の簡便な方法により郵便局で一体的にかつあまねく全国において公平に利用できるようにする責務を有する。」
9) 石岡編・NTT法コメ121頁。

以上に掲げた実定法に共通する文言である「あまねく」とは、採算地域・不採算地域を問わず、日本全国どこでも役務が提供されることを確保する意味である。[10]

ユニバーサル・サービス基金　ユニバーサル・サービス義務に関わる仕組みとして、特定の機関を設置することがある。電気通信事業法では、総務大臣が基礎的電気通信役務支援機関を指定し、当該義務を果たさせるための支援業務を行わせる場合がある（106条以下）。これが、いわゆる**ユニバーサル・サービス基金**と称される仕組みであり、当該機関は、基礎的電気通信役務の提供を受ける接続電気通信事業者等から負担金を受領し、適格電気通信事業者に対し、交付金を交付することを業務としている（107条）。

　このような仕組みが、NTT東日本とNTT西日本間において不均衡な接続料（アクセス・チャージ☞本章III 2）を調整すべく用いられるか否かが問題とされる。現在、NTT法附則16条は、NTT東西間において接続料を均一化するため、収益の高いNTT東が収益の低いNTT西に対して負担金を負担する仕組み（**特定費用負担金制度**と称される）が存する。しかし、本来、「国民生活に不可欠であるためあまねく日本全国における提供が確保されるべきもの」のために基金制度が設けられた趣旨に鑑みれば、特定費用負担金制度自体の意義が問われる。このことの是非が争点となった裁判例に**判例Pick UP II-3-②**東京地判平成17・4・22 LEX/DB28112016〔NTT東日本接続料金認可訴訟〕〔メディア百選106〕がある。[11]

解釈問題　ユニバーサル・サービス義務が、法的義務として解されるかについては見解が分かれるところであり、具体的にはNTT法3条の解釈として問題にされてきた。以下、これについて触れる。

　① **肯定説**　「個人・家庭を結び付ける電気通信ネットワークが、不採算地域を含む全国において適正な条件において公平に提供されることが、最も重要な公共性（公共的任務）である」ことを根拠として、かかる役務の提供を法的責務として負うとするものである。[12] この説は、

---

10) 石岡編・NTT法コメ116頁、多賀谷編・逐条通信法46頁。
11) 議論について、友岡・ネットワーク164頁以下。

NTTが特殊会社（会社法ではなく個別法を根拠に設立された株式会社）であることを一理由としている。

② **否定説**　肯定説への反論として、特殊会社とはいえ、NTTに対する政府出資比率が3分の1程度にとどまる現状に鑑みて、他に明文の根拠なしには、法的義務を肯定すべきでないとするものである。[13]

以上にあって、**判例 Pick UP II-3-②**東京地判平成17・4・22 LEX/DB28112016〔NTT東日本接続料金認可訴訟〕〔メディア百選106〕は、NTT法3条の規定が「NTT東西に対し、当該役務の提供確保を法の責務としたものであると解される」と判示するものの、この部分と並んで触れる電気通信事業法については特段これを法的義務とは解していない。

一般的に見て、ユニバーサル・サービス義務の適用を受けるNTT東西にあって、このような義務規定が料金規制の段階において考慮されるべきか否かという実益論はあるものの、どの程度、具体的な義務となりうるかは想定し難い面がある。さらに、NTT法の文理上、これを努力義務とは異なる法的義務と解することは難しいように思われる。これに対し、郵便法1条の目的規定としての位置付けからは、同法上規定された業務に係る法的義務と解することができよう。

判例 PICK UP II-3-②

●東京地判平成17・4・22 LEX/DB28112016〔NTT東日本接続料金認可訴訟〕〔メディア百選106〕

事実の概要　Xら（原告）は、平成15年法律第125号による改正前の電気通信事業法9条に基づき、地域通信、長距離通信、国際通信等の業務を提供する第一種電気通信事業者であり、NTT東西との間で第一種指定電気通信設備の接続に関する協定を締結していた。この協定における接続料と接続の条件は、総務大臣Y（被告）から認可を受けた接続約款によった。

ユニバーサル・サービス義務に関わる点について取り上げると、NTT東西は、平成15年度および16年度の両者の接続料を均一にすることとする旨の情報通信審議会の答申を受けて省令の一部改正が行われ、それを受けた接続約款の変更申

12）舟田・情報85頁。
13）石岡編・NTT法コメ120頁。

請を行い、Yによる認可を受けたため、Xらがこの処分の取消しを求めたのが本件である。

判旨（請求棄却）　「NTT東西均一接続料が要請あるいは許容されているかどうかは、あくまでも事業法の定めに基づいて解釈されるべきものであ」り、電気通信事業法が、ユニバーサル・サービスの実現手段として用意しているのは、むしろ基金制度なのではないかという疑念も生ずる。

　しかし、ユニバーサル・サービスの観点のみによって均一接続料の定めを正当化できるかは疑問があり、「社会的コンセンサスが十分に得られない状況で別接続料制度を導入することによる混乱を避けるという経過措置的考慮も併せ考えるならば」、少なくとも平成15・16年の2年間については、Yの裁量権を逸脱、濫用するとはいえない。

III　競争促進的業務規制

1 ◆ 概要

　ここでは、業務規制の中でも、もっぱら競争促進を目的としているものを取り上げることにする。競争促進には、①これまで一定の競争が存在してきた市場機構における競争をより促進させる場合、②規制緩和政策を通じて、独占的構造から競争的構造へと転換する趣旨を含む場合の二つの態様がある。このうち、ここにいう競争促進的業務規制は、②を念頭に置いているが、いずれであっても、公正かつ自由な競争を司る独禁法上の諸規制と重複的な要素があることは否定できない。ただし、本書の関心から、独禁法が主眼とする公正かつ自由な競争を第一義的な比重に置く業務規制ではなく、経済行政法の視点で取り上げる公的規制にあるので（☞第1部第1章Ⅰ）、以下では、規制緩和政策の中で登場した新たな業務規制に焦点を当てて、解説する。

2 ◆ 特徴点

　競争促進的業務規制は、当該産業全体を競争的構造へと転換する契機となるものであり、これまで、**公益事業（ネットワーク産業）**における競争政策として、第三者が既存ネットワークを公正・中立に利用しうる方向で立

法上整備されてきた経緯がある。そのような政策過程の中で生まれた規制の特徴として、次の諸点を挙げることができる。

① **市場機構に委ねると、ネットワークを保有する事業者が一方的に有利になると考えられる**ことがある。立法上、公益事業（ネットワーク産業）に自然独占を認めることで競争が制限されてきたところ、規制緩和政策の実施に伴う法改正が行われたとしても、ネットワークを保有する事業者が第三者にそれを接続（アクセス）させる政策的配慮がなされれば、競争が実現しないことを意味する。

② 第三者によるネットワークへの接続（アクセス）を容認するためには、とりわけ接続のために必要とされる料金（**アクセス・チャージ**）が規制の対象となる。実定法上は、約款規制の対象として、託送（ガス事業法 22 条、電気事業法 24 条の 3）とか接続料（電気通信事業法 33 条・34 条）があるほか、直接認可の対象として線路使用料（鉄道事業法 15 条）がある。しかし、ネットワークを保有する事業者により競争を促進するような義務が課される必要があり、その義務が競争促進的業務規制となる。

③ ネットワークを保有する事業者に対する一方的な義務の賦課という特性があり、その点では、**非対称規制**となる。これは、利用者に対して独占的な役務提供を続けてきた事業者が、規制緩和政策や民営化後にあっても、組織的に大きな変化なく存続するために必要となる制度的担保であり、公益事業（ネットワーク産業）にあって、**イコール・フッティング**と呼ばれる競争的環境を立法上整備したものの一つである。

④ 競争促進のための最大の関心事は、ネットワークに関わる一連の業務を他のそれから切り離すことにある。これを、**アンバンドリング**（unbundling）と称することがある。ただし、業務の切り離し方は多岐にわたり、事業者の営業上の利益を損なうこともありうる。

⑤ 競争促進的業務規制は、立法政策に由来するものであるため、類似の産業構造を採る分野であっても、必ずしも制度として統一化されるものではない。

3 ◆ 諸種の業務規制

　以上において取り上げた業務規制にあっても、事業法上、競争促進的な目的があると認められれば、競争促進的業務規制に含まれる。ここでは、現行の実定法を根拠とした業務規制に限定して、取り上げる。個別の産業分野に見られるような、アンバンドリングに係る諸種の業務規制などは、第4部の産業特性として取り上げる。

（1）会計の整理

　会計の整理は、すでに料金規制と一体的に求められる業務規制として取り上げたが（☞本部第2章 III **4**(**5**)）、ここで取り上げるのは、経営学（会計学）の観点から、企業内向けの**管理会計**として位置付けられるものであり、整理結果の公表を法的に義務付ける場合である。このような業務規制が競争促進的となる場合は、社内における会計を透明化することが、**内部相互補助**（「企業内の部門間で行われる補助」[14]であり、自由化された部門とそうではない部門との間で行われる場合）の問題解消がある。このことから、アクセス・チャージに係る一連の諸規制を置く電気およびガスの各事業において見られる。具体的には、二通りである。

　① 公表義務があり、託送供給等の業務に関する場合（ガス事業法22条の3、電気事業法24条の5）である。ネットワークを利用させた際に生じた利益を他の業務のために使われないことを証することで、ネットワークを利用しようとする第三者との関係において公平な競争が実現するための義務である。[15]

　② 公表義務がなく、業務の区分に応じた会計の整理を行った上で業務区分ごとに収支状況を記載した書類を行政機関に提出する義務が規定されている場合（ガス事業法26条の2、電気事業法34条の2）である。事業者が競争と独占の両者にまたがって業務を行う場合に、競争部門への悪影響を防止するための義務である。[16]

---

14) 経済辞典 959 頁。
15) 規制目的について、電気解説 242 頁、ガス解説 87 頁。
16) 規制目的について、電気解説 283 頁、ガス解説 115 頁。

(2) 役務提供義務

ネットワークを保有する事業者からネットワークの利用に係る役務提供を義務付けることは、公平な競争に資すると考えられる場合が、ここでいう役務提供義務である。これをめぐる実際の規定の仕方として見られるのは、次の通りである。

① 正当な理由がなければ役務提供に係る請求を拒否してはならないとする義務（電気通信事業法32条3号）
② 正当な理由なく役務提供を拒否した場合には行政上の義務履行確保としての命令（ガス事業法22条6項、電気事業法24条の3第5項）

なお、鉄道事業法にはこのような規定は存在しないため、競争促進的業務規制は設けられていないと見ることができる。

以上にあって、②に係る役務提供義務と関連する業務規制として、当該業務の用途で得た情報はそれ以外の業務のために用いてはならないこと、業務そのものについて不当優先扱い等の禁止規定を設ける場合があるが（ガス事業法22条の4、電気事業法24条の6）、これらの禁止規定の内容は独禁法との重複的な適用可能性も考えられる。

4 ◆ 独禁法との接点

ネットワークを簡単に独自に構築できないが（理由も含め☞本部第1章参照）、第三者がそれを積極的に活用することで競争が実現する場合に、独禁法上の問題が生じる。例えば、**判例 Pick UP II-3-③**最二小判平成22・12・17民集64巻8号2067頁〔NTT東日本FTTH事件〕では、NTT東日本による料金設定に排除型私的独占（2条5項）の適用を認めた事例である。本件は、わが国初の**マージン・スクイーズ**または**プライス・スクイーズ**に該当する事例と解するのが通説的見解ではあるが、これについては反対の見解もある。なお、独禁法上、そのネットワークを**不可欠施設**（エッセンシャ

---

17)「上流市場と下流市場にまたがる統合企業が、上流市場の独占（市場支配力）を利用して上流市場と下流市場の価格差を圧縮することにより、下流市場における競争者を排除する戦略的行為」とされる。根岸哲＝川濱昇＝泉水文雄編『ネットワーク市場における技術と競争のインターフェイス』（有斐閣、2007年）54頁［武田邦宣］。

ル・ファシリティ）と位置付け、利用拒絶が抑制されると解することができるため、競争促進的規制との競合がありうる。

> **判例 PICK UP II-3-③**
>
> ●最二小判平成22・12・17民集64巻8号2067頁〔NTT東日本FTTH事件〕
> **事実の概要**　X（原告）は、東日本地区を業務区域とする電気通信事業者であり、光ファイバ設備を用いた戸建て住宅向けの通信サービス（FTTHサービス）を自ら提供するに際して、その利用者から徴収する料金を、Xと同等のFTTHサービスを提供するために同社の設備に接続する他の電気通信事業者からXが取得すべき接続料より低額に設定した行為について、独禁法2条5項（排除型私的独占）に該当するものとした公正取引委員会の審決を受けたため、この取消しを求めたのが、本件である。
> **判旨（上告棄却）**　Xの行為は、「その設置する加入者光ファイバ設備を、自ら加入者に直接提供しつつ、競業者である他の電気通信事業者に接続のための設備として提供するに当たり、加入者光ファイバ設備接続市場における事実上唯一の供給者としての地位を利用して、当該競業者が経済的合理性の見地から受入れることのできない接続条件を設定し提示したもので、その単独かつ一方的な取引拒絶ないし廉売としての側面が、自らの市場支配力の形成、維持ないし強化という観点からみて正常な競争手段の範囲を逸脱するような人為性を有するものであり、当該競業者のFTTHサービス市場への参入を著しく困難にする効果を持つものといえるから、同市場における排除行為に該当するというべきである」。

第3部
産業保護・育成法制

Summary

　自由主義経済体制下において、国家が特定の産業を保護・育成するために、行政介入を通じたさまざまな手段を講ずることが、経済行政の重要場面となることがある。もっとも、このような場面は、国民の健全な発展を主眼とした経済統制概念の中でも把握されてきたし、第二次世界大戦後の復興期、高度経済成長時代においても、産業政策立法を通じて、具体化されてきた。そして、行政による過剰な介入は、しばしば行き過ぎが生じ、一部の者だけが優遇されたり、通商摩擦を生じる結果を生むことにもなった。このことから、経済の持続的な発展を遂げるためには、行政介入は補完的であることのほか、規制緩和政策の進展や経済活動のグローバル化に見合った法制度が求められるのが、現代における産業保護・育成法制の求められるべき特質といえる。

　そこで第3部では、わが国の産業保護・育成法制を扱う上で、次のような内容とする。

　第1章では、産業保護・育成法制が、第1部・第2部に見た一連の法制とは異なり、新たな事業の萌芽・発展を見据えた面的な手法によること、そして、その現代的特質を明らかにする。

　第2章では、現在、産業保護・育成法制に含まれるさまざまな行政上の手段を、共通する項目ごとにまとめるものである。具体的には、産業助成型、競争制限型、外資規制型である。

第1章 総説

I 産業保護・育成の位置付け

1 ◆ 面的手段の把握

　ここまでに見てきた経済行政法にかかわる一連の法制は、直接の名宛人を想定した行政機関による公的規制の集合体であった。それは、事業規制や業務規制を主とする一方、経済行政過程論の中で登場する経済行政の行為形式としての経済行政計画、行政指導をはじめとしたさまざまな手段によって、国や公共団体（特殊法人を含む広義のそれ）などによる経済活動に対する積極作用として把握できるものであった（☞第1部・第2部）。

　しかしながら、自由主義経済体制を持続的に支えるためには、そのような諸規制のほかにも、国家が、民間企業等の経済活動を維持し活性化するための積極的な関与を図ることで、持続的な経済成長を遂げることも重要である。そして、具体的には、**特定の産業における活性化が図られるとともに、市場機構には芽生えていない新たな事業を萌芽させ、それを育て発展させようとすることを狙いとした面的な手段**が求められることもある。したがって、このような手段は、個々の民間企業による経済活動を単位としてとらえることになる事業規制や業務規制といった、行政機関による個別の作用的手段とは異なり、経済活動への行政介入のもう一つの在り方を示すものである。本書では、このような手段を、産業保護・育成と称し、その一連の法制度を、産業保護・育成法制という。

2 ◆ 産業と保護・育成の意味

（1）産業保護・助成と産業育成の関係

　産業保護は、産業政策立法が国民経済の健全な発達を狙いとした特定産業の保護そのものを指すが、そのことは、後述のように、第二次世界大戦前に存在した経済統制概念と共通したものがある（ただし、現在の自由主義経

済体制における規制と戦時統制経済とは根本的に異なっている。☞本章 II **1**)。この場合、産業保護とは、補助金の交付などを通じた特定産業の保護に係る手段としての**産業助成**と一体的にとらえることができるものである。[1]

しかし、市場機構の活用を通じた自由主義経済体制の持続的な維持にあっては、上述にように、面的な手段が求められることから、補助金の交付などの公的資金の提供だけに限らず、**産業育成**のように、何らかのインセンティブ（刺激）を民間企業に対して与えることで、いわば自発的に経済活動を創造することも視野に入ってくる（例、知的財産法におけるイノベーション政策）。

本書では、産業保護および産業育成という二つの関心事象をあわせて、検討の対象とするものである。

（2）産業について

保護・育成の対象としての「産業」は、特定の「事業分野」と同義に用いられることもあるが、○○事業分野との呼称（例、電気通信事業分野）は市場を指す言葉として使用される。しかし、実定法上、例えば独禁法においては、「一定の事業分野」が「一定の取引分野」とは区別して規定されているため（8条3号）、事業分野という文言自体は、解釈上意義のある用語法といえるが、産業は必ずしもそうではなく、例えば、工業、農業、林業など、主に生産の事業を意味するのが一般的といえる。[2]しかし、その場合であっても、中小企業基本法3条1項が「多数の中小企業者が創意工夫を生かして経営の向上を図るための事業活動を行うことを通じて、新たな産業を創出し」と規定し、生産（ある種の物品を製造する）の事業以外にも、運送等およそ役務一般を含む、より広い概念として用いられる。このほかにも、産業競争力強化法75条1項も、特許料の軽減の対象となりうる人物について、その特定要件を「新たな産業の創出による産業競争力の強化に対する寄与の程度及び資力を考慮して」とあるように、業種を絞らずに、用いる例もある。

1）佐藤・経行法471頁以下。
2）「一定の事業分野」とは、「相互に競争関係にある供給者群または需要者群のいずれか一方の事業活動の範囲」と解されている。根岸＝舟田・独禁法167頁。

したがって、保護・育成の対象は、新たな経済活動を生み出すことを念頭に置き、「事業分野」とは区別して、産業を指すものととらえておく。

II　産業保護・育成法制の必要性

1 ◆ 経済統制概念との相違

　産業保護・育成（とりわけ産業保護）は、経済活動に行政が関与する一つの狙いとして、第二次世界大戦前における経済統制概念との部分的な共通性を持っている。例えば、美濃部・行政法下では、「統制主義の経済政策は、国民経済の健全なる発達を図る為めには、各人の自由競争に放任するを許さず、国家の権力を以って積極的に国民の私経済生活に関与することが、国家の正常な任務であるとするものである」とし、この関与を「主として唯保護助成に止まっていた居た為めに、一般に経済上の保護政策と称せられ、統制経済の語は用いられなかった」としたうえで、国民の私経済生活に対する国家の関与を経済統制として括ることを正当化していた。その意味では、経済統制概念は、産業保護・育成概念とは全面的に同じ概念ではなかった。

2 ◆ 産業政策立法の必要性とグローバル化

　これに対し、第二次世界大戦後の復興期、さらには、高度経済成長時代の到来に伴い、民間企業間における純粋な私経済活動だけでは不十分な側面を国家が面的に行うことを目的とした一連の政策法（これを**産業政策立法**と呼ぶことができる）が登場することになる（☞第1部第1章 II **1 (3)** ）。しかし、このような産業政策立法の目的規定を見れば、「国民経済の健全な発展」と規定することが多く、仮にこの文言部分だけに着目すれば、その限りで、第二次世界大戦前における経済統制概念と相通ずる共通目的が、現

---

3) 美濃部・行政法下 284-285 頁。
4) 近時の例でいえば、小規模企業振興基本法（平 26 法 96）1 条、産業競争力強化法 1 条のほか、再エネ特措法 1 条、原子力損害賠償・廃炉等支援機構法（平 23 法 94）1 条などにも規定されている。

時点でも生きていることになる。

　しかしながら、大戦後の産業政策立法は、経済統制概念が単に自国の利益のみを追及することによる目的達成を主眼に置くのとは異なり、持続的な経済成長を遂げるために市場機構を通じた競争が念頭に置かれるべきこと、他国との衝突（摩擦）を避ける必要があること、さらには、世界的（グローバルな）視点に照らした国家間制度（例、WTO・GATT、OECD等）とそれと整合する国内法制も求められることになったといえる。

　したがって、「国民経済の健全な発展」という語は、経済統制概念のように、特定産業の保護などを狙いとした積極的な行政介入を、国内経済だけで一方的に正当化する論拠として理解するのではなく、**自由主義経済体制下において持続的な経済発展を可能にするための補完的な行政介入を正当化する目的**として、理解すべきである。

3 ◆ 現代的特質

　現代の産業保護・育成は、規制緩和政策との整合性も求められる点で、過剰な介入を認める経済統制概念と大きく異なっていると言うべきである。しかしながら、産業政策立法は、特殊法人、一部の民間企業を優遇することを念頭に置くものであったことから、市場機構が機能するはずの特定の産業にあって、それを困難にしてきた経緯があった。このため、特定産業やその担い手である民間企業を念頭に置いた**振興法**と称される一連の立法は、次第に減少する傾向にあるとはいえるものの、依然として存在しているし（例、酪農及び肉用牛生産の振興に関する法律〔昭29法182〕、中小小売商業振興法〔昭48法101〕）、また、そのような振興法とは異なり、特定産業を意識せず、より面的な方式としての地域活性化（地域振興）を狙いとした法律（例、中小企業による地域産業資源を活用した事業活動の促進に関する法律〔平19法39〕、株式会社地域経済活性化支援機構法〔平21法63〕）として具体化する。

　そこで、現在における産業保護・育成法制の特質を見ると、次のような点を指摘できる。

　① 規制緩和政策によって、なおも産業保護を必須とする特定産業に関する法制であること。

② グローバル化に則した最低限度の産業保護が必要となる法制であること。
③ グローバル化に照らして、持続的な経済発展を遂げるための産業育成に必須となる法制であること。

ただし、規制緩和政策やグローバル化が国内産業への影響が大きいため、国内産業が保護主義化することに伴う立法政策へと変化する可能性はありうる。

第2章

さまざまな手段

I　産業助成型

1 ◆ 概要
（1）意義
　産業助成とは、一般的には、産業に対する公的な資金助成（財政的措置）を指す[1]。民間企業の有無は問わない。しかしながら、とらえ方のる視点によっては、さまざまな内容を含みうる概念である。このため、産業保護・育成法制の現代的特質に照らし、次のような整理が考えられる。

① **狭義の産業助成**　　特定の産業分野を保護・育成するために必要とされる財政的措置を直接的に行う場合であり、税を財源とする補助金の交付が一般的である。このほか、資金の無利子・有利子の貸付による融資を挙げることができる。これらの場合の資金源は、税とは限らず、国が保有する株式からの配当金などもあり、産業の担い手によって異なる。

② **広義の産業助成**　　特定規模の事業者に対する間接的な財政的措置を行う場合である。例えば、貸付に係る債務保証を公的な機関等が行うこと、租税特別措置を講ずること、その他、地方公共団体が企業誘致を目指した土地の提供などが含まれる。

③ **最広義の産業助成**　　規制緩和政策などに照らして、特定産業、事業創設・新規事業に重点的な支援を行う場合である。例えば、新規事業の促進を狙った既存制度の緩和策、特定の産業分野に財政的措置を講ずるための事前措置などが含まれる。これらは、競争制限、外資規制といった他の産業保護・育成手段が、営利を追求する民間企業による経済活動を制限する方向で働くものとは異なり、市場機構に照らし

---

1) 碓井・助成法483頁。

て、行政の過剰な介入を回避し、特定産業の一般的な担い手である民間企業が自らの創意・工夫によって、持続的な経済発展に寄与しうるものと考えることができる。

(2) 手段の特徴

ここで、産業助成型における具体的手段（産業助成手段）として、財政的措置のみを取り上げることは、産業保護・育成法制の現代的特質の把握として、断片的である。例えば、中小企業と称される中小の規模の民間企業は、国内経済の基盤形成や地域経済の活性化に重要な使命を担うものと位置付けられる一方（中小企業基本法3条1項）、資金貸与、債務保証、債権放棄のように、民事法的手段を講じるのが一般的であるが[3]（コラム ▶**金融的手段を用いた産業助成手段**）、このような民事法的手段による産業助成は措くとして、経済行政において重要となる行政機関との関わり合いにおいてとらえる場合にあっても、財政的措置以外に、最広義の産業助成の視点から諸手段が講じられる点を見る必要があろう（例、産業競争力強化法〔平25法98〕に基づく市区町村が認定を受けた支援事業計画に基づく支援措置）。後者に目配りすることは、産業保護・育成法制の現代的特質にもかなっている。

そこで、本書では、産業助成を最広義にとらえたうえで、財政的措置の手段に加えて、特定産業またはその担い手（民間企業以外も研究機関等産業基盤を支持する特定組織等）による経済力の基盤形成、経済活性化による経済活力の維持・強化にも着目した産業助成型を説明することとする。

C O L U M N
▶**金融的手段を用いた産業助成手段**

　金融とは、法令用語として、狭義には「企業に代表される資金不足（貯蓄

2）中小企業基本法2条は、国の施策の対象として中小企業者の定義規定を置く。それによると、各業種に則して、資本金額・出資総額および従業員数（常時使用）の基準が定められている会社の資本金額または出資額の総額・会社または個人の従業員数（各主業種）は次の通り（2条2項）。①300億円以下・300人以下（製造業、建設業、運輸業）、②100人以下・1億円以下（卸売業）、③100人以下・5000万円以下（サービス業）、④50人以下・5000万円以下（小売業）である。

3）これも財政的措置とすることはできる。このあたりは、碓井・助成法511頁以下。

不足主体）が、その将来所得を支払原資として、家計等の資金余剰主体（貯蓄超過主体）から借入等により資金を調達すること」（吉国ほか・法令用語180頁）といわれるように、民間企業がその原資等を調達する手段として、公的資金を用いる場合、その他、一定の支援的措置が考えられる。ここでは、具体例として、資金貸与等および債務保証の二つを取り上げる。

① 資金貸与は、助成を必要とする事業者（特に中小企業者等）が資金を貸与される場合である。例えば、公的資金の直接的な提供（ただし、各都道府県の産業振興センター等の貸与機関を通じる）を規定する小規模企業者等設備導入資金助成法（昭31法115）のように、「中小企業者」よりも規模の小さい企業者（小規模企業者）に対する資金貸付または設備貸与の制度がある。

② 債務保証は、民間金融機関から資金を借り入れる上での公的機関による債務の保証を指す。これは、広義の産業助成ではあるが、民事法上の行為として民間金融機関が債務者との間において存在する権利義務関係において、特例的措置を認めようというものである。古くからある制度として、信用保証協会法（昭28法196）では、中小企業が銀行からの資金の貸付を受ける場合に行われる債務保証がある。このほかにも、中小企業の新たな事業活動の促進に関する法律（平11法18）は、創業・新規事業活動の促進に当たり、資金借入や発行社債について、独立行政法人中小企業基盤整備機構がそれらの債務保証を行うものとしている（5条）。なお、産業競争力強化法では、過大な債務を負った事業者が私的整理による事業再生を行う場合、その円滑化を図るために、当該機関が事業再生準備期間において事業の継続に欠くことのできない資金（つなぎ資金、いわゆる「プレDIPファイナンス」）に対する債務保証業務を行うこととされる（53条）。

2 ◆ 産業助成手段

(1) 個別的手段

業務支援　企業経営に際して、行政機関による事業規制・業務規制（違いについては☞第2部第1章）の対象とはならない一連の経済活動は、市場機構に照らし、自ら判断して、行うべきか否かを決する必要がある。しかし、多数の事業者が自らの企業経営において何らの改善努力もせずに非効率性が慢性化すれば、産業全体の停滞化を招くことが考えられる。そ

こで、このことを防ぐための施策を、行政上の支援として講ずることが期待される。例えば、中小企業支援法（昭38法147）は、国、地方公共団体および独立行政法人中小企業基盤整備機構が行う中小企業支援に関わるものであり、経営診断・助言事業、技術助言・試験研究事業、中小企業者・従業員研修事業などといった事業者の一連の業務を内容としている。

契約機会の拡大　ここで契約とは、民間企業間での契約などとは異なり、いわゆる**公共契約**と称される契約であり、国や地方公共団体が一方当事者となり税金を財源として物品・役務の提供等を目的として締結する契約を指す。[4] 産業助成手段として挙げられる例として、官公需についての中小企業者の受注の確保に関する法律（昭41法97）では、国等に対し国等の契約について、中小企業者の受注の機会の増大を図る努力義務が規定される（3条）。産業競争力強化法も、中小企業者のうち「新商品、新技術又は新たな役務の開発、企業化、需要の開拓その他の新たな事業の開拓の成果を有する者」について受注の機会の増大を配慮するよう規定している（119条）。しかし、本来的には、受注者の公平性を担保し、税金の無駄遣いを避ける意味でも、産業助成手段としてこのような規定は例外的であるといってよい。

国が主体となる場合　国が主体となって関連産業の助成を図る場合である。これまでにも、租税特別措置（租税特別措置法〔昭32法26〕第2章法人税法の特例がある）がこの典型であると考えられるが、これとあわせて、基盤技術研究円滑化法（昭60法65）では、政府が基盤技術に関する試験研究を行う者に国有の試験研究施設を使用させる場合、その使用の対価を時価よりも低く定めることができるとされる（4条）。このほかにも、中小ベンチャー企業等に対する産業助成手段として、国庫に納付される特許料等の減免制度がある（特許法〔昭34法121〕109・195条の2、産業技術力強化法〔平12法44〕18条、中小企業のものづくり基盤技術の高度化に

4）碓井・公共契約1頁は、「国、地方公共団体、その他の公法人（「公共部門」又は「政府部門」という）を一方当事者とする契約で、公共部門以外の者のなす有償による工事の完成若しくは作業その他の役務の給付又は物件の納入を内容とするもの、及び、公共部門以外の者に対する公共部門による有償による物権の譲渡等若しくは役務の給付を内容とするもの」と定義する。

関する法律〔平 18 法 33〕9 条、産業競争力強化法 5 条)。

資金確保等　産業助成手段における資金確保は、直接的には金融的手段を通じて実現されるが、特定産業に重点的に財政的措置を講ずることが期待される場合もある。財政的措置は、狭義の産業助成に該当するが、そのためには財源確保が必要であり、そのことを要求する明文規定が存在する場合が見られる。例えば、産業競争力強化法は、国が認定主体となる同法に基づき作成される計画につき、必要な資金確保を図る努力義務が規定されており (134 条)、この規定は国の財政的措置を含んで理解されている[5]。これに対し、努力義務よりも強い義務として、財政的措置が要求される場合がある。例えば、健康・医療戦略推進法 (平 26 法 48) では、「健康・医療に関する先端的研究開発及び新産業創出に関する施策を実施するため必要な法制上又は財政上の措置その他の措置を講ずるもの」と規定する場合である。ただし、これらの規定が、どの程度の財政的措置を要求しているかは明確でなく、国の予算作成は内閣の任務であるとともに (憲法 86 条)、最終的には国会の議決によらなければならない (憲法 83 条) ことに照らせば、講ずるべき措置を法的に規律し、抽象的・一般的に表現するには限界がある。

(2) 横断的手段 (特区法)

共通点　指定された区域 (特別区域) 内において、本来全国を対象とした規制について、特例措置として、その規制を緩和するなどの措置が取られる場合がある。この措置の根拠法に挙げられるのが、構造特区法、総合特区法、および、戦略特区法といった、事項横断的な手段が講じられる一連の法制 (**特区法**) である。このような特例措置は、産業助成手段に限ったものでないが、規制緩和政策をはじめ、持続的な経済成長を遂げることを主眼として、現代的な産業保護・育成法制において面的な手段と化している点に特徴がある[6]。

---

[5] 経済産業省編『産業競争力強化法逐条解説』(経済産業調査会、2014 年) 345・346 頁。
[6] 事項横断的ではない例としては、沖縄振興特別措置法 (平 14 法 14) に基づく金融業務特別地区 (56 条・57 条)、都市再生特別措置法 (平 14 法 22) による都市再生特別地区 (36

上記三種の特区法には、次のような共通した手続が見られる。
① 特区法では、内閣総理大臣（構造特区法3条）または政府（総合特区法7条、戦略特区法5条）が**基本方針**を作成し、それに則した具体的計画が策定されるといった複層的構造を採る。産業助成手段では、個別省庁において基本方針や計画が作成されることはあるものの[7]、これらはあくまで**経済行政計画（個別分野型）**であり（☞第1部第2章Ⅱ**2(1)**）、行政機関の執行の直接的根拠とはならない。これに対して、特区法がこのような複層的構造を持つのは、省庁横断的措置が必要とされるためである。
② 複層的構造では、基本方針に則した個別区域の計画を定めることが要求される。計画作成の主体は、それぞれの法目的に沿って異なるが、地方公共団体による場合（構造特区法4条1項、総合特区法12条・35条）、内閣府に設置された国家戦略区域会議が行う場合（戦略特区法8条）に分かれる。いずれの場合も、計画の認定権者は、内閣総理大臣である（構造特区法4条9項、総合特区法12条10項・35条10項、戦略特区法8条）。
③ いずれの種類の特区でも「規制の特例措置」といった文言によって、経済社会の構造改革を推進する狙いと併せて、特別区域内ではそれを緩和することを内容としている。なお、この規制には、法律上の根拠を有する規制を基本とするが、そのほかにも、政令等で規定された場合（構造特区法34条、総合特区法53条、戦略特区法26条）、地方公共団体の事務に関する規制については条例で定める場合（構造特区法35条、総合特区法54条、戦略特区法27条）も含まれる。なお、**訓令または通達**についても、各法律の規定に準じて必要な措置を講ずるものとしている[8]（構造特区法附則5条、総合特区法附則3条、戦略特区法附則3条）。

条）がある。前者は、租税特別措置を認めるため、財政的措置に該当する。
7) 総務大臣および経済産業大臣が基盤技術に関する試験研究の促進に関する基本的な方針（基盤技術研究円滑化法〔昭60法65〕6条）、経済産業大臣が中小企業の経営資源を確保するための支援事業の実施計画（中小企業支援法3条）など。
8) 特区法では、特例措置の対象となる規制根拠が通達・通知は3割以上とされていた。西尾勝監修『検証　構造改革特区』（ぎょうせい、2007年）282頁以下［五石敬路］。

具体的手段　　特区法は、それぞれにおいて特例措置を規定する。ただし、面的な手段を採用するため、その種類は多岐である。ここでは、主要な論点のみ取り上げる。

① 構造特区法における構造改革特別区域は、教育、物流、研究開発、農業、社会福祉その他の分野における経済社会の構造改革を推進することが狙いとされており、産業助成が想定する民間企業による経済活動には限定されない。全国展開が行われる場合は、法改正によって削除されることもある（例、電気通信事業の特例）[9]。これに対して、総合特区法および戦略特区法は、ともに産業の国際競争力強化を狙いとしているため、最広義の産業助成を構築する趣旨を伴う。ただし、総合特区法は、物流などの産業機能の集約や地域活性化を目指すが、戦略特区法は、都市再生や雇用創出、医療に関わるものであるため、趣旨を異にしている[10]。

② 特区法では、財政的措置として、補助金交付などの狭義の産業助成に関わる規定は置かれていない。ただし、総合特区法および戦略特区法については、課税特例（総合特区法26条・27条・55条）のほか、金融的手段となる利子補給金の支給（総合特区法28条・56条、戦略特区法28条）について、規定が置かれている。なお、条文にはないものの、各省が実施する補助金を利用して対応することは可能である。

③ 国の組織横断的対応のみならず、当該区域を構成する地方公共団体との連携を要するが、国と地方公共団体双方の連携義務は、特区法において規定されるところである（構造特区法2条の2、総合特区法6条、戦略特区法4条）。これに対し、事業に参加する民間企業と地方公共団体

---

9) 民間企業が高度な卸電気通信回線設備を設置することが経営上困難であると認められる場合に、地方公共団体が事業者として関連法上の許可を受けたものとみなすなどと規定したもの（制定当初の21条）。このような事業規制は廃止されたことに伴い、構造特区法から削除（平15法125）。

10) 戦略特区法14条は、病床規制に係る医療法の特例を定めており、これに沿って、関西圏国家戦略特別区域に係る計画として、iPS細胞を用いた臨床実験施設の開設が対象とされている（国家戦略特別区域高度医療提供事業）。内閣官房地域活性化統合事務局・内閣府地域活性化推進室ホームページ（http://www.kantei.go.jp/jp/singi/tiiki/kokusentoc/pdf/kuikikeikaku_kansai_h226093.pdf）。

との連携については、総合特区法のように、事前に協議機関を設けることがある（19条・42条）。

④　特区法において指定された区域内で実施される規制緩和政策について、それに反対する者、特例措置により従前の利益を侵害される者の存在が想定されるが、その者を救済する手段が問題となる。しかし、**特区法は、あくまで特例措置として、恒久化を念頭に置いた実験的側面が強い。**したがって、救済の観点からは、特区法の法目的とされる「経済社会の構造改革」に照らして、一時的な不利益の甘受が法的保護に値するか否かという視点からとらえる必要があろう。なお、産業助成手段に関わる事例ではないが、特区認定を受けた区域内の指定保育所において外部からの食事搬入方式を認めた規制の特例措置に反対する原告らが、構造特区法における内閣総理大臣による区域認定の取消しを求めたところ、認定の処分性が否定された裁判例（名古屋地判平成21・11・5判タ1342号110頁、控訴審である名古屋高判平成22・9・16LEX/DB25471218 ともに請求却下）がある。

II　競争制限型

1 ◆ 概要

　産業保護・育成のために、ある産業における競争を制限することは、当該産業分野を市場機構に委ねないことを意味し、国家や公共団体が自ら経営する産業と同視できるものでもある。例えば、民間企業等の経済活動に自由を認めつつも、特定産業を保護することが国家目的（国力の維持、増強）に資するものとして、競争を制限する場合が、ここにいう産業保護・育成法制に該当する。しかしながら、競争制限的手段を採ることで産業保護・育成を達成する場合、競争環境においても実現できない状況下にあるなど、とりわけ戦時統制下において実定法化されてきた経緯があるため、この型はきわめて古典的な手段であるといってよい。

　そこで、自由主義経済体制を標榜する現在のわが国にあっては、本来的には、このような統制経済は容認されないため、いかなる場合に、市場機

構に委ねられない特殊な事情があるかが課題ということになる。

2 ◆ 競争制限手段
（1）カルテル

規制の構造　カルテル（cartel、Kartell）とは、講学上の用語であって、競合する複数事業者が競争を回避するために相互に事業活動を拘束し、遂行すること（協調的行動）、または、かかる内容を持つ合意そのものを指す。カルテル自体は、民事法上の行為であるが、第二次世界大戦前はカルテルの助長を是とした諸法（例、重要産業統制法）が制定されていた。これに対して、第二次世界大戦後は、カルテルが競争を実質的に制限する効果がある場合など、一定の要件が充足すれば、独禁法がこれを一般的に規制することになっている。

しかし、**競争市場が必ずしも成熟していない状況では、生産性を高めたり、民間企業の国際競争力を具備するためには、一定条件の下でカルテルを法的に容認することが考えられる**。産業保護・育成のためのカルテルは、まさにこのような状況において認められるものといえるが、カルテルを厳格に規制することを目指す独禁法との間では、矛盾を生むものとなる。そこで、実定法上は、独禁法の適用除外という法形式によって、例外的にカルテルを容認する必要性が生ずることととなる。

実定法の在り方　独禁法の適用除外が認められるカルテルの存在は、例えば、振興法（例、果樹農業振興特別措置法〔昭36法15〕、漁業経営の改善及び再建整備に関する特別措置法〔昭51法43〕等）に見られたところであるが、規制緩和政策の影響によって、その数が減少している。ここでは、各実定法によって明文化されている場合であり、現時点において、産業保護・育成法制の一つとして位置付けることが可能なものを挙げておく。[11]

① **規制目的補完のためのカルテル**　規制目的を補完するための手段等として協定等が行われるもの（海上運送法28条、道運法18条、航空法100

---

11) ここに掲げるもののほかにも、例えば、深刻な不況により産業界に回復し難い打撃を与えるなどのおそれがある場合の不況カルテル（中小企業団体の組織に関する法律〔昭32法185〕89条）などが挙げられる。

条、特定地域等特措法 8 条の 4 等)。
② **中小企業カルテル** 中小企業の立場を補強すべく一定の共同行為を認めることで、大企業との取引上あるいは競争上対等な地位を維持しようことが狙いとなる (例、中小企業等協同組合法〔昭 24 法 181〕75 条の 2)。
③ **輸出カルテル** 過度な輸出競争の防止を目的とした公正な貿易秩序を維持するためのものであり、輸出競争力を高めることが狙いとなる (輸出入取引法 33 条)。

(2) 価格安定化法

特質 価格競争から特定産業を保護するという意味での競争制限型に属する諸種の**価格安定化法**も存在する。価格安定化法は、市場機構に委ねると、その製品の価格変動が激しくなることで被る不利益を回避のするための制度 (例、事前の当該製品等の価格設定、買入れ、狭義の産業助成) を特徴としている。このような価格安定化法は、第二次世界大戦後に立法化されてきたが、振興法よりも数は少ないものの、廃止される傾向にある。[12]

価格安定化法は、本来、市場機構に委ねられた場合に利益を得られる者にとっては、高価な物品等の購入を余儀なくされることが考えられる。このため、憲法上の営業の自由の保障や財産権といった経済的自由権を侵害すること (☞第 1 部第 1 章 III **1 (1)**) が問題とされることがあった (**判例 Pick UP III-1-①**最三小判平成 2・2・6 訟月 36 巻 12 号 2242 頁〔西陣ネクタイ事件〕〔憲法百選 I 96〕)。

> **判例 PICK UP III-1-①**
>
> ●最三小判平成 2・2・6 訟月 36 巻 12 号 2242 頁〔西陣ネクタイ事件〕〔憲法百選 I 96〕
>
> **事実の概要** 生糸を原料として絹ネクタイ生地の生産を行う織物業者である X ら (原告) が、生糸の一元的な輸入措置等を内容とする生糸の輸入に係る調整等に関する法律 (繭糸価格安定法) によって、国際生糸価格の 2 倍の国内価格で生糸

---

[12] 生糸の輸入に係る調整等に関する法律 (昭 26 法 310、平成 20 法 12 により廃止)、農産物価格安定法 (昭 28 法 225、平 18 法 89 により廃止)、臨時肥料需給安定法 (昭 29 法 172、昭和 34 年 7 月 31 日自動失効) が挙げられる。

を購入せざるを得なくなったことを理由に、国（被告）に対して国賠法に基づく損害賠償請求を提起したのが、本件である。

　繭糸（けんし）価格安定法では、昭和51年法律第15号による改正に伴い、①当分の間、日本蚕糸事業団およびその委託を受けた者その他政令で定める者でなければ外国産生糸の輸入は認められず（12条の13の2）、②その場合も、国内において製造された生糸の価格が基準糸価を下つている場合または当該輸入生糸の売渡しによって国内において製造された生糸の価格が基準糸価を下るおそれがある場合には輸入してはないこと、売渡価格は、事業団による当該輸入生糸の買入価格に買入れおよび保管に要する費用の額を加えて得た額を下ってはならないこと（12条の13の3）とされていた。

判旨（上告棄却）　昭和51年法改正に伴う一元的な輸入措置につき、憲法上の問題は特に判示せず、立法行為が国賠法1条1項上違法ではないなどとし、Xらの請求を棄却した。

実定法の例　現在残されている価格安定化法には、例えば次のものがある。

① **畜産物の価格安定に関する法律（昭36法183）**　本法は、農林水産大臣が、安定基準価格（原料乳、指定食肉）、安定下位価格（指定乳製品）、安定上位価格（指定乳製品、指定食肉）を定めるものとしており（3条1項）、乳業者によって安定価格に満たない原料乳が買い入れられるときは、引き上げの勧告を行うこと（5条1項）、指定乳製品の価格が著しく低落したりそのおそれがあると認められる場合には、独立行政法人農畜産業振興機構が指定乳製品を安定下位価格で買い入れること（7条1項）などが、規定されている。

② **砂糖及びでん粉の価格調整に関する法律（昭40法109）**　本法は、輸入砂糖、異性化糖などと国産糖との価格調整等を狙いとするものである。輸入砂糖について見ると、農林水産大臣は粗糖につき、甘味資源作物（てん菜、さとうきび）の生産の振興および国内産糖製造事業の健全な発展に及ぼす悪影響を緩和するため輸入砂糖価格を調整することが必要となると認められる価格として砂糖調整基準価格を定め（3条1・2項）、輸入申告時の平均価格が当該基準価格に満たない額である場合には、輸入申告に係る指定糖を独立行政法人農畜産業振興機構

に売り渡すこととされるほか（5条1項）、当該機構は、甘味資源作物交付金および国内産糖交付金を、それぞれの生産者または製造者に対し交付すること（19条以下）などが、規定されている。

③ **野菜生産出荷安定法（昭41法103）**　本法は、畜産物の価格安定に関する法律と類似の仕組みを有しており、農林水産大臣が指定野菜の需要と供給の見通しを立て公表するものとされる（3条1項）。このほか、同法では、独立行政法人農畜産業振興機構が指定野菜の価格に著しい低下があった場合には、生産者補給交付金の交付が行われるように（10条1項）、買入れではなく産業助成を手段とする仕組みが採られる。

④ **主要食糧の需給及び価格の安定に関する法律（平6法113）**　本法は、食糧管理法（昭17法40）の廃止を受けて成立したものである。本法は、米穀、麦（小麦、大麦、および、はだか麦）などの主要食糧の需給および価格の安定を図る仕組について、定めたものである。米穀について、政府は、備蓄の円滑な運営を図るため、国内産米穀の買入れを行い資格者に対して売渡すものとし（29条）、その売渡しの価格は、国際約束に従って農林水産大臣が定めて告示する額を当該米穀の買入れの価格に加えて得た額を超えてはならないものとして上限を定めている（30条3項）。このような価格制限に関する仕組みは、麦についても同様である（42条3項）。

なお、価格安定化とは直接関係しないが、食糧管理法時代の減反政策によるコメの生産調整が生存権的人格権（米を作る権利）を侵害するものとして、国賠法違反が争われた裁判例（東京地判平成13・8・24判時1785号12頁、控訴審である東京高判平成14・3・20LEX/DB25410244）がある（☞第1部第2章Ⅵ3(1)）。このほか、農業共済組合への当然加入制度が憲法22条1項にいう職業選択の自由に抵触する可能性が問題とされた判例（最三小判平成17・4・26判時1898号54頁）において、主要食糧の需給及び価格の安定に関する法律（平成15年法律第103号改正前）につき「主要食糧の需給及び価格の安定を図ることを目的として、米穀の生産者から消費者までの計画的な流通を確保するための措置等を講ずることを定めており、災害補償につき個々

の生産者の自助にゆだねるべき状態に至っていたということはできないことを勘案すれば、米の生産者についての当然加入制はその必要性と合理性を失うに至っていたとまではいえない」として、同法を、その合憲性を導く根拠としている。

(3) 知的財産法

積極的に事業者の権利を保護することで、事実上競争を制限する方法も考えられる。例えば、知的財産法分野では、産業上利用可能なものとして高度な自然法則を利用した技術的思想の創作（発明）であることなどを要件とした特許権（特許法2条1項・29条1項）といった知的創作が法的に保護されることがあるが、その根拠となる諸法やそれに基づく諸制度は、ここにいう競争制限型の産業保護・育成法制に含まれる[13]。このような産業政策的な諸権利は、これまで**工業所有権**と称されてきたものである。

ただし、**知的財産法は、カルテルとは異なり、実定法に基づく積極的な権利付与を通じて産業保護・育成が図られる法制である**。しかし、当然ながら、かかる権利は付与された事業者の独占的な行使を容認するものであるため、独禁法との抵触可能性は否定できない。この点を意識して、同法21条では「この法律の規定は、著作権法、特許法、実用新案法、意匠法又は商標法による権利の行使と認められる行為にはこれを適用しない」と規定しているが、このような**適用除外規定は、確認的なものに過ぎない**と位置付けられている[14]。

III 外資規制型

1 ◆ 概要

外資とは外国（人）資本を意味し、その資本が日本国内において投下されること自体を事前規制するのが、ここにいう外資規制である。ただし、

---

13) このほかにも、「産業上利用可能なもの」といった表現は、実用新案法（昭34法123）3条1項にも見られる。ただし、ここにいう産業保護・育成法制としては、権利の性質に鑑みて、意匠法、半導体集積回路の回路配置に関する法律（昭60法43）、種苗法（平10法83）も含めることができよう。

14) 根岸＝舟田・独禁法417頁。

広義では、外国資本自体を禁ずる趣旨もあるが、ここでは、外国法人または投資家個人による日本国内への投資を規制する場合を指す。

本来、自由主義経済体制下では、国籍に関係なく、投資を制限することは認められない。しかしながら、特定の産業を保護・育成するためには、このような制限が国家的な必要性に基づく権利という意味において、制度として許容されることは、国際社会の中でも認められてきた。これは、国際通商規制の一般法たるWTO法制において、原則とされる内国民待遇に反するが、その例外事由として認められること、二国間投資協定（Bilateral Investment Agreement）や自由貿易協定（Free Trade Agreement）における投資章（investment chapter）においても相手国との間における了解によって認められることから、国家として外国投資に一定の制約を課すこと自体は、国際法レベルにおいても排除されていないことに表われている。

2 ◆ 外資規制手段

（1）株式投資に対する一般規制（外為法）

概要　わが国は、直接投資を基本的に自由としており、必要に応じて個別法に委ねることが考えられる。このため、一般法としては、外為法が唯一の外資規制法であり、それは、株式投資が行われる場合（直接投資規制）に限定されており、かつ、禁止するのではなく、投資を抑制する緩やかな規制が課せられる点が特徴的である。

規制の仕組み　外為法第5章は、外国人投資家に対する国内への投資について、「対内直接投資」として項目を設け、株式の取得等についての事前規制を行っており、同法において種別を選ばず対象となりうる投資の形式を、限定している。

外為法27条1項は、次に見る同法「第3項の規定による審査が必要となる対内直接投資等に該当するおそれがあるものとして政令で定めるものを行おうとするときは」財務大臣および事業所管大臣に対し、届出を要するものとしている。同条2項では、届出をした外国人投資家は、財務大臣および事業所管大臣が当該届出を受理した日から起算して30日を経過する日までは、当該届出に係る対内直接投資等を行つてはならないとされて

いる（ただし、次に見る対内投資審査の要件を満たさない場合には、期間の短縮が可能である。同項但書）。なお、ここでいう届出とは、書面（届出書）の受理、および、次に見る対内直接投資審査が行われる点、そして、標準処理期間が公表されている点[15]からすれば、行政手続法第2章にいう「申請に対する処分」に近いといえる。

対内直接投資審査　外為法27条3項1号は、「イ　国の安全を損ない、公の秩序の維持を妨げ、又は公衆の安全の保護に支障を来すことになること」、「ロ　我が国経済の円滑な運営に著しい悪影響を及ぼすことになること」に該当するか否かにつき審査するものとしている。この二つの基準は、OECD（経済協力開発機構）による「資本移動の自由化に関する規約」（資本自由化コード）を受けたものであり、その範囲内で規制されている業種をもって、ここにいう基準に該当することになるが、これらは国内法化されており、具体的には、対内直接投資等に関する命令3条5項が、対内直接投資等に関する政令3条2項1号に規定する主務省令で定める業種は、財務大臣および事業所管大臣が定める業種とし、具体的には、告示[16]によっている。条文の規定の仕方から、27条3項1号イ・ロの規定のいずれにあてはまる場合がどの業種かは、明確にされていないため、およそ告示において列挙された業種（第1表から第3表まで）が、いずれかの条文にあてはまるとの理解が成り立つ（ただし、大枠として、従来は、資本自由化コードに照らして、それぞれの規定に見合う場合に限定して理解されている）[17]。しかし、このような規定の在り方が法治主義の観点から問題となる

---

15) 審査期間については、総務省＝財務省＝文部科学省＝厚生労働省＝経済産業省＝国土交通省＝環境省＝警察庁＝金融庁「対内直接投資等の事前届出に関する審査期間について」（平成21・3・31）において、届出書を受理した日から起算して5営業日で審査を終了するよう努める旨、公表されている。

16)「対内直接投資等に関する命令第3条第3項の規定に基づき財務大臣及び事業所管大臣が定める業種を定める件」（平成20年内閣府、総務省、財務省、文部科学省、厚生労働省、農林水産省、経済産業省、国土交通省、環境省告示第1号）。

17) ① 国の安全を損なう場合（27条3項1号イ）　武器、航空機、人工衛星、原子炉等、宇宙開発に関連する製造業、軍事転用の蓋然性が高い汎用品の製造業等
　② 公の秩序の維持を妨げる場合（同）　電気業、ガス業、熱供給、通信業、放送業、水道業、鉄道業、旅客運送業
　③ 公衆の安全の保護に支障をきたす場合（同）　生物学的製剤（ワクチン）製造業、警

余地はある。[18)]

　なお、仮にこのような基準に該当しうるものと判断される場合には、関税・外国為替等審議会の意見を聴いて、当該対内直接投資等に係る内容の変更または中止を勧告することができる（27条5項）。勧告を受けた者は、応諾するかを通知し（同条7項）、応諾する旨通知したものは当該勧告に係る対内直接投資等を行うものとし（同条8項）、通知または応諾しなかった者は、財務大臣および事業所管大臣は、投資内容の中止または変更を命ずることができる（同条10項）。これまでにも、財務大臣および経済大臣による勧告に従わず、中止命令を発しないことを求めた事例がある（コラム▶外資規制と電気事業）。

　なお、指定行為について、これが告示によりなされたことについて、当該告示の取消訴訟を提起したが、処分性（☞第1部第2章Ⅵ2(2)）が認められなかった裁判例（東京地判昭和59・5・30行裁集35巻5号649頁）がある。

COLUMN

▶外資規制と電気事業

　本件は、電源開発株式会社の発行済株式の9.9％を保有し、筆頭株主となっていた英系投資ファンドであるザ・チルドレンズ・インベストメント・マスターファンド（TCI）が、その比率を20％に引き上げるために必要とされる外為法上の届出を行ったところ、中止命令が出されたことに対して、その停止（発しないこと）を求めたというものである（財務省＝経済産業省「TCIの投資に係る外為法に基づく中止命令について」〔平成20年5月13日〕）。この場合、当該中止命令に先立ち、行政手続法における不利益処分に該当するものとして、TCIに対して弁明の機会（13条1項2号、29条以下）を付与した。

　本件では、中止勧告の理由として、電源開発株式会社が電気事業（卸電気事業）を行う者であり、本件投資が外為法27条3項イにある「公の秩序の維持を妨げ」るおそれに該当するものと判断されたことによる。この背景に

　　備業
　④　わが国経済の円滑な運営に著しい悪影響を及ぼす場合（同号ロ）　これは、わが国が独自に自由化を留保する業種を示す場合であり、農林水産業、石油業、比較・皮革製品製造業、航空運輸業、海運業
18)　櫻井敬子『行政法講座』（第一法規、2010年）210頁。

は、財務省および経済産業省が中止命令に当たり示した考え方の中に見られるように、同社の大間原発の建設によりわが国の核燃料サイクルの要となる役割、送変電施設の運営を通じ全国の電力ネットワークを維持する役割、基幹電源を保有する卸電気事業者としての役割を担っている点を審査の基準にしている。そして、考え方の中でとくに強調されているのは、TCIの投資方針・投資行動がわが国の原子力・核燃料サイクル政策に影響する可能性であった。

なお、「おそれ」の解釈について、政府に広い規制権限を認めるべきであるとし、「国益・公益を大きく損なう場合には、『おそれ』が僅かであっても、規制する必要がある」との解釈が見られる（古城誠「TCIファンドによるJパワー株式の取得——外為法と外資規制」法学教室337号〔2008年〕12頁）。

(2) 個別法における規制形式

概要 個別法が定める外資規制の中でも、一般的には、日本国籍を有する者や日本法人であること、その他、外国の公共団体等を除外することなどの限定を付する形で行われる（**外国性排除**、**外国性制限**）。以下に取り上げるように、外資規制の形式は多様であるが、それらの規制目的は、国の安全保障（航空、船舶、通信）、稀少資源の保護（鉱物、電波）、社会的影響（放送）などが考えられるが、これらの規制目的がどの分野において妥当するかは、個別法の解釈によるところとなる。

権利者となれない場合 本来、何人にあっても保有できる権利を法的に規制する場合がある。例えば、鉱業法15条1項では、条約に別段の定めがある場合以外は、「日本国民又は日本国法人でなければ、鉱業権者となることができない」とされている。なお、船舶法3条のように、日本国民が保有する等の船舶（日本船舶）でなければ、不開港場への寄港、各港間での物品・旅客の運送ができないといった制約を課する場合もある。

手続要件とする場合 一種の資格制限規制（☞第2部第2章 II **2** (**3**)）であり、そもそも、要件を具備しない者は、当該事業等を行うことができないようにするものである。日本国籍を有しない人、外国または外国の公共団体もしくはこれに準ずるもの、外国法令に基づき設立さ

れた法人等を、登録要件（航空法4条1項各号）、免許欠格事由（電波法5条1項）、船舶の保安規程の審査業務等に係る登録要件（国際航海船舶及び国際港湾施設の保安の確保等に関する法律〔平 16 法 31〕20 条 5 項 4 号）とする場合がある。

株式保有に基づく議決権行使を制限する場合　株式保有に伴う議決権行使によって当該事業者の経営判断への直接的関与を制限しようとするものである。したがって、これらは、間接投資規制ということになり、直接投資規制は外為法の適用を受ける。ただし、ここでは株式保有率を規制対象としているため、**業種に応じてその客観的影響を判断基準とする外為法とは同時並行的に適用されるとの見方が適当**と思われる。

　NTT 法 6 条 1 項では、日本国籍を有しない人、外国政府・代表者、外国の法人・団体、これらの者により直接占められる議決権の割合が総務省令で定める割合以上である法人または団体については、株主名簿への記載または記録の請求が制限される。

　これと類似する場合として、放送法 93 条 1 項 6 号では、基幹放送（地上基幹放送、衛星基幹放送、移動受信用地上基幹放送）の業務を行おうとする者について、電波法上、特定地上基幹放送局の免許を受けようとする者を除き、総務大臣から認定を受ける必要があるが、この認定要件の中に、法人または団体であって、日本国籍を有しない人、外国政府・代表者、外国の法人または団体に該当する者が業務を執行する役員である者（イ―ハ）、またはこれらの者が議決権の 5 分の 1 以上を占めるもの（ニ）、法人または団体のうち同号イからハまでに該当する者とそれらの者により直接に占められる議決権の割合が総務省令で定められる割合以上である法人または団体（ホ）が、欠格事由として規定されている。なお、放送法 116 条では、外資の比率が一定割合以上となりうる場合には、その割合以上の株式について株主名簿への記載または記録を拒むことができるものとし（1-2 項）、株主名簿への記載または記録がされている日本法人の株式を取得した場合には、直接・間接の外資比率の合計が 5 分の 1 以上のとなりうる場合は、地上基幹放送を行う認定機関放送事業者に対する議決権を制限することな

ど (3-4 項) を規定する。

第4部
産業特性を持つ主要分野

Summary

　第1部から第3部までに見てきた経済行政に関わる一連の内容は、産業横断的であり、公的規制の特性を個々にとらえるものであった。これに対し、この第4部では、エネルギー、交通、および、通信といった代表的な産業分野を選び、その特性（産業特性）に照らした一連の諸規制を取り上げることとする。これらの分野は、本論にも触れるように、①規制緩和政策によって大きな影響を受け、その法的地位が現在進行形で変化しつつある分野、②役務提供を受ける利用者の立場から何らかの法的保護を要し、時に生活必需性が伴う分野、③経済行政に関わる一連の内容でありながら産業特性の説明を前提としなければわかりにくい分野、である。こうした分野に関わる産業特性および関連法制を整序するのが、第4部の目的である。
　第1章では、産業特性を法律学においてとらえる意義を説く。
　第2章では、エネルギー産業について、最終消費財としての電気、ガスに係る関連法制を中心に取り上げる。
　第3章では、交通産業について、自動車（タクシー、バス）、鉄道（鉄道、軌道）、航空、船舶に関わる運送手段を念頭に置いた関連法制を取り上げる。
　第4章では、通信産業について、通信の情報伝達機能に着目し、それを主な事業とする電気通信（光ファイバ等のネットワークや電波を利用した通信）、および、郵便のそれぞれに係る関連法制を中心に取り上げる。

第1章 総説

I　産業特性の意義

1 ◆ 産業特性の意味

　産業とは、物品の生産やサービス一般に事業に関わる概念であるが（☞第3部第1章I 2 **(2)**)、製造、運送など、本書では、保護・育成の対象として位置付けられる広義の概念としてとらえている。これに対し、日本標準産業分類（平25総務省告示405）によれば、産業とは「財又はサービスの生産と供給において類似した経済活動を統合したものであり、実際上は、同種の経済活動を営む事業所の総合体」とされているが（日本標準産業分類一般原則第1項）、そこで採られる産業の分類は、公的統計の作成に際して必要とされる統計基準（統計法〔昭22法18、平19法53により全面改正〕2条9項）の一つであり、事業所に着目した定義であって、便宜的に用いられているに過ぎない。このため、本書では、前者の広い概念による。

　ところで、産業に関わる法制は、各産業に関わる何らかの特性に応じて規制構造を成立させていることが想定される。これを**産業特性**と称することにするが、何をもってその指標としうるかは、依拠する学問体系によってまちまちである。経済学や経営学では、各分野における人的・財的要因に配慮しながら、その分野の特性を見出し検討する手法が発達してきたが（これらの学問体系と経済行政法との関係は☞第1部第1章III 2 **(2)(3)**)、法律学では、その特性を検討対象とすることの意義は低かったように思われる。その理由として、**特性自体が実定法の解釈との結びつきや紛争解決のための法的実益に乏しかったこと**があり、分野横断的な解釈論の必要性を説く行政法総論では、特にそうであった。行政法各論分野の中でも、租税・財政法、環境法、社会保障法などは、産業特性の発想を前提とはしておらず、また、その必要性もなかった。

2 ◆ 意義

　では、産業特性を踏まえた各分野に関連する法制を扱う意義とは、何であろうか。ここでは次の諸点を挙げておきたい。

① 特定の政策目的を実現する諸法が多数みられ、その目的は産業特性に基づき存在している。この点に着目して、諸法が持つ諸機能の相関関係を産業特性に照らして明らかにすることが可能であり、それが本書の目指す**現代型公的規制の整序**につながると考える（本章のねらいは☞第1部第1章Ⅰ**5**）。

② 経済行政を史的にとらえた場合、規制緩和政策に係る推進の実態や進捗の状況が異なるのは、個々の産業特性に由来することが浮かび上がる。この特性を説明する上で、例えば、経済学では、ある産業分野に独占を容認すべきこと（例、自然独占性＝市場機構になじまない）が指摘されるが、法律学（経済行政法）では、**実定法の枠内において、産業特性に照らした規制とその運用として議論される**。

③ 第2部に取り上げた事業規制・業務規制における横断的な諸機能に基づく説明だけでは、対象となる諸規制の存在理由を理解するには不十分である。しかも、かかる諸機能自体は、何らかの政策目的に基づく産業特性に主に由来し、それを反映した個別分野ごとの事業規制と業務規制が一体的に表われたものである。

Ⅱ　主要分野の範疇

　以上に照らし、本書では、大きく分けて**エネルギー、交通、通信**の三つの産業分野を取り上げることにする。これらの具体的範囲は、以下の個々の説明に委ねるが、各分野の共通点を概括しておこう。

① **規制緩和政策により大きな影響を受けつつある分野**である。その政策遂行の過程において、市場機構を見出し、競争導入・促進が図られる中でも残された公的規制の存在意義は、産業特性によって説明を可能とし、その説明が参入規制や料金規制といった事業規制法制の存在理由ともなる。ただし、実定法が当該産業の構造的変革をもたらす場合

（例、エネルギー産業における電気、通信産業における電気通信）、個別の公的規制において変化をもたらす場合（例、交通産業における航空機、自動車）といったように、緩和の進展度合いは異なる。

② **利用者の立場から何らかの法的保護を要する分野**である。産業の担い手となる民間企業から役務提供を受ける利用者にとって、常に一定の規制を通じた保護（特に、役務提供義務のような業務規制☞第2部第3章Ⅱ**2**）が必要となる。その理由はまちまちであるが、少なくとも、法的保護の必要性をもって、利用者が健康的で文化的な生活を送る上で必須という意味での**生活必需性のある分野**と評価できる。ただし、生活必需性が必ずしも厳格な事業規制に直結しないし（例、電気の小売事業を登録制にし、料金規制を撤廃すること）、利用者の立場に応じて生活必需性が妥当しない分野（例、携帯電話、インターネットの生活必需性は利用者の受け止め方による）もある点、にそれぞれ注意を要する。

③ ここで取り上げる産業は、各産業に係る関連法制のうち、政府の政策決定を前提に、公的規制の枠組に重大な影響を与える政策法制のほかにも、政府が審議会等における政策審議の結果が公的規制の判断基準に反映する分野である。この場合、行政庁による判断基準の変更が、**法治主義の観点から説明することが難しいことが考えられる。**

④ 本書の特徴として、**経済行政過程論や事業規制・業務規制において取り上げた諸事例のかなりの数が、これらと関連する分野**である。かかる事例は、経済行政法上の問題を理解する重要な素材として位置付けることができ、本書はこれを踏まえて、事業規制（定義については☞第2部第2章Ⅰ）を念頭に置きつつ、個別産業に関わる諸法制の特性を取り上げる。なお、事業規制と密接な関連性のある業務規制のほか、三分野を構成する具体的な施設等に関わる一連の法制は、補足的に取り上げる。

第2章 エネルギー産業

I 意義

1 ◆ エネルギー産業とは

エネルギーの意味 エネルギーは、仕事量を意味し、定量的に決まる概念である。そしてここでは、特に、探索・掘削といった物理的作業を通じて見いだされるエネルギー源（熱源）となることが念頭に置かれるため、いわゆる**化石燃料**を中心とした概念である。実定法上、エネルギーの使用の合理化に関する法律（昭54法49）2条1項のように、「燃料及びこれを熱源とする熱並びに電気（燃料を熱源とする熱を変換して得られる動力を変換して得られる電気に代えて使用される電気であって政令で定めるものを除く。以下同じ。）をいう」とする定義も、この趣旨によるものと思われる。[1]
他方、再生可能エネルギーは、同じく実定法上、「再生可能エネルギー源」（エネルギー供給事業者による非化石エネルギー源の利用及び化石エネルギー原料の有効な利用の促進に関する法律〔平21法72〕2条2項）または「再生可能エネルギー電気」（再エネ特措法2条4項、農林漁業の健全な発展と調和のとれた再生可能エネルギー電気の発電の促進に関する法律〔平25法81〕3条）と称され、具体的には、太陽光、風力、水力、地熱、バイオマスなどを含んだ概念である。これらは、もっぱら発電に要する源（電源）を指す概念である。

エネルギー産業の中身 エネルギー産業は、必ずしも一般的用語でない。日本標準産業分類には、大分類として、電気・ガス・熱供給・水道業を掲げるが、エネルギー（産）業といったものはない。しかし、本書では、上記に取り上げたエネルギーに係る定義から、

---

[1] エネルギー法と称し、その考察対象であるエネルギーとは「燃焼・熱・動力・電気として用いられるもの（エネルギー源）及び用いられている状態にあるもの」と定義する場合もある。藤原淳一郎『エネルギー法研究──政府規制の法と政策を中心として』（日本評論社、2010年）6頁。

化石燃料そのものや、それを熱源や電源とするもの、非化石燃料としての再生可能エネルギーを電源とした電気を、利用者に提供することを指す柱となる概念としてとらえておく。

2 ◆ 主な関連法制の種別
（1）政策法制

エネルギー政策基本法　エネルギー政策の基本は、エネルギー政策基本法（平14法71）に基づき政府が策定する「エネルギー基本計画」によって明示される（12条）。政策を基本法の軸に据える法律は、本法のほかに、交通産業における交通政策基本法（平25法92）（☞本部第3章Ⅰ2(1)）しか存在しない。同法では、国および地方公共団体について、①安定供給の確保（2条）、②環境への適合（3条）、そして③市場原理の活用（4条）の三つの柱からなる「エネルギーの需給に関する施策についての基本方針」にのっとり、その需給に関する施策の総合的な策定と実施義務があること（5条・6条）とされる。このような三つの柱のうち、市場原理の活用は「前二条の政策目的を十分考慮」するものとされているため（4条）、**わが国のエネルギー政策の主柱は、安定供給を確保しつつ環境への適合を図ることと整合的でなければならないこととなる**。

エネルギー基本計画　これは、**経済行政計画（個別分野型）に位置付けられる**（☞第1部第2章Ⅱ2(1)）。法的拘束力があるものではないが、政府が公表するわが国のエネルギー政策の根幹であり、エネルギー分野における国家目標のロードマップである。現在のエネルギー基本計画は、2014（平成26）年4月11日に閣議決定されたものである。そこでは、東京電力福島原発事故に伴う原子力の安全性に対する懸念のほか、メタンハイドレード等の国際資源の開発を念頭に置いており、過去三回（平成15年10月7日、平成19年3月9日、平成22年6月18日各閣議決定）の計画とはかなり異なる内容である。

（2）鉱物法制

エネルギー産業では、化石燃料の存在が不可欠となるが、鉱物に係る法制も関連法制の一角を占める。鉱物とは、鉱物法（昭25法289）3条が試掘、

採掘およびこれに附属する選鉱、製錬などの事業の対象となるものとして、事業活動の過程において発生する権利をめぐって、法的な規制を要してきた取引対象となる物品となる。一般的には、石炭、石油、天然ガスといった天然資源（エネルギー化の視点から化石燃料を念頭に置く）がある。かつてわが国では、石炭を中心とした一連の法制が見られたが、それはあくまで産業保護・育成法制（☞第3部）に属する一連の法律であった。現在の鉱物に関わる法制として、採石法（昭25法291）、深海底鉱業暫定措置法（昭57法64）などが挙げられる。これらはいずれも、鉱物開発に係る一定の権利を行政処分（許可）によって付与するものである。

（3）事業規制・業務規制法制

エネルギー産業のうち、事業規制または業務規制といったように、利用者（ここでは、最終的な消費を目的とした利用者）への役務提供を念頭に置いた一連の法制について、主だった内容例は、次のような分類ができる。

① **事業規制を主とする法制**　電気事業法、ガス事業法、および、熱供給事業法が代表例である。このうち、熱供給事業法は、一定地域内の建物群に対し導管を通じて熱供給（地域冷暖房）を行う事業を規制対象とする。

② **業務規制を主とする法制**　ガソリン販売に関する適正化を対象とした揮発油等の品質の確保等に関する法律（昭51法88）がこれに当たる。これは、ガソリン（揮発油）、灯油、軽油、重油といった各種精製油の販売業につき、登録制を採用し、主に販売される油種の品質確保を狙いとしている。これと類似の実定法として、LPガス法がある。

（4）産業保護・育成法制

エネルギー産業に関わる産業保護・育成法制は、特に電気に関わる場合に、いくつも見られる。これは、電気が需要の伸びに応じて発電所の建設を必須とするからであって、**大規模な電源の開発を事業者に促すために法律が制定されてきたことから次の特徴を有する**（コラム▶電源開発法制として）。

① 国からの交付金に関する法律であり、産業助成型手段のうち狭義の

2）例えば、石炭鉱業構造調整臨時措置法（昭30法156、平12法16により廃止）。石炭産業の衰退に関わる法制は、來生新『産業経済法』（ぎょうせい、1996年）304頁以下。

産業助成に該当するものである（☞第3部第2章Ⅰ1**(1)**）。具体例として、発電用施設周辺地域整備法（昭49法78）、電源開発促進税法（昭49法79）、特別会計に関する法律（平19法23）であり、これらはいわゆる**電源三法**と呼ばれる法律群である。³⁾

② 広義の産業助成に該当するものとして、沖縄振興特別措置法（平14法14）では、国または地方公共団体に対して「沖縄における電気の安定的かつ適正な供給の確保に特に寄与すると認められる者の整備」について必要な資金確保等の努力義務（64条）のほか、沖縄振興開発金融公庫による優先弁済権（65条）、課税特例（66条）を規定する。

COLUMN

▶電源開発法制として

発電所の建設は、利用者に対する電気の安定供給を主眼とした電源開発の一つに位置付けられ、本論に挙げた産業保護・育成法制に係る諸法についても、電源開発の一端を担うものである。そこで、この電源開発関連法制にはさまざまな形態が見られるが、次の場合を指摘しておく。

① 水力（ダム）施設の建設については、特定多目的ダム法（昭32法35）、水資源開発促進法（昭36法217）、水資源地域対策特別措置法（昭48法118）が水資源の開発、建設・管理を主眼として存在する（特定多目的ダム法8条が規定する都道府県が負担すべき負担金額については、八ッ場ダムに関する一連の住民訴訟がある。水戸地判平成21・6・30LEX/DB25451323〔茨城県〕、さいたま地判平成22・7・14LEX/DB25471490〔埼玉県〕、宇都宮地判平成23・3・24LEX/DB25470803〔栃木県〕、東京高判平成25・3・29LEX/DB25445944〔東京都〕、東京高判平成26・5・14LEX/DB25503854〔群馬県〕）。

② 電源開発に関する政府による計画として「重要な電源開発に係る地点の指定」（平成16年9月10日閣議了解）が存在する。この閣議了解では、需給という面的規制ではなく立地地点の実情に照らした点的規制である。この仕組み以前は、電源開発促進法（昭27法283号、平15法92号により廃止）が、経済産業大臣による総合資源エネルギー調査会の意見聴取後

---

3) このうち、特別会計に関する法律は、電源開発促進対策特別会計法（昭49法80）の廃止（平19法23）を受けたものであって、電源開発（立地、利用両者を含む）のほか、石油、天然ガス、石炭の安定かつ低廉な供給を含む対策に関する特別会計等について規定するものである。

> に需給調整を念頭に置いた「電源開発基本計画」を策定するものとしていた（3条1項）。
> 　以上は、電源開発のみを念頭に置いた実定法および閣議決定である。しかし、このほかにも、発電所の立地が環境アセスメントの対象となること（環境影響評価法〔平9法81〕2条2項1号ホ）などがある。なお、原子力発電所の場合は、炉規制法上の原子炉に係る厳格な設置手続があるため、これを含めると、電源開発法制はそれ自体一群をなす意義を持った法制と言いうるものである。

II　エネルギー産業の特性

　本章では、エネルギー産業を、エネルギーの利用者（最終的に消費する者）に対する役務提供を念頭に置いて、その産業特性を取り上げる。

1◆有限性（稀少性）と生活必需性

　資源としての特性に鑑みた場合、エネルギー産業では有限性（稀少性）が重要な要素となる。わが国のように化石燃料を資源として持たない国は、その調達を輸入に頼らざるを得ない実情があり、このことは、エネルギー政策基本法が、国の責務としてその基本方針の柱に「安定供給の確保」を第一に据えることを念頭に置いている（2条）。これと表裏の関係として、**エネルギーの生活必需性**が産業特性を構成する点を指摘できる。

　しかし、太陽光、風力等、無尽蔵な資源を電気に転換する再生可能エネルギーに関連した技術進展から、この生活必需性を、化石燃料を資源とする産業特性に基づかせることは難しい。逆に、再生可能エネルギー電気は、現時点では、産業としての未成熟性（再エネ特措法との関係は☞本章III 1(2)）ゆえに、エネルギー産業が資源としての有限性（稀少性）と生活必需性を特性とする判断には影響しないと思われる。

2◆技術性
（1）役務提供
　公益事業（ネットワーク産業）として送配電網・導管網に依存する産業構

造を採る分野であることに伴う特性であり、それら施設が役務提供を行う上で技術的に不可欠とされると同時に、施設の建設および役務提供の維持のためにも、高度な技術を要することを指す。この点は、通信と同じ特性であるが（☞本部第4章 II 2）、エネルギー産業の関連施設では、高額な投資を要する場合が多いため、このような性格を強く意識することが求められる法制となる。なお、独禁法概念としての**不可欠施設（エッセンシャル・ファシリティ）**は、この性格を強く意識したものである（☞第2部第3章 III 4）。

(2) 原子力

原子力は、エネルギー源の中でも極めて高い技術性が求められる。これは、原子炉を中心とした原子力関連施設には、他の発電所以上に高度な安全性が要求されるためである。エネルギー源としての原子力は、発電所施設の設置推進という観点から経済行政の性格が強いものの、その高度な安全性に関わる技術的要求は、**東日本大震災に伴う東京電力福島第一原発事故を契機に、より高度な安全性を確保することが要請されるようになったことに顕著に表われている**。ただし、原発稼働が電気料金に影響する点に関わる問題、高レベル放射性廃棄物処分（☞本章 III 1 (2)）の位置付けが明確にされない限り真の原価の算定が困難という意味でのエネルギー産業に係る経済行政過程への影響などがあり、**純粋な安全規制だけが問題とされるものではない**。他方、本来、原子力は電源の一つに位置付けられるものの、核技術の継承のほか、資源の有効活用の要請によって、核燃料の生成から再処理に至る一連の行程によって形成されるいわゆる**核燃料サイクル**は、原子力を事業として形成する基礎的要素となり、他の電源には見られない特徴を示す（コラム▶放射性廃棄物処分について）。

COLUMN

▶**放射性廃棄物処分について**

放射性廃棄物とは、狭義には、原発を含む核関連施設（ここでは核燃料サイクルに係る一連の関連施設を念頭に置く）から排出される廃棄物を指す。広義には、病院関連施設等が利用した放射性同位元素（Radioisotope）を含む廃棄物も絡めた総称といえるが、この放射性同位元素は、放射性同位元素等による

放射線障害の防止に関する法律（昭32法167）の規制対象であり、炉規制法とは区別される。

　放射性廃棄物は、これを外界から隔絶することによって環境負荷の低減を目指し、処分をめぐり、資金面から料金に関わる内容まで、さまざまな配慮を要し、環境保護とも密接に関連している。具体的には、放射性廃棄物の処分方法（地中・地層に半永久的に埋設する意味での最終処分を指す。なお、特廃法2条2項に最終処分の定義あり）において、放射能の放出量・時間（半減期という）という観点を基準として、放出量が低く時間も短いものを低レベル放射性廃棄物、放出量が高く時間も長いものを高レベル放射性廃棄物と呼ぶ。なお、この両者に含まれない中間レベルの放射性廃棄物も存在する。

3◆環境保護

　温室効果ガスとは、地球温暖化の原因となる二酸化炭素のことであり、その排出が環境負荷の原因物質に挙げられるのに対し、省エネルギーとは、これを抑制するために、化石燃料を中心とするエネルギー利用を削減することを狙いとした標語である。両者は、**化石燃料の燃焼が二酸化炭素を排出し地球温暖化へとつながることが、省エネルギー対策を要する意味において、整合的関係にある**。このことは、エネルギー産業の熱源、電源等の種別を決する重要な要素となる。

　なお、温室効果ガスを排出しない原子力は、地球温暖化対策への貢献が高いと位置付けると考えられるが、原子力が化石燃料の一つであるウラン鉱物を加工したウラン燃料を燃焼させること、事故等により人体に影響のある放射能を放出する危険性があることに注意を要する。さらに、原子力の場合、事故に伴う広範囲かつ長期の放射能汚染に伴う制約がある。

III　主な関連諸法制

1◆電気

（1）総説

　電気は刑法245条において窃盗の目的物である財物とみなされるが、本書の関心事は、事業として成立する場合の関連法制にあるため、個別事業

を規律する法制の取り扱うところに従う。この場合、次に取り上げる電気事業法がこの法制の基本法となるが、そこでは、電気それ自体を定義する規定は置かれていない。なお、電気は「電力」とも称されることがあるが、エネルギー産業の対象としては「電気」が正式な法令用語である。[4]

(2) 電気事業法

電力改革の変遷　1990年代以降、規制緩和政策の推進に伴い、電気事業法の改正が行われている。特に、1999年の電気事業法及びガス事業法の一部を改正する法律（平11法50）に基づき、発電から供給に至る一貫した電気事業に係る役務を提供する事業者と競合する第三者との間に競争できる仕組みが生まれた。このような電気事業法に係る改正を伴う規制緩和政策の推進（**電力自由化**などとも言われる）は、電気事業に関わる産業構造そのものを変革する政策的観点からの総称として、**電力改革**と呼ばれることがある。

電力改革は、東日本大震災の発生に伴う東京電力福島第一原発事故をきっかけとして活発化し、2013年には電気事業法の一部を改正する法律（平25法74）（以下、「平成25年改正」という）が成立し、**広域的な電気の融通とあわせて既存の送配電網を第三者がより利用しやすくするための改正が行われたこと**にある。続いて、2014年には、電気事業法の一部を改正する法律（平26法44）（以下、「平成26年改正」という）によって、**小売自由化を主眼とする電力改革が実施される**ことになっている。以下、電力改革に関わる諸事項を個々に掲げておく。

① **広域的融通システム**　東日本大震災を契機に、電気の広域的融通が不十分であるとの認識が高まったため、送配電網のほかにも、周波数変換施設（FC）や連系線といった、電気を流すうえで**ボトルネックを解消するための諸施設の増強を必要とする**ことから、供給区域単位における従前の電気事業における構造自体の見直しが求められた。この実現のため、平成25年改正によって、**広域系統運用機関**が創設され

4）「電力」は、東京電力原子力事故により被災した子どもをはじめとする住民等の生活を守り支えるための被災者の生活支援等に関する施策の推進に関する法律（平24法48）のように、商号に含まれるに過ぎない。

ることになった（平成25年改正後の28条の4以下）。

② **小売電気事業の活性化**　一定の需要（特定規模需要）がある場合にのみ複数事業者から選択できる利用者の範囲を、平成26年改正によってすべてに拡大することになった。このことは、事業規制（参入規制・料金規制）、業務規制（例、利用者保護的業務規制）の撤廃につながる事項となるため、**公的規制の根拠としての生活必需性の意義は低下することになる**[5]。なお、改正後の2条の2により小売電気事業は登録制が採られる。

③ **行政組織の設立構想**　平成25年改正附則6において、「政府は、電気事業の監督の機能を一層強化するとともに、電気の安定供給の確保に万全を期するため、電気事業の規制に関する事務をつかさどる行政組織について、その在り方を見直し、平成27年を目途に、独立性及び高度の専門性を有する新たな行政組織に移行させるものとする」と規定された。**電気事業は規制による競争が必要とされる分野であり、公正中立性が求められること**から、行政組織の形式として**合議制機関**が想定される（☞第1部第2章 V **2 (2)**）。

主要事業規制　電気事業法は、平成26年改正前後において、**表4-1**内にあるような電気事業の種類から成るが、以下では、改正前の主な特徴点を掲げる。

① 平成26年改正前において、一般電気事業、卸電気事業、特定電気事業、卸供給事業は、経済産業大臣による許可制が採られる（3条1項）のに対し、特定規模電気事業は届出制を採る（16条の2第1項）。一般電気事業は、その許可基準（5条）において、電気事業の計画の確実性（3号）や電気工作物の需要適応能力（4号）、電気工作物の過剰投資の禁止（5号）[6]などから、需給調整を念頭に置いた**調整排除型（計画調整方式）**（☞第2部第2章 II **2 (2)**）が採られる。

② 一般電気事業に係る役務提供は、料金規制の対象とされており、約

---

5) ただし、一般送配電事業者に対し、「正当な理由がなければ、最終保障供給及び離島供給を拒んではならない」との義務を課す（平成26年改正後の17条3項）。
6) 電気解説74頁は、過剰投資の防止を基準としたものと解している。

表 4-1 電気事業法における電気事業の種別と内容（平成 26 年改正前・後）

平成 26 年改正前 (括弧内は平成 26 年改正前の条数)		平成 26 年改正後 (括弧内は平成 26 年改正後の条数)	
種別	内容	種別	内容
一般電気事業	一般の需要に応じて電気を供給する事業（2条1項1号）	一般送配電事業	自らが維持し、運用する送電用・配電用の電気工作物により供給区域において託送供給（17条以下）・発電量調整供給（2条1項7号）を行う事業（2条1項8号）
		送電事業	自らが維持し、運用する送電用の電気工作物により一般送配電事業者に振替供給（27条の11）を行う事業（2条1項10号）
		特定送配電事業	自らが維持し、運用する送電用・配電用の電気工作物により特定の供給地点において小売供給等を行う事業（2条1項12号）
卸電気事業	一般電気事業の用に供するための電気を供給する事業（2条1項3号）	発電事業	自らが維持し、運用する発電用電気工作物を用いて、小売・一般送配電・特定送配電の各事業の用に供する電気を発電する事業（2条1項14号）
特定電気事業	特定の供給地点における需要に応じ電気を供給する事業（2条1項5号）		
特定規模電気事業	電気の使用者の一定規模の需要（経済産業省令で定める要件）に応ずる電気の供給を行う事業（2条1項7号）	小売電気事業	一般の需要に応じ電気を供給（小売供給）する事業（2条1項1・2号）

款認可制が採られる。その決定原則は**適正原価（＋適正利潤）型**によることから、**総括原価方式**（☞第 2 部第 2 章 III **4 (4)**）による（19 条 2 項 1 号）。なお、後述のように、再エネ特措法に基づき、規制料金に追加した賦課金制度が存在する。

③　特定規模電気事業（16 条の 2）は、託送供給を一般電気事業者から役務として受け、それにより特定規模需要を充たすための供給を行うことを事業とする。この趣旨は、利用者に対し、ネットワークを借りて電気の供給を行う仕組みであり、競争促進的業務規制（☞第 2 部第 3

章III **2**）が適用されることになる。詳細は次にふれる。

競争促進的業務規制　電気事業法における規制緩和との関係で問題とされる送配電網の利用制約について見ておく。ここでは、必要に応じて平成26年改正後の電気事業法の内容についても言及する。

① 大規模な電気を貯蔵できないことに伴う送配電網に関わる利用制約がある。これは、発電量と供給量が常時一致するように常に送配電網を管理しなければならないこと（**同時同量の原則**）[7]から、送配電網を保有しない第三者がそれを利用する場合に関連する技術特性を帯びた問題である。このことは、民間企業による需給調整が行われることを指し、本来であればそれを自由な経済活動として認めるべきであるが、第三者の送配電網の利用を拒絶することもありうることを意味する。ただし、この拒絶が合理的理由に基づかない場合に問題となることがある。このため、これまでの電気事業法は、業務規制として、**託送供給に係る約款の届出義務**を規定し（24条の3）、競争促進的業務規制（役務提供義務）（☞第2部第3章III **3**（**2**））を課してきた（24条の3第5項）。

② 一般電気事業者は、託送供給義務のほかにも、特定規模需要に応ずるための**最終保障約款の届出義務**（19条の2）などを負う。これは、特定規模需要を担う事業者による利用者への供給が滞らないための制度である。このような制度は、平成26年改正によって新たに設けられる一般送配電事業を担う者に対して課す義務規定にも見られる（改正後の20条）。なお、一般送配電事業者には、離島の利用者に対する役務提供（離島供給）に係る義務も課せられている（改正後の17条3項・21条）。

③ 託送供給は、業務規制のほかにも、事業規制（料金規制）の対象であり、これまで電気事業法では届出制が採られきた（24条の3第1項）。しかし、平成26年改正に伴い、**認可制へと変更されるため**（改正後の18条）、事後の行政介入を趣旨としていた従前の制度に対し、**事前の**[8]

7）電気事業法施行規則（平7通商産業省令77）39条2項では、託送供給する相手方の需要に応ずるために必要とする電気の量の変動が「30分を単位として契約電力の3パーセントの範囲内のものを基本とするもの」と規定する。

行政介入を肯定する趣旨へと変更される。

再エネ特措法との関係　東京電力福島第一原発事故を契機に、原子力に代わる再生可能エネルギー電気（再生可能エネルギー源）の積極的な活用を求める法律が成立し、電気事業法上の卸供給に関する規制（22条）を適用除外とした再エネ特措法独自の特例的措置を認めることとなった。以下、その措置の具体的内容を掲げておく。

① 一般電気事業者に対し特定供給者（再生可能エネルギー源を有する事業者）からの電気の買取契約を締結する義務を課しており（4条）、さらに当該特定供給者からの送配電施設への接続請求に応ずる義務も課される（5条）[9]。買取契約以外に接続に関する義務を課するのは、電気に係る産業特性の一つ（技術性〔役務提供〕☞本章Ⅱ2(1)）である。

② 一般電気事業者等は、自らの利用者に対し、電気供給の対価の一部として**賦課金**を請求できるとしているが（16条）、条文ではこの請求を「納付金に充てるため」としている。なお、再エネ特措法では、この納付金を費用負担調整機関（再生可能エネルギー電気の買取に要する費用を全国一律にするための機関）による業務に係る費用等を指すものとして位置付けるが（11条1項）、納付金の額の算定方式は明文化されている（12条）[10]。したがって、特に電気事業法の規制対象となる料金を支払う利用者にとっては、この賦課金が同法の規制対象外となる追加的な料金であることを意味する。

炉規制法との関係　炉規制法は、エネルギー産業の一特性に掲げられる技術性（原子力）を示す実定法である。同法1条は、災害防止を目的とすることから、事業として扱う実定法とは異なるため、狭

---

8) 電気解説213頁。
9) 具体的な拒否事由は省令に委任され、明示化が試みられている。電気事業者による再生可能エネルギー電気の調達に関する特別措置法施行規則（平24経済産業省令46）6条。
10) 例えば、2項では「毎年度、当該年度の開始前に、経済産業大臣が、当該年度において全ての電気事業者に交付される交付金の見込額の合計額に当該年度における事務費の見込額を加えて得た額を当該年度における全ての電気事業者が供給することが見込まれる電気の量の合計量で除して得た電気の一キロワット時当たりの額を基礎とし、前々年度における全ての電気事業者に係る交付金の合計額と納付金の合計額との過不足額その他の事情を勘案して定めるものとする」と規定している。

義においては、ここで扱う電気に関わる関連法制とは種類を異にすると考えられる。しかし、東日本大震災による福島第一原発事故を契機に炉規制法が大幅に改正されており、現在のエネルギー基本計画において原子力は重要な電源の一つに位置付けられている。ここでは、炉規制法に規定される事業規制と電気事業法との関係を整理しておくこととする。

① **炉規制法上の事業規制**　製錬および再処理は指定の対象とされ、原子力規制委員会の発意がなければ特定の者しか行えず、参入の余地はない。他方、これに対する加工、貯蔵および廃棄は、許可の対象とされるため、参入余地がある。ここで規定する廃棄は、低レベル放射性廃棄物（半減期が短いが特別の処分を要する場合）を対象とする処分に係る事業であり、このほかには、特廃法が高レベル放射性廃棄物の処分について規制する（コラム▶高レベル放射性廃棄物の処分問題と原子力政策）。なお、炉規制法は、原子力事業者として規制を受ける者すべてを統括する概念規定を置いている（57条の9）。

② **電気事業法との関係**　炉規制法の本体では、電気事業法との関係規定が置かれていないが、電気事業法112条の3では、発電用原子炉に係る技術基準について、炉規制法上、原子力規制委員会から受けた認可が、同法に係るそれに適合するものとするなど、両者にまたがる技術維持について整合性を担保する趣旨の規定が置かれている。

COLUMN

▶**高レベル放射性廃棄物の処分問題と原子力政策**

　高レベル放射性廃棄物は、その特質から、処分後に半永久的な管理が要求されるといわれる。したがって、このような廃棄物の処分について規制する特廃法では、最終処分の対象として「特定放射性廃棄物」と定義し、最終処分を地下300メートル以上の深地層に埋設する廃棄物とされる（2条2項）。

　わが国の核燃料サイクルでは、最終処分されるまでには再処理工程を経由するため、使用済核燃料がそのまま放射性廃棄物となるわけではない。その意味では、処分の対象となる廃棄物が限定されるという特徴を持つ。なお、原子力政策の中でも超難題であるのが処分地の選定であり、これは同一の事情下にある諸外国共通の課題である。

　特廃法は、原子力環境整備機構（NUMO）が概要調査地区、精密調査地区、

そして最終処分施設建設地の順で各選定を行うものとするが（第3章）、この機構は、経済産業大臣による人事・財務等の監督下にある法人であるが、国が率先して行うという形よりも機構が主体となる仕組みとなっている。しかし、これも現時点ではうまくいっておらず、大きな改革が必要となっている。このため、候補地選定方法の新たな枠組が検討されている（総合資源エネルギー調査会電力・ガス事業分科会原子力小委員会放射性廃棄物 WG「放射性廃棄物 WG 中間とりまとめ」〔2014年6月〕）。

2 ◆ ガス

(1) 総説

ガスも電気と同様にエネルギーの一つに属するが、電気とは異なり、ガスそれ自体がいわゆる化石燃料として、取引の対象となる。

わが国のガス産業は、大きく分けて次の二つの特性に沿って、それぞれ根拠法制が成立している。

① 主に都市部を中心とした区域においては、ネットワーク（ガス導管）を通じた役務提供が行われる。このことに関する規制法が**ガス事業法**であり、公益事業（ネットワーク産業）の一つとして位置付けられる。そして、規制緩和政策の対象とされるのが、主にこの役務提供の場合である。なお、役務提供には、化石燃料として掘削・採取され液化された天然ガス（LNG）を用いるのが一般的であるが、このほかにも、液化石油ガス（LPG）および（液化されない）天然ガスを用いる場合もある[11]。なお、ガス事業法ではガスそのものを定義する規定が置かれていないのは、電気事業法と同様である。

② ①の地域外では、移動を可能とするボンベの形態により取引が行われるのが主流である。このことに関する規制法が **LP ガス法**であり、導管を用いた構造は採られないため、公益事業（ネットワーク産業）でない。役務提供に用いられるガスは、プロパン、ブタン等炭化水素を主成分とする液化石油ガス（LPG）（LP ガス法2条1項）である。

---

[11] 経済産業省ほか監修『ガス事業便覧〔平成25年版〕』（日本ガス協会、2014年）3頁によれば、原料別の一般ガス事業者数として、液化石油ガスが31、液化天然ガスが132、天然ガスが46とされている。

(2) ガス事業法

主要事業規制　本法は、**表 4-2** 内のガス事業について、経済産業大臣による許可または同大臣への届出を要するものとされる。

表 4-2　ガス事業法におけるガス事業の種別と内容

種別	内容
一般ガス事業	一般の需要に応じ導管によりガスを供給する事業（2条1号）
簡易ガス事業	一般の需要に応じ、簡易なガス発生設備においてガスを発生させ、導管により供給する事業であり、一の団地内におけるガスの供給地点の数が70以上のもの（2条3号）
ガス導管事業	自らが維持し運用する特定導管によりガスの供給を行う事業（2条5号）であり、ガスを供給する事業を営む他の者に対する供給および大口供給（2条7号）に限る
大口ガス事業	大口供給を行う事業であり、一般ガス事業者が供給区域内において行う事業、簡易ガス事業、ガス導管事業を除く（2条8号）

以下では、電気事業との対比を示すことで、ガス事業法に係る現在の特徴を掲げておく。

① 一般ガス事業は、一般電気事業と同様の位置付けであり、許可制が採られる（3条）。役務提供に係る料金規制は、約款認可制を採用しており、料金決定原則は**適正原価（＋適正利潤）**型によることから、総括原価方式（☞第2部第2章 III 4 (4)）が採られる（17条2項）。

② 大口ガス事業は、届出制が採られる（2条7-9項・37条の9）。一定の需要量以上を基準とした事業であることは、特定規模電気事業と同様である。

③ ガス導管事業は、一般ガス事業者以外の者により営まれる事業であり、届出制が採られる（37条の7の2第1項）。電気事業とは異なり、導管（ネットワーク）に関する事業を事業規制の対象として掲げるのは、**わが国のガス産業において導管網が未発達であること**などが理由として挙げられる[12]。この場合、特定導管を維持、管理すること自体は、一般

---

12) ガス解説 197 頁は、「ガス市場を活性化させ、競争を促進するためには、導管網の設置と独立した導管網の相互の連結を促進するとともに、公正で透明な形での第三者による導管

ガス事業と同様である。なお、一般ガス事業者の供給区域において、ガス導管事業者が特定導管をガス導管事業の用に供する場合、経済産業大臣が「一般ガス事業者の供給区域内のガスの使用者の利益を阻害するおそれがあると認めるとき」は、届出内容の変更・中止命令を出すことができるものとされる（37条の7の2第5項）（コラム▶利益阻害性判断基準（二重導管規制）について）。

COLUMN

▶利益阻害性判断基準（二重導管規制）について

　ガス導管事業は届出制であり、その趣旨は、「事業の開始は原則自由とはするものの、託送供給義務を課す事業者に係る最低限の情報把握が必要であることや、導管をガス導管事業の用に供することに関する所要の調整を行うため、必要な事項を届出させるもの」とされる（ガス解説 199 頁）。したがって、行為形式からすれば事業規制（参入規制）ではないと整理できよう。これに対し、ガス事業法は、経済産業大臣が行う届出内容に対する変更・中止命令を可能としており、一般ガス事業者のガス使用者への悪影響の防止を念頭に置くものである。

　しかし、変更・中止命令は不利益処分（変更命令は☞第1部第2章 IV **2 (2)**）であるため、経済産業省は処分基準（「ガス事業法等に基づく経済産業大臣の処分に係る審査基準等について」45）を公表し、その中で「①当該一般ガス事業者が設置している既存の導管網の余力の有無、②当該一般ガス事業者の導管能力の増強に係る具体的な投資計画等の有無、③ガスの熱量や物性の相違等による同一の導管での供給の困難性等を勘案しつつ判断するものとする」とする。この基準は、**利益阻害性判断基準（二重導管規制）**と称される。そこで、このような規制は、一般ガス事業者の導管を第三者が利用することに伴う大口供給を念頭に置いた制度設計といえるが、ガス導管事業者自身も大口供給を行えること、それゆえに同事業者は新規利用者を念頭に置いて導管を敷設することが考えられる。このことからすれば、この変更・中止命令とは、事業開始段階において競合相手となる既存の一般ガス事業との間に需給均衡を図るための**調整排除型（計画調整方式）**（☞第2部第2章 II **2 (2)**）として機能していると解される。

　なお、利益阻害性判断基準は、ガス改革の一環として緩和の要求がある一

網の利用を一層促進することが必要であること」とする。

> 方、そうなれば、未発達な導管網の拡大といった当初の狙いとは異なり、利用者が多く集まる供給区域にのみ過剰な設備投資が行われる懸念がある。
> 　以上にあって、経済産業省・総合資源エネルギー調査会基本政策分科会「ガスシステム改革小委員会報告書」(2015年1月) 18頁では、当該基準につき、ガス改革の一環として進められる小売全面自由化にあっても維持されるべきとしつつ、抜本的な見直しを行うため、その実施を待たずに「早期に結論を得て必要な措置を講ずるべき」とする提言が行われた。

競争促進的業務規制　　導管網の利用制約については、次のようになる。

① 　ガスについても、ガス事業法施行規則において、ガス事業者に対する導管への引受量と供給量が常時一致することを求める考え方（同時同量の原則）[13]が存在する。その一方、一般ガス事業者については、利用者保護的業務規制（役務提供義務）(☞第2部第3章 II 2)(16条1項) を含む多数の業務規制を受ける構造となっている。

② 　託送供給の仕組みは、電気事業法と同様、第三者が利用者に役務を提供する上で導管を利用する場合の仕組みである。ガス事業法では、託送供給は、およそガス事業者すべてに係る作用概念として定義されているが(2条12項)、その託送供給を行う事業者は一般ガス事業者である(22条)。一般ガス事業者は、託送供給約款の届出義務がある一方、経済産業大臣による承認を受けた一般ガス事業者（承認一般ガス事業者）は、契約の実態に応じて当該約款を定める義務を負わない[14]（22条1項）。したがって、後者の承認は、競争を念頭に置いた託送供給制

---

[13] ガス事業法施行規則4条の2第1項では、「ガス事業者がガスを供給する事業を営む他の者から現に受け入れた1時間当たりのガスの量に対する当該ガスの量から当該ガス事業者が当該他の者に対して現に供給した一時間当たりのガスの量を差し引いた量の割合が10パーセントとする」と規定する。ただし、同条2項では、大口供給および低圧によるガス供給について、この要件が「当該他の者と供給を約した一時間当たりのガスの量」とし、緩和されている。

[14] ガス解説79頁は、「託送供給に係る需要が想定されない又は著しく少ないことが客観的に明らかな場合や、託送供給料金の算定に係る原価の変動が著しく大きい場合等も想定される。このような場合においては、託送供給約款により画一的な供給条件を設定し、当該約款による契約を行うことが競争条件の公平性の観点からは必要とは必ずしも言えない」とする。

度とは異なる（承認の意味は☞第1部第2章 III **2 (3)**）。

③　ガス導管事業は、業務規制（役務提供義務等）を受けないが、大口供給を行うことができるほか（37条の7の3）、ネットワークを保有する点に着目し、競争促進的業務規制（託送供給義務等）が課されている（37条の8による22条の準用）。

公営企業と
ガス改革
　ガス導管を事業の主要構成要素とする事業者にあっては、将来的には、電気事業法の平成26年改正と並び、役務提供の相手方たる利用者への提供義務を廃止すると同時に、料金規制なども廃止し、完全自由化されることが考えられる。しかし、この結果として、料金規制を受けない民間企業と、地方自治法および地方公営企業法といった別立法（☞第2部第2章 III **3 (2)**）に基づく料金規制を受ける公営企業に分かれるのではないか、といったガス産業特有の問題がある。

第3章
交通産業

I 意義

1 ◆ 交通産業とは

交通の意味 貨物または旅客の移動に係る産業では、「運送」という語が一般的に用いられ、それは民事法の一分野である商行為法において観念されてきた（コラム▶**商行為法における「運送営業」概念**）。これに対し、国土交通省の前身である運輸省、さらに、現存する**運輸審議会**（国土交通省設置法6条1項）に「運輸」の語が含まれるが、これは、運送規制の担い手たる行政組織の名称である。[1)]

他方、交通という語は、道路交通法のように**経済的流通を除外している場合**があるが、[2)]交通政策基本法は、「運送」事業と並び、経済的流通にとって必須となる道路等の社会基盤施設を含んだより包括的な形で認識されていること、現在の管轄省は国土交通省であり政策全体を司る審議会として交通政策審議会（国土交通省設置法6条1項）が運輸審議会と併設されていることなど、運輸よりも広義にとらえることができる概念である。これを踏まえて、産業特性を的確にとらえる上でも、交通産業と称する。

交通産業の中身 この産業は、交通機関の空間移動に即して、**陸上交通（自動車・鉄道）、航空交通、海上交通の三要素**に分類されることがあるが、[3)]この分類は、交通産業の法体系を整理する上でも便宜である。ただし、陸上交通の中でも、自動車と鉄道とでは事業規制等の存在形式が大きく異なること、規制緩和の推進度合においても、自動車の場合は安全性の観点から規制強化の方向に立法が推移していることなどから、各

---

1) 例えば、運輸審議会（国土交通省設置法15条以下）、国土交通省の地方支分部局の一つとしての地方運輸局（同法30条）等もこれに当たろう。もっとも、これらは運輸省時代に設置された機関の名残である。
2) 園部＝植村・交通通信法1頁。
3) 園部＝植村・交通通信法5頁は、陸上交通法、水上交通法、航空交通法を挙げる。

I 意義　239

要素に含まれる移動手段に係る諸規制を、それなりに独立して把握することを要する。

なお、日本標準産業分類によれば、大分類として「運輸業、郵便業」とするため、郵便業を交通産業に含むことが考えられる。しかし、この分類は、既に本部第1章Iに取り上げたように、総務省の統計のための便宜的な意味合いがあること、わが国の現実の制度としては、郵便業は、運輸業とは本質的に異にする法体系を形成していたこと、信書の送達に見られるような情報伝達（通信）の性格に照らして公的規制が形成されてきたことを踏まえ、本書では郵便を通信産業に位置付ける。

COLUMN

▶商行為法における「運送営業」概念

　商法は、商行為（営業的商行為）の一つとして「運送に関する行為」を掲げるが（502条4号）、「運送」の定義規定は置いていない。しかし、「運送営業」（第8章）の中で、運送人を「陸上又ハ湖川、港湾ニ於テ物品又ハ旅客ノ運送ヲ為スヲ業トスル者ヲ謂フ」（569条）とした上で、物品運送と旅客運送とに分けてそれぞれ規定を置くため、「物品又ハ旅客」を客体とする事実行為を「運送」とし、それを「業として引き受けること」を「運送営業」として整理するものである。

　「運送営業」は「一種の規制産業」と位置付けられており（江頭・商取引法282頁）、その意味では、経済行政法として扱うべき産業特性のある分野といってもよい。他方、商法上、荷主や旅客とその担い手との間の運送契約に際し、荷物の受取、運送人の責任と並び、損害賠償に係る規定（580条・590条）を置くことにより、民法とは異なる債権債務関係の成立を想定する概念ということになる。この点において、本書として注目すべきは、その「業として」いること自体に係る一連の公的規制部分ということになる。

2 ◆ 主な関連法制の種別

（1）政策法制

交通政策基本法　　交通政策の基本は、交通政策基本法に基づき政府が策定する「交通政策基本計画」によって明示される（15条）。

このような政策を基本法の軸に据える法律は、ほかにエネルギー政策基本法があり（☞本部第2章Ⅰ2(1)）、ともに産業政策と深く関わり合いを持つ産業分野であることを示している。交通政策基本法では、国および地方公共団体について、①交通が果たす機能の発揮（2条）、②交通の機能確保と向上（3条）、③環境への負荷の低減（4条）、④交通手段の役割分担（5条）、⑤施策相互間の連携（6条）の五つの柱からなる「交通に関する施策についての基本理念」にのっとり、施策の総合的策定と実施責務があることとされる（8条・9条）。なお、これらの柱に含まれない交通の安全確保は、すでに交通安全対策基本法（昭45法110）があるため、同法により定めるところとされる（7条）。これらの基本理念は、エネルギー政策基本法とは異なり、柱の位置付けはいずれも対等であるため、それぞれを考慮する施策を講ずる必要がある。

交通政策基本計画 本計画は、**経済行政計画（個別分野型）** に位置付けられる（☞第1部第2章Ⅱ2(1)）。現在の交通政策基本計画は、2015（平成27）年2月13日に閣議決定されたものである。その基本姿勢として、少子高齢化・人口減少社会の到来、グローバリゼーション、巨大災害の切迫、地球環境問題等が課題として認識されている。言い換えれば、大規模な設備投資を要する交通体系の構築を目指すのではなく、国民生活に資する交通ネットワークの構築や、国際間・地域間の物流ネットワークの構築といったように、既存の施設を生かしその効率的利用を目指すことが念頭に置かれている。

(2) 施設整備・管理主体法制

交通ネットワークには、施設整備や管理に関わる関連法制として、全国新幹線鉄道整備法（昭45法71）は、新幹線鉄道路の建設に係る一連の過程（経済行政過程）を規律する法律である（本法に関する行政事件として、最二小判昭和53・12・8民集32巻9号1617頁〔成田新幹線訴訟〕［行政百選Ⅰ2］☞第1部第2章Ⅵ2(2)）。これと並ぶ道路に関する法律として、高速自動車国道法（昭32法79）がある。施設管理については、港湾法（昭25法218）、道路法（昭27法180）、空港法（昭31法80）を挙げることができる。

なお、会社法を設立根拠としない特殊会社に関する法律として、旅客鉄

道株式会社及び日本貨物鉄道株式会社に関する法律、東京地下鉄株式会社法（平14法188）、成田国際空港株式会社法（平15法124）、関西国際空港及び大阪国際空港の一体的かつ効率的な設置及び管理に関する法律（平23法54）がある。他方、中部国際空港の設置及び管理に関する法律（平10法36）4条では、国土交通大臣が指定する株式会社が空港の設置管理を行うものとしており、同法は施設管理に関する法律として、空港法4条4項が調整規定を置いている。

（3）事業規制・業務規制法制

貨物および旅客の運送手段につき、それを公的規制の対象となる「業（事業）」を形成する場合を中心に見れば、次のように分かれる。

① **旅客主体法制**　これを主に構成するのは、鉄道事業法、軌道法、道運法、海上運送法、航空法である。

② **貨物主体法制**　これを主に構成するのは、港湾運送事業法、内航海運業法、貨物利用運送事業法（平元法82）、貨物自動車運送事業法（平元法83）である。

なお、鉄道にあっては、事業（営業）内容そのものにつき、鉄道営業法（明33法65）とそれに基づく鉄道運輸規程（昭17鉄道省令3）がある。

（4）産業保護・育成法制

交通産業は、巨大な社会基盤施設の建設に備えて、産業保護・育成法制における産業助成手段（定義については☞第3部第2章I）が立法によって講ぜられる場合がある。例えば、補助金交付のような狭義の産業助成として離島航路整備法（昭27法226）、本州四国連絡橋の建設に伴う一般旅客定期航路事業等に関する特別措置法（昭56法72）（海上運送法との関係について☞本章III 4 **(2)**）、融資といった広義の産業助成を定める外航船舶建造融資利子補給臨時措置法（昭28法1）がある。狭義・広義それぞれの産業助成を含む場合として鉄道軌道整備法（昭28法169）（8条・20条等）がある。

II 交通産業の特性

1 ◆ 利便性と生活必需性

　交通産業は、「利用者の利便性の向上」を法目的として掲げられることが多い（例、鉄道事業法1条、航空法1条、道運法1条）。そして、およそ運送に関わる利用者にとっての利便性といった観点からの、役務提供に係る質的向上が目指されていることは、容易に想像できる。その基礎には、移動手段を必須とする利用者にとって、**利便性は自ずと生活必需性に直結すること**がある。

　以上のほか、利便性は、役務の提供を受ける者の認識に応じて多義的である。極論を言えば、利用者が支払うべき対価として運賃等が低額であるべきことを主張する場合、この利便性に何らかの権利性を持たせることも考えられる。しかし、利便性を権利性まで先鋭化させる主張は、具体性に欠け、現時点ではやはり限界があろう。なお、学説上主張される**交通権**も、「利便性の向上」と整合的ではあるが、法解釈に影響を及ぼす可能性を指摘する学説はあるものの、依然定説とはなっていない（コラム▶交通権の問題）。[4]

COLUMN

▶**交通権の問題**

　交通権は、「交通の利用者が自由な移動を確保できるための権利」として提唱されたものである。この場合、利用者として不便を強いられる場合において、権利侵害として構成されることが考えられ、例えば、離島や山間部の過疎地域の居住者に対する交通手段の確保を狙いとした補助金支出、その他、身障者に対するバリアフリー化といったように、交通にかかわる利便性を確保することを狙いとした法的権利という意味合いを持つといえる。

　交通権については、欧米において、実定法規を通じて確立した権利ととらえられてきた傾向がある一方、わが国では、学説上、人権の存在形式として

---

4) 交通権の権利性について、原告適格論（☞第1部第2章 VI 2 **(2)**）と関連付けて論ずるものがある。岡崎勝彦「権利論と原告適格──鉄道利用者の原告適格について（再論）」紙野健二ほか編『行政法の原理と展開　室井力先生追悼論文集』（法律文化社、2012年）229頁以下参照。

認識される傾向があったといえる。解釈上、交通権が主張された唯一と思われる裁判例（和歌山地判平成3・2・27判時1388号107頁〔国鉄和歌山線格差運賃返還請求事件〕）は、地方鉄道化されたことに伴う格差運賃の返還を求めた事件であった。これに対して、最一小判平成元・4・13判時1313号121頁〔近鉄特急事件〕や**判例 Pick UP I-2-⑫**東京地判平成25・3・26判時2209号79頁〔北総線運賃認可取消等訴訟〕などでは、交通権といった権利を前提とすることなく、利用者が行政庁による鉄道運賃の認可につき直接取消しを求める訴訟手段を認めることによって、利用者保護をはかっている。このため、交通権の意義は、訴訟上の権利というよりは、利用者の利便性向上のための権利という位置付けが正当ということになろう。

2 ◆ 安全性

交通産業は、移動手段において安全性を念頭に置くことが求められる。この場合、貨物にあっては、それが確実に特定場所に運送されることが目指されるという意味において、この安全性は、運送人の責任として民事責任の範疇にある。これに対し、交通産業の特性としての安全性とは、旅客の運送を主として、外的な障害を含む人的事故等の起因事象を極力排除する方向での規制の効果を、その存在意義として説明することになる。

もっとも、交通産業の安全性は、規制の有無にとらわれず、当然に認められる特性であって、ことさら安全の必要性を論ずる必要はないとも考えられるが（事業規制における安全性・利便性等確保機能への疑問については☞第2部第2章I2(1)）、実定法上、輸送の安全性向上を努力義務と定める場合（軌道法26条、航空法103条、鉄道事業法18条の2）、運転者の過労運転の防止を狙いとした場合（貨物利用運送事業法32条、貨物自動車運送事業法17条）の形で現われている。

III 主な関連諸法制

1 ◆ 自動車

（1）総説

自動車とは、道路運送車両法2条2項が「原動機により陸上を移動させ

ることを目的として製作した用具で軌条若しくは架線を用いないもの又はこれにより牽引して陸上を移動させることを目的として製作した用具」と定義するが、それ以外も、同法の一部または全部の定義を準用する形がとられることが多い（例、道運法2条6項、自動車損害賠償保障法〔昭30法97〕2条1項、自動車重量税法〔昭46法89〕2条1項1号、貨物自動車運送事業法2条5項、自動車から排出される窒素酸化物及び粒子状物質の特定地域における総量の削減等に関する特別措置法〔平4法70〕2条1項等）。

ここでは、自動車を自律的に貨物・旅客を陸上運送できる機械と解し、それが果たす利便性に着目することとする。

(2) 道運法

主要事業規制 本法は、**表4-3**に掲げる事業のうち、一般旅客自動車運送事業は国土交通大臣による許可（5条・43条）、自動車運送事業は同大臣による免許（47条）のそれぞれ対象とされている（貨物自動車運送事業は**(3)**において詳述）。

表4-3 道運法における事業の種別と内容　　　　　（太字は主概念）

種別			内容
旅客自動車運送事業			他人の需要に応じ、自動車を使用して有償で旅客を運送する事業（2条3項）
一般旅客自動車運送事業	一般乗合旅客自動車運送事業（乗合）		路線バスなど、乗合旅客を乗用自動車により運送する事業（3条1号イ）
	一般貸切旅客自動車運送事業（貸切）		観光バスなど、一個の契約により一定の乗車定員以上の自動車を貸し切って旅客を運送する事業（3条1号ロ）。
	一般乗用旅客自動車運送事業（乗用）		タクシーのように、一個の契約により一定の乗車定員未満の自動車を貸し切って旅客を運送する事業（3条1号ハ）。
特定旅客自動車運送事業			特定の者の需要に応じ、一定の範囲の旅客を運送する事業（3条2号）
貨物自動車運送事業			他人の需要に応じ、有償で一定の自動車を使用して貨物を運送する事業（46条）
自動車道事業			専ら自動車の交通の用に供することを目的として設けられた道であり、道路法による道路以外のものについてそれを他人の需要において有償で貸し出す事業（2条8号）。

以下、道運法が扱う事業とそれらに対する事業規制を整序しておく。
① 道運法は、三種の自動車に関わる運送手段に着目しているが、その手段は、旅客・貨物の運送（旅客自動車運送事業、貨物自動車運送事業）とそうではないもの（自動車道事業）に分かれる。このうち、貨物自動車運送事業は、貨物自動車運送事業法の定めにもっぱら委ねられる。
② 旅客自動車運送事業は、需要の種別に応じ、「他人の需要」として需要内容を問わないものに一般旅客自動車運送事業、需要内容を事前に特定されるものに特定旅客自動車運送事業として区分する（道運法4条1項・43条1項）。
③ 一般旅客自動車運送事業は、**乗合**（例、路線バス・定期観光バス）、**貸切**（例、旅行会社によるツアーなどを目的とした不定期観光バス）、**乗用**（例、タクシー、ハイヤー）の大きく三つに区分する。特定旅客自動車運送事業は、介護タクシーや送迎バスなど、特定の者の需要を前提とした事業である。
④ 料金規制について、乗合および乗用は、**適正原価（＋適正利潤）型**による認可制が採られるが（9条1・2項、9条の3第1・2項）、貸切は届出制が採られ、料金決定原則はない（9条の2）。
⑤ 道運法は、貨物との区分を明確に意識しており、「貨物自動車運送事業に関しては、貨物自動車運送事業法の定めるところによる」と規定していること（46条）、貨物自動車運送事業者による有償旅客運送の禁止（83条）などの規定が置かれる。
⑥ 自家用自動車を有償で運送（自家用有償旅客運送）の用に供することが認められる場合があるが（道運法78条）、これは事業でない。市町村やNPO（特定非営利活動法人）が一の市町村の区域内における住民の運送等に係る旅客運送を行う場合、国土交通大臣に対する登録を要する（道運法78条2号・79条）。
⑦ 旅客自動車運送事業の共通した許可要件として、事業計画の安全性確保、適切に遂行できる事業計画、事業の適格遂行能力（6条1-3号）が掲げられている。これは、参入規制としての**調整排除型（計画調整方式）**を採用したものと解することは不可能でないが（☞第2部第2章Ⅱ

2 (2))、競争抑制的な機能を担わせることには疑義がある。なお、一般乗用旅客自動車運送事業は、次に見る特定地域等特措法に基づき、特定された地域の中で供給過剰を抑制する方式が採られている。

⑧　輸送施設の使用停止命令が規定されている（40条1号）。これを利用して、行政庁（国土交通大臣から委任を受けた地方運輸局長）が**減車勧奨・増車抑制**を行うことになれば、**事実上の需給調整措置**となる。このことと関連して、増車抑制に係る通達に伴う地方運輸局長の公示に収支計画要件が定められていたことが「需給調整規制としての性格を有するもの」として道運法等の趣旨に反し違法と判示された裁判例（東京地判平成25・6・27 LEX/DB25501395。控訴審である東京高判平成26・1・21判時2220号3頁では消極）がある。このほかにも、当該命令の相手方が、特別監視地域内において減車を行っていないなどを理由に不利益処分の加重を受けたことの是非が争点とされた裁判例（**判例 Pick UP Ⅳ-2-①**大阪地判平成24・2・3判時2160号3頁〔ワンコイン八尾事件〕）では、当該処分は競争促進を目的とした道運法の趣旨・目的に反すると解して違法と判断された。[5]

判例 PICK UP Ⅳ-2-①

●**大阪地判平成24・2・3判時2160号3頁〔ワンコイン八尾事件〕**

事実の概要　　一般乗用旅客自動車運送事業を営む X_1 および X_2（原告ら）は、近畿運輸局長から、それぞれ道運法40条に基づき、輸送施設使用停止処分（以下、「本件各処分」という）を受けたが、本件各処分の処分日車数（タクシー車両の使用停止に係る単位である）の算定にあたり、Xらの本社所在地がそれぞれ特定特別監視地域に指定された後に、X_1 については基準車両数の減車を行っていなかったこと、X_2 については基準車両数を増加していたことを理由に、当該局長は、それぞれ1.5倍ないし3倍の加重をした（以下、「本件加重」という）。このため、X_1 および X_2 は本件各処分の取消しなどを求めたのが、本件である。

本件処分の根拠として、同局長が定めた基準公示（☞第1部第2章Ⅲ**1(2)**）の一つとして「一般乗用旅客自動車運送事業者に対する行政処分等の基準について」（以下、「処分基準公示」という）と題するものが公表されていた。そこでは、

5）タクシー事業の規制構造に関わる裁判例を取り扱ったものとして、友岡史仁「タクシー事業の規制構造と行政裁量」日本法学80巻2号（2014年）。

個別の違反ごとにそれぞれ相当とする行政処分等についての原則的な基準が定められる一方、違反行為が行われた営業所の地域によって処分内容が加重されるものとし、特別監視地域および緊急調整地域に指定された地域内の営業所における一定の違反につき、処分日車数を別表の通り取り扱うものと規定し、その別表において、特別監視地域（特定特別監視地域を含む）の場合の処分日数数の加重の倍数等につき定められていた。

判旨（請求認容）　本件加重の是非に係る部分についてのみ、取り上げる。

平成12年の道運法改正は「事業者間の競争を促進し、事業の効率化、活性化を図るべく、事前規制である需給調整規制を廃止したのであるから、事実上の需給調整である減車勧奨及び増車抑制を目的とする本件加重が」平成12年改正後の道運法の趣旨、目的に合致しないものであることは明らかである」。そして、「特別監視地域等における減車勧奨及び増車抑制という本件加重の目的は」道運法の目的を図る同法40条の趣旨、目的からもかけ離れているといわざるを得ない。さらに、「同法に基づく規制、命令等の実効性を確保するという観点から見ても、……減車すべき義務を一切負わないことはもちろん、増車することについても事前の届出が要求されているにすぎない……のであって、当該事業者が基準車両数を一定程度減少させず、又はこれを増加させたという行為は、道路運送法上適法なものであって、規制の対象となるものではない」。

「したがって、本件加重を適用してされた本件各処分は、同条の趣旨、目的から逸脱した減車勧奨及び増車抑制という目的に基づき、基準車両数を一定程度減少させず、又はこれを増加させたという考慮すべきでない事情を考慮して加重された不合理なものというべきであるから、……いずれも国土交通大臣等に付与された裁量権の範囲を逸脱し又は濫用したものであって、違法である」。

特定地域等特措法との関係　特定地域等特措法は、**道運法の特例**として制定されている。具体的には、次の地域についてそれぞれ国土交通大臣が指定した場合、当該地域では参入規制として**調整排除型（計画調整方式）**が採られる。

① **特定地域**　供給過剰と認める場合であって供給輸送力を削減しなければ事業の健全な経営を維持することなどが困難である場合に指定される地域である（3条1項）。関係自治体の長、事業者、運転者の組織団体および住民を構成員とする協議会が定めた「特定地域計画」に沿って事業者計画を事業者が作成し、国土交通大臣から**認可**を受ける

ものとする (8条1項・8条の2第1項)。事業者計画には、「供給輸送力の削減」に関する具体的内容を記すものとしており (8条の2第2項)、協議会構成員たる事業者が**削減義務を負う** (8条の3第1項)。さらに、営業区域が本地域の全部または一部に含まれる場合、許可申請は認められず (14条の2)、増車申請も認められない (14条の3)。

② **準特定地域**　供給過剰となるおそれがあると認められる場合であって、当該地域の需要に的確に対応しなければ事業の健全な経営を維持することなどが困難である場合に指定される地域である (3条の2第1項)。特定地域と同様に、協議会が設立され、そこで定められた「準特定地域計画」を受けて「活性化事業計画」を事業者が定め、国土交通大臣から**認定**を受ける (11条)。しかし、特定地域とは異なり、削減義務等はない。

(3) 貨物自動車運送事業法

概要　道運法が本法との関係を一般的に規定しており (46条)[6]、**特別法**として位置付けられる。貨物運送を対象とする意味では、生活必需性との関係性は高いと言えるかは疑問であるものの、道運法との一体的な運用が期待されてきたという意味において、本書の重要な関心対象となる。

なお、本法以外にも、貨物利用運送事業法は、船舶運航、鉄道運送、航空運送、貨物自動車運送のそれぞれの事業者が、他人の需要に応じて行う貨物運送に関する事業横断的な、貨物に関わる運送法である。

主要事業規制　貨物自動車運送事業法は、大きく分けて次の**表4-4**にある三つの自動車運送事業を想定する (2条1項)。以下、同法が扱う事業規制を整序しておく。

① いずれの貨物自動車運送事業も、参入規制の対象となる。一般貨物自動車および特定貨物自動車については許可制 (3条・35条1項)、貨物軽自動車については届出制 (36条1項) とされる。本法の構造として、特定貨物および貨物軽ともに、一般貨物に係る一連の規制が準用される建前がとられている (35条6項・36条2項)。

---

[6] 「貨物自動車運送事業に関しては、貨物自動車運送事業法の定めるところによる。」

表 4-4　貨物自動車運送事業法における自動車運送事業の種別と内容

種別	内容
一般貨物自動車運送事業	他人の需要に応じ、三輪以上の軽自動車・二輪自動車を除いた自動車を使用して有償で、貨物を運送する事業（2条2項）
特定貨物自動車運送事業	特定の者の需要に応じ、自動車を使用して有償で貨物を運送する事業（2条3項）
貨物軽自動車運送事業	他人の需要に応じ、自動車のうち三輪以上の軽自動車および二輪の自動車を使用して有償で貨物を運送する事業（2条4項）

② 　貨物自動車運送事業法は、一般貨物自動車運送事業に係る緊急調整地域を国土交通大臣が指定し、許可する場合も当該地域を発地または着地としない貨物運送に限定し、国土交通省令で定める事業計画の変更はできないものとしている（7条1・4・6項）。これによって、**需給調整に係る地域指定を可能にしたが**、特定貨物自動車事業についてもあてはまる（35条5項）。地域指定は、運輸審議会への必要的諮問事項とされる（67条1項）。

③ 　一般貨物自動車運送事業に係る運賃および料金は、運送約款の中に明記するよう規定されるが（10条2項2号）、事業規制（料金規制）としての料金決定原則（☞第2部第3章Ⅲ**4**）が具体的に規定されているわけではない。[7] 緊急調整地域では、国土交通大臣が標準運賃・標準料金を定めることができるものとしているが、運輸審議会への必要的諮問事項である（63条1項・67条1項）。

業務規制について　貨物自動車運送事業法や同法施行規則は、一般貨物自動車運送事業者に対する業務規制を定める。これまでの裁判例との関係では、例えば、本法における他人への名義の利用禁止（27条）に関する事例（大阪地判平成23・2・17LEX/DB25443703）がある。このほか、かつての郵政公社（現、日本郵便株式会社）は、一般小包郵便物（ゆうパック）を提供していたことから、本法の適用を受けずに一般貨物自動車

7）10条2項は、1号「荷主の正当な利益を害するおそれがないものであること」、2号「少なくとも運賃及び料金の収受並びに一般貨物自動車運送事業者の責任に関する事項が明確に定められているものであること」と規定する。

運送事業を行うことができていたことをもって、優遇措置が採られていた。そこで、郵政公社が事業所への自動車配置数の制限を受けないこと[8]等を主張した独禁法事件があったが、判決では考慮されていない（東京高判平成 19・11・28 判時 2034 号 34 頁〔ゆうパック事件〕［経済百選 63・123］における第一審〔東京地判平成 18・1・19 判時 1921 号 9 頁］）。

2 ◆ 鉄道

（1）総説

鉄道は、それを明確に定義する規定が見当たらないため、解釈に委ねざるを得ないが、狭義には、鉄道事業法 2 条 2 項が、第一種鉄道事業を定義する上で、鉄道を「軌道法による軌道及び同法が準用される軌道に準ずべきものを除く」としており、索道との対比において鉄道の概念を規定する点に鑑み、鉄道には軌道や索道は含まれない。鉄道事業法は索道、軌道法は軌道について、それぞれ定義規定を置かないため、実定法上の決め手を欠くのが現状であり、本書では、鉄道とは軌道、索道を含む概念として広義にとらえておくことにする。[9]

（2）鉄道事業法

主要事業規制　鉄道事業法は、国土交通大臣の許可対象とする鉄道事業の種類を次の**表 4-5** 内のように分けている（3 条 1 項・32 条）。

以下、本法が扱う事業およびそれらに対する事業規制の要点を掲げておく。

① 鉄道事業法上、事業主体の形態は特に問われないことから、例えば、自治体と民間企業が合弁によって経営主体となる**第三セクター形式**がとられる場合であっても、民間企業と同様に大臣の許可を受ける。

② 第一種および第三種が保有する線路の使用条件について、国土交通大臣による認可の対象とされるものの、貨物・旅客に係る車両の利用

---

8) 本法施行規則 2 条 2 項 3 号では、事業計画の中に各営業所の貨物自動車台数の記載が求められる。

9) 鉄道とは、「線路、河川等の固定的な施設を設け、これに導かれて運行する運搬具をを用いて人又は物品を運搬する施設の総体を指す」と定義するものがある。山口真弘『新鉄道法制』（交通協力会、1987 年）8 頁。

表 4-5　鉄道事業法における鉄道事業の種別と内容

種別	内容
第一種鉄道事業	他人の需要に応じ、鉄道による旅客または貨物を自ら敷設する鉄道線路を使用して運送を行う事業（2条2項）
第二種鉄道事業	他人の需要に応じ、自ら敷設する鉄道線路以外の鉄道線路を使用して鉄道による旅客または貨物の運送を行う事業（2条3項）
第三種鉄道事業	第一種鉄道事業を経営する者に譲渡する目的をもって鉄道線路を敷設する事業、および、鉄道線路を敷設して当該鉄道線路を第二種鉄道事業を経営する者にもっぱら使用させる事業（2条4項）

関係について（第二種鉄道事業者による第一種または第三者の各鉄道事業者の保有する車両の貸借という趣旨）、特に規定を置いていない。これは、公益事業（ネットワーク産業）において、鉄道事業を**競争促進的規制とは位置付けていない**ことを示すものである。

③　鉄道事業者の運賃・料金は、上限を定めて国土交通大臣から認可を受けるものだが（16条）、この料金決定原則として**適正原価（＋適正利潤）型**（☞第2部第2章 III **4 (3)**）が採られている。しかし、大都市圏のように過密な鉄道運行を余儀なくされる場合、鉄道利用者の利便性向上のために、輸送力増強を狙いとした鉄道工事に伴い運賃・料金の負担増大につながる可能性がある。そこで、特定都市鉄道整備促進特別措置法（昭61法42）は、国土交通大臣が鉄道事業者（第一種鉄道事業者に限定）に対し運賃認可を行う上で、工事の支出に充てる資金の一部を旅客運送収入により確保できるといった**一定の配慮条項を設けて**いる[10]（5条1項）。

線路使用条件　鉄道事業法は、第一種および第三種の各鉄道事業者が保有する線路を他の事業者（第一種または第二種の各鉄道事業者）に貸出す場合に生ずる使用条件を、国土交通大臣の認可対象としている

---

[10]「国土交通大臣は、整備事業計画の期間に係る認定事業者の運賃の上限について、法第16条第1項の規定による認可を行うときは、認定事業者が整備事業計画に記載された特定都市鉄道工事の工事費の支出に充てる資金の一部を整備事業計画の期間内における鉄道事業に係る旅客運送収入により確保できるよう配慮するものとする。」

（15条）。このような使用条件は、本来、業務規制の範疇に入るが、これを認可制の対象としているのは、路線がネットワークであることに鑑みた公的規制だからである。以下、このことに関わる論点を掲げておく。

① 線路使用条件とは、線路の使用料その他の国土交通省令で定める使用条件であり（15条1項）、これを受けて、鉄道事業法施行規則は、使用料とその収受方法や管理方法などを規定する（30条1項1・3号）。この場合、同法では、使用条件が「鉄道事業の適正な運営の確保に支障を及ぼす恐れがあると認める場合を除き」認可をしなければならないとの規定を置いており（15条3項）、認可拒否は例外的と位置付ける。これは、当事者間における合意を認可という手段により補完することを前提としているからである。

② 線路使用条件が当事者間の合意に委ねられることを基本としたこのような規定は、**認可が実質的には届出に近い性格を持つもの**と解される。線路使用条件は、公益事業（ネットワーク産業）との関わり合いでは、公平な利用条件の設定が求められるため、当事者のいずれかにおいて不公平な状況に置かれた場合、その違法性が問われる。例えば、線路保有事業者である親会社が負担を極力抑えるため、子会社に対し支払うべき線路使用料が著しく安く設定される場合に「適正な運営の確保に支障を及ぼすおそれがあると認められる」か否かが論点となりうる（**判例 Pick UP I-2-⑫**東京地判平成25・3・26判時2209号79頁〔北総線運賃に係る行政訴訟〕は消極）。

索道事業について 索道とは「架空した索条により人又は物品を運送する施設の総体」とされ、その典型例として、スキー場や観光地におけるリフトやロープウェーがある[11]。鉄道事業法はこれも事業規制の対象としている。

① 索道事業を経営する者に対し、国土交通大臣による許可を（32条）、旅客の運賃および事業の休廃止等に係る届出を（36条・37条）それぞれ求めていることから、事業規制として想定される主要な内容（☞第

---

11) 鉄道逐条199頁。

2部第2章 II〜IV) が規定されている。

② 索道事業の許可基準として、工事計画が技術基準に適合すること、安全かつ的確な事業遂行の可能性 (34条各号) のみを掲げており、鉄道事業が許可基準の一つに掲げる経営上の適切性 (5条1項1号) は見られない。したがって、事業規制の機能としては、**もっぱら安全性・利便性等確保機能を求めたもの**といえる (その意味では、旅客の運賃の届出制も、この限りで許容されることになる)。

(3) 軌道法

軌道の意味 本法は、軌道を道路に敷設することを原則とする (軌道法2条) 一種の鉄道であるが、鉄道事業法上の鉄道とは概念を異[12]にするものとして整理される。本来、道路は自動車交通の用に供するものとし、それを軌道としても利用しうる意味において、両者は補完的関係にあるものと解される。

主要事業規制 軌道法は「軌道ヲ敷設シテ運輸事業ヲ経営セムトスル者」について、国土交通大臣の特許を受けるものとしている (3条)。この「特許」とは、鉄道事業法における各種事業に係る同大臣の許可と別異に解すべき所以はない。このほか、特許を受けた者 (軌道経営者) は、道路占用許可 (または承認) を受けたものとみなされるほか (4条)、国土交通大臣から指定期間内に工事施工の認可を受けた場合、道路に関する工事についても、道路管理者の許可 (または承認) を受けたものとみなされる (5条・6条)。料金規制は認可制を採るが、**特段決定原則を明示していないため** (11条)、特殊である (国土交通省令をもって定める料金は届出制となる。11条1・2項)。国土交通大臣の許可を受けた場合に限り、軌道の譲渡、事業・運転管理の委託・受託・休止・廃止が可能とされるが (16・22条ノ2)、軌道や工作物の使用廃止については退出規制となる。

道路敷地との関連性 軌道経営者は、軌道に関する工作物の使用を廃止する場合、道路の原状回復義務が定められており (軌道法24条1項)、都道府県知事が必要あると認めるときは、道路管理者に工

---

12) 園部＝植村・交通通信法48頁。

事の指示を行うことができるとするが、これも、当該経営者の負担において行うものとしている（同条2項）。他方、軌道経営者が新設した軌道敷地につき、道路管理者が道路の新設または改築のため必要があると認める場合、当該軌道敷地を無償で道路敷地とすることができる（9条）。これは、軌道経営者が自己の負担により新設した軌道敷地を無償にて道路敷地に転換することを認める規定である点では、本来的には市有地の公有地化という意味での「公用収用」とみなすことができる（☞第1部第2章 VI 4 (2)）。そうなれば、軌道法に補償規定が置かれない限り、軌道経営者は道路管理者に対し、憲法29条3項を直接根拠とした補償請求を可能にすると解すべきことになる。おそらく、このような無償規定は、軌道を本来的用途としての道路敷地に戻すという点、公用特権が付与されている軌道経営者には土地利用の面において制約が課されている点をもって正当化理由とする余地はある。[13] しかし、そうはいっても、一律無償とする規定は、やはり現代社会における財産権保障の観点から、**違憲の疑いが強い規定**と思われる。

3 ◆ 航空機

(1) 総説

航空とは、空中において地点間を移動し貨物・旅客を運送する場合を指すが、その際には何らかの人為的に製造された機械を用いることになり、この機械が**航空機**と称されるものである。ここで想定される地点は地上のそれを指し、その概念にそぐわないロケット・ミサイルは含まない。なお、航空機とは別に、飛行機という一般用語が存在するが、貨物・旅客の運送概念が含まれるものとして法令上扱われる場合は、航空機が用いられる。

航空法2条1項は、航空機を「人が乗って航空の用に供することができる飛行機、回転翼航空機、滑空機及び飛行船その他政令で定める航空の用に供することができる機器」と定義しており、同様の規定は、航空機製造事業法（昭27法237）2条や航空機抵当法（昭28法66）2条にも見られるため、[14] 法令上は、航空機に飛行機が含まれるということになる。また、航空機製

---

13) 園部＝植村・交通通信法50頁。
14) 園部＝植村・交通通信法139頁では、前者は航空法上の定義よりも広義とされる。

造事業法や航空機抵当法は、機体それ自体、その他、操縦に係る一連の安全確保や取引対象となることを念頭に一定の規制に服させようとする趣旨であるのに対して、航空法の場合、利用者の生命・健康の直接的安全の観点から、民間航空機が対象になるといってよい。

以上にあって、航空機の国籍や使用者が問題となる場合が考えられるが(例、外国籍の航空機が本邦上空を航行する場合、政府専用機のように自衛隊が保有し要人移動の用に供せられる場合)、これらについては触れない[15]。

(2) 航空法

総称としての航空法　総称として航空法を用いる場合、それは「航空機による運送営業を中心として、これに関連して生ずる事項を規律する私法」と定義されることがある[16]。しかし、この定義における航空法は、経済行政法が主な対象とする公的規制に関わる分野を扱うものとは異なるため、本書が取り上げる航空法は、もっぱら実定法をその考察対象とし、航空に関する一切の法律を総称する用語としての航空法ではない。

主要事業規制　航空法は、国土交通大臣による許可の対象となる航空機による事業を次の**表4-6**のように分けている(100条1項・123条)。なお、航空運送事業の許可を受けた者を「本邦航空運送事業者」と称するとしている(102条1項)。

以下、航空法が扱う事業規制につき、次の二点を敷衍しておく。

① 航空運送事業のうち国際航空運送事業は、国内定期航空運送事業に比べて、国交省令において定めた規定内容を記した事業計画書の提出が求められる点で、書面上の加重が行われている(100条3項)。

② 本邦航空運送事業者による運賃または料金は、国土交通大臣に対し**届出制**が採られる。これに対して、国際航空運送事業を経営しようとする本邦航空運送事業者については、**認可制**が採られる(105条1・3

---

15) 自衛隊法(昭29法165)84条(領空侵犯に対する措置に関する規定)が航空法を準用することがあるように、概念自体に特段変更を加えているわけではない。これを前提に、自衛隊法107条は航空法の一部適用除外規定を置く。

16) 例えば、伊沢孝平『航空法』(有斐閣、1964年)22頁。

表 4-6 航空法における事業の種別と内容 (太字は主概念)

事業種別	機能
航空運送事業	他人の需要に応じ、航空機を使用して有償で旅客または貨物を運送する事業（2条18項）
国際航空運送事業	本邦内の各地間に路線を定めて一定の日時により航行する航空機により行う航空運送事業（2条19項）
国内定期便航空運送事業	本邦内外のそれぞれの地点間または本邦外の各地間において行う航空運送事業（2条20項）
航空機使用事業	他人の需要に応じ、航空機を使用して有償で旅客または貨物の運送以外の行為の請負を行う事業（2条21項）

項)。運賃または料金が不当差別や不当競争などに該当する場合は、変更命令が課される場合があり、国際航空運送事業では国際約束の内容に適合する場合が要件に加重される（105条1・4項）。ここでは、料金決定原則が明示されていない。

航空機の安全管理 航空法は、本邦航空運送事業者に対し、「運行管理施設」（当該許可に係る事業の用に供する航空機の運航管理の施設、航空機の整備の施設などであって、航空機の運航の安全の確保のために必要な施設とされるもの）について、国土交通大臣による検査に合格しなければならず（102条1項）、同大臣に対し、安全管理規程を策定し届け出ること（103条の2）、航空機の運航および整備に関する事項について運航規程および整備規程を定め同大臣により認可を受けること（104条）とされている。

運航計画規制 本邦航空運送事業者は、国内定期航空運送事業について、国土交通大臣に対する「運行計画」の届出が求められ、この計画の内容に、路線ごとの使用空港等、運航回数、発着日時などを含むことが求められている（107条の2第1項）。これは、技術上の観点からの調整であるが、**計画の策定を通じた一種の需給調整に近い作用**が働くことは否定できない。同様のことは、道路運送事業においても見られる。

空港施設（混雑空港） 空港の設置・管理、整備、運営に係る諸規制は、空港法に委ねられている（コラム▶空港法の概要）。

COLUMN

▶空港法の概要

　空港法は、平成20年法律第75号（空港整備法及び航空法の一部を改正する法律）によって、現行法の名称へと改正されたものである。主に施設に着目した交通産業特性を持つ法律の一つであり、何らかの役務を利用者に直接提供することを目的とするものではない。しかし、航空機に係る役務提供において不可欠となる施設であることに変わりないため、**航空法と一体的な性格を持つ重要な法律**である。なお、航空法第5章において、空港に関する安全規制が規定されており、これは、空港法と並行的に適用されるものである（56条の5）。

　空港法は、「公共の用に供する飛行場」を対象とし、特に、拠点となる五空港（成田、羽田、中部、関西、伊丹）等について、国土交通大臣が設置管理し（4条1項）、費用負担に関する具体的規定を置く。これに対し、拠点空港を含む国内空港は、航空機に係る空港供用規程が国土交通大臣の届出対象事項とされ（12条）、それと並び、航空機の滑走路等の使用に係る着陸料等（13条）につき、国土交通大臣に対する届出対象として変更命令を課す場合がある。

　なお、この着陸料等とは別に、航空法129条に係る「特別着陸料」の徴収が問題とされた事件として、東京高判昭和57・10・28訟月29巻4号727頁、東京地判昭和54・5・28判時953号7頁がある。

　空港施設に対する航空法による諸規制は、以下のように要約できる。
① 航空法は、国土交通大臣の指定する混雑空港（現在、同法施行規則219条の2において成田、関西、羽田、大阪（伊丹）の四空港）について特別な規定を置いている。ここに「混雑空港」とは、「当該空港の使用状況に照らして、航空機の運航の安全を確保するため、当該空港における一日又は一定時間当たりの離陸又は着陸の回数を制限する必要があるものとして国土交通省令で指定する空港をいう」（107条の3第1項）とされる。
② 本邦航空運送事業者が国内定期航空運送事業を営む上で混雑空港を使用する場合、別途許可を要する旨を定めている（107条の3第1項）。その場合の基準に、運行計画の安全性（同条3項1号）とあわせ、利用

者の利便に適合した空港の「適正かつ合理的」な使用（同項 2 号）を掲げている。後者にあっては「競争の促進、多様な輸送網の形成等を通じ」るといったように、離着陸の制限をかけることで需給調整を図りつつ**利用者の利便性に応じた競争促進をねらいとする参入規制（調整排除型）として機能する**。なお、許可期間は 5 年である（107 条の 3 第 5 項、航空法施行規則〔昭 27 運輸省令 56〕219 条の 2）。

③　混雑空港の利用枠が物理的に制限されるなか、航空運送事業は競争的性格を帯びているため、その効率的配分が要請される。基準の適合性に係る在り方につき国土交通大臣の諮問機関である交通政策審議会によって審議検討され、一定の政策的な合意形成が求められる（コラム▶混雑空港規制と利用枠の配分問題）。なお、競業者に対する羽田空港の利用枠優先的扱いに係る許可処分の取消訴訟があった（**判例 Pick UP I-2-⑩**東京地判平成 18・3・28 判タ 1239 号 157 頁〔混雑飛行場運航許可取消訴訟〕）。

COLUMN

▶**混雑空港規制と利用枠の配分問題**

　空港の利用枠の配分には、多様な方法の存在と課題があると紹介されることがある（藤井弥太郎監修・中条潮＝太田和博編『自由化時代の交通政策――現代交通政策Ⅱ』〔東京大学出版会、2001 年〕188 頁以下〔中条潮〕）。運輸政策審議会航空部会「国内航空分野における需給調整規制廃止に向けて必要となる環境整備方策等の在り方について」（1998 年 4 月 9 日）によれば、評価方式（効率性基準等の基準による評価または総合評価）、競争入札制（オークション）、抽選制・均等割があるとされたが、運輸政策審議会（当時）は、いずれの制度にもメリット・デメリットがあることを指摘していた。

　現行航空法は、条文の規定は本論に見る通りだが、配分の具体的基準は、同法または同法施行規則等により必ずしも明確にされていないのが実情である。そこで、例えば、混雑空港に指定されている羽田空港における航空機の滑走路利用について、交通政策審議会航空分科会「羽田発着枠配分基準検討小委員会報告」（2012 年 11 月 28 日）は、離着陸の制限をかける基準となるいわゆる**発着枠**の配分に係る一定の評価基準を示している。しかし、そもそも発着枠という概念は、航空法・航空法施行規則によって明示的に用いられるものではないため、法運用の過程において登場した概念であるところ、その

> 配分が国土交通省による行政指導を通じたものである限り、経済行政過程の不透明化を招き問題である。なお、同分科会報告書の中では、入札制度（スロットオークション）の導入に言及していたが（別添1）、「発着枠の財産権的位置づけについて整理が必要」としていたことは、競争促進的機能を伴う発着枠に対し、立法の対応が不十分であることを認識させる。

4 ◆ 船舶

（1）総説

　船舶は、法令用語として一義的とはいえない。例えば、商法684条のように「本法ニ於テ船舶トハ商行為ヲ為ス目的ヲ以テ航海ノ用ニ供スルモノヲ謂フ」と定義することで、商行為という用途に限定して船舶の語を用いるが、一般的には、「社会通念上、船と認められるもの、すなわち、水上航行の用に供し、一定の構造を有するもの」を船舶と称している。[17]しかし、いずれの定義であっても、個別法規の範疇において解釈すればよく、あえて意味を特定する必要はない。ここでは、自動車や航空機と並び、貨物または旅客の運送に係る水上航行の用に供するための機械として認識しておく。

（2）海上運送法

　本法は、海上運送事業として、貨物・旅客両者に関わる海上運送を対象とする。事業の内訳は、**表4-7**内の通りである。このうち、公的規制との関係で問題となるのが**船舶運航事業**である。以下、当該事業に関わる規制の特徴を掲げておく。

　①　船舶運航事業は、およそ事業規制である参入・料金・退出（☞第2部第2章）をすべて兼ね備えている（3条・8条・15条）。ただし、参入規制は国土交通大臣による許可制であるが、料金規制は届出制であり、**料金決定原則は規定されていない。**

　②　参入規制に関し、平成11年法律第71号により、免許制から許可制

---

[17] 吉国ほか・法令用語482頁。船舶法、船舶安全法（昭8法11）、海上交通安全法（昭47法115）、海上衝突予防法（昭52法62）、船舶のトン数の速度に関する法律（昭55法40）等の規定を根拠に掲げる。

表 4-7　海上運送法における海上運送事業の種別と内容　（太字は主概念）

種別			内容
船舶運航事業			海上において船舶により人・物の運送をする事業（2条2項）
定期航路事業	旅客定期航路事業	一般旅客定期航路事業	旅客船（13人以上の旅客定員を有する船舶）により人を運送する特定旅客定期航路事業以外の旅客定期航路事業（2条4項・5項）
		特定旅客定期航路事業	特定の者の需要に応じ、特定の範囲の人の運送をする旅客定期航路事業（2条5項）
	貨物定期航路事業		旅客定期航路事業以外の定期航路事業（2条4項）
不定期航路事業			定期航路事業以外の船舶運航事業（2条6項）
船舶貸渡業			船舶の貸渡または運行の委託事業（2条7項）
海運仲立業			海上における船舶による物品の運送または船舶の貸渡、売買もしくは運行の委託媒介事業（2条8項）
海運代理店業			船舶運航事業または船舶貸渡業を営む者のために通常その事業に属する取引の代理事業（2条9項）

へと変更されたことに伴い、既存事業者による新規参入者との間での競合関係が成立したため、**離島航路などのいわゆる不採算航路についての保護が問題となることがある**。もっとも、海上運送法は具体的にこのことを保護する規定を置かないが、一般旅客定期航路事業の許可に際し、審査基準の中で配慮する規定が置かれる場合がある。このこととの絡みから、競合他社に対する船舶運航計画変更認可処分、および、不当廉売行為に対する規制権限不行使のそれぞれの違法性が争点となった**判例 Pick UP I-2-⑨**東京地判平成 22・5・26 判タ 1364 号 134 頁がある（義務の賦課について☞第1部第2章 IV **2 (2)**、国賠法上の論点として☞第1部第2章 VI **3 (1)**)）。

(3) 港湾運送事業法

本法は、港湾においてもっぱら船舶により運送された貨物に関わる事業を対象とするものである。港湾とは、政令により指定された港湾であり（港湾運送事業法施行令別表第1、水域は港則法〔昭23法174号〕に基づく港の区域を指す）、そこでの他人の需要に応じて行う行為を、規制の対象としている。事業の内訳は、表内の通りであり、全ての事業は国土交通大臣による許可

表 4-8 港湾運送事業法における港湾運送事業の種別と内容・根拠条数

種別	内容	根拠条数
一般港湾運送事業	荷主または船舶運航事業者の委託を受け、船舶により運送された貨物の港湾における船舶からの受取もしくは荷主への引渡	2条1項1号・3条1号
	船舶により運送されるべき貨物の港湾における船舶への引渡し	同上
	荷主からの受取に合わせてこれらの行為に先行しまたは後続する事業(港湾荷役、はしけ運送、いかだ運送)を一貫して行う事業	同上
港湾荷役事業	港湾における船舶への貨物の積込み、船舶からの貨物の取卸しを行う事業	2条1項2号・3条2号
	船舶・はしけにより運送された貨物の上屋その他の荷さばき場への搬入	同上
	船舶・はしけにより運送されるべき貨物の荷さばき場からの搬出	同上
	貨物の荷さばき場における荷さばき・保管	同上
	貨物の船舶・はしけからの取卸し、船舶・はしけへの積込みを行う事業	2条1項4号・3条2号
はしけ運送事業	港湾における貨物の船舶・はしけによる運送	2条1項3号・3条3号
	国土交通省令で定める指定区間における貨物のはしけによる運送	同上
	港湾もしくは指定区間における引渡しによるはしけ・いかだのえい航を行う事業	同上
いかだ運送事業	港湾もしくは指定区間における、いかだに組んでする木材の運送	2条1項5号・3条4号
	港湾においてするいかだに組んで運送され、または、船舶もしくははしけにより運送された木材の水面貯木場への搬入	同上
	いかだに組んで、または、運送されるべき木材の水面貯木場からの搬出、これらの木材の水面貯木場における荷さばきもしくは保管を行う事業	同上
検数事業	船積貨物の積込、陸揚を行うに際しての貨物の箇数の計算、受渡の証明を行う事業	2条1項6号・3条5号
鑑定事業	船舶貨物の積付に関する証明、調査・鑑定を行う事業	2条1項7号・3条6号
検量事業	船積貨物の積込、陸揚げを行うに際してする貨物の容積または重量の計算または証明を行う事業	2条1項8号・3条7号

制である(4条)。料金規制については、届出制が採られており、不当差別禁止条項、不当競争禁止条項のそれぞれにより不当性の回避が担保されて

いる（9条2項1・2号）。

　なお、本法は、**表4-8**に掲げた事業について平成17年法律第45号以前は、免許制を採用し、需給調整条項（規定）を置いていた（改正前6条1項1号）。この改正以前において、一般港湾運送事業（大阪高判昭和43・2・26訟月14巻5号509頁）、いかだ運送事業（広島地判平成6・8・9判タ833号141頁、控訴審である広島高判平成9・6・12判タ966号155頁）のそれぞれに関わる行政庁による免許申請拒否処分の取消訴訟事件が見られるが、裁判所はいずれも原告の請求を棄却している。

第4章

通信産業

I 意義

1・通信産業とは

通信の定義　通信は、人間の意思または認識の伝達を意図した者による作用であるが（通信を表わす英語の communication は「何かを共通に持つ」意である）、その伝達ツール自体（出版、映像、絵画等）を通信と称することもできる。このような作用に注目した場合の通信は、その方法を表現の自由（憲法21条）の保障対象として、法的在り方が考察されるべきことになる。

　このような通信のとらえ方は広義であるのに対し、通信を、直接的ではなく間接的な（一定の機関を媒介した）伝達それ自体として、より狭義にとらえることもできる[1]。このような理解は、自然人・法人といった法主体が、伝達ツールに着目することを重視することになる。そして、通信産業は、そうした狭義の通信を念頭に置くものである。

通信産業の中身　本書では、通信産業とは、およそ意思の伝達（これを情報と称することもできる）に関わる技術であることを念頭に置き、その中身として、**電気通信、郵便**の分野を挙げることにする。もっとも、通信に郵便を含めて理解することは、日本標準産業分類が、大分類として、電気通信業および運輸業・郵便業と概念上区別する整理を行い、通信は電気通信業の中分類の一つに属するものとし、郵便局は大分類である複合サービス業に属するものとする整理とは大きく異なる。しかし、郵便も意思伝達のツールの側面があることは否定できず、この点に着目した場合、類似の規制構造の中で並列的にとらえることが便宜と考える。他方、

---

1) 園部＝植村・交通通信法203頁は、広義に「意思を通じること全般を指す」とし、狭義に「不特定多数の者の意思を伝達しうるように設けられた一定の媒介機関を利用して意思を通じることを指す」ととらえる。

電波は、電気通信のための技術の一つとして用いられるが、放送はそれを利用した意思伝達の一形態と考えられることから、本章では、電気通信の一つとして放送を取り上げる。

2 ◆ 主な関連法制の種別
（1）政策法制
　通信産業に関連する政策法制に、高度情報通信ネットワーク社会形成基本法（平12法144）がある。同法は、およそ各産業全体を包括する基本政策に関わる指針的法制である。エネルギー政策基本法や交通政策基本法とは異なり、インターネット等の高度情報通信ネットワークを使って自由かつ安全に情報を入手、共有、発信することにより、創造的かつ活力ある発展が可能となる社会の実現を目指すものとするが、その場合、通信産業の中でも、限られた範囲における利用者の利便性向上を重視し、ネットワークの担い手である事業者に対しては影響を与えるものではない。さらに同法は、政府が基本計画なり基本方針といった経済行政計画を策定することを義務付けるものでないが、内閣に設置された高度情報通信ネットワーク社会推進戦略本部（内閣総理大臣が本部長）（28条）が高度情報通信ネットワーク社会の形成に関わる重点計画を定めるものとしている（36条）。

（2）施設整備・管理主体法制
　通信ネットワークにおける施設整備や管理に関わる関連法制として、有線電気通信法（昭28法96）および電波法がある。このうち、有線電気通信法は、共同受信施設を通じた複数端子への情報送信を念頭に置くものであり、有線電気通信設備を設置する際に総務大臣への届出制を採る（3条1項）。他方、電波法は、無線局の開設にあたり同大臣による免許制が採られているが（4条）、技術基準、周波数の割当ての可能性のほか、総務省令として定める根本的基準の適合性などの複数の要件該当性が求められるように（7条1項）、純粋な技術上の基準により一律決せられるわけではない（免許については☞第1部第2章 III **2**（**3**））。

　なお、通信産業の関連法制には、交通法制のように、会社法を設立根拠としない特殊会社に関する法律として、NTT法や日本郵便株式会社法

(平17法100) がある。また、国営放送の主体として日本放送協会（NHK）の根拠が放送法第3章に置かれているが、同協会は株式会社でない[2]。

(3) 事業規制・業務規制法制

通信産業の場合、エネルギー産業や交通産業とは異なり、通信を「業（事業）」として形成する関連法制は、どちらかといえば少ない。事業規制（参入規制、料金規制等）を含むものとして、電気通信事業法や郵便法はあるが、複数事業者の申請に対する行政処分を受ける形式を想定した一律排除型や調整排除型に属する参入規制とは異なる（☞本章 III 1 (2)、同 III 2 (2)）。これに対し、他の二産業に見られる場合に類似するものとしては、放送法（☞本章 III 1 (3)）および信書便法（☞本章 III 2 (3)）が挙げられる。

(4) 産業保護・育成法制

技術に特化した開発支援・インフラ整備に係る独立行政法人情報通信研究機構（以下、「機構」という）が事業の実施主体となる最広義の産業育成（☞第3部第2章 I 1 (1)）に関する法制がある。具体的には、事前に総務大臣が認定した計画に係る特定事業の実施にあたり必要となる資金について、機構がその調達に係る社債の発行および資金借入れの保証を行うこととし、その際、政府が当該事業の実施に必要な資金融通のあっせんに努めるものとする義務が規定される（特定通信・放送開発事業実施円滑法〔平成2法35〕6条・7条、電気通信基盤充実臨時措置法〔平3法27〕6条・7条、高度テレビジョン放送施設整備促進臨時措置法〔平11法63〕6条・7条）。

このほか、身体障害者の利便の増進に資する通信・放送身体障害者利用円滑化事業の推進に関する法律（平5法54）は、通信・放送身体障害者利用円滑化事業の推進に際し、機構が助成金の交付（4条1号）のほか、政府による資金確保の努力義務規定（5条）を置いている。同じ規定を持つものとして、通信・放送融合技術の開発の促進に関する法律（平13法44）がある。

---

2) 独法・特殊法人総覧414頁の整理では、ここに掲げた三法律に基づき設立された法人はいずれも特殊法人となる（☞第1部第2章 V 3 (2)）。

II　通信産業の特性

1 ◆ 利便性と生活必需性

　通信において最も重視される価値は、利便性である。この利便性とは、利用者の便益を念頭に置いた価値基準とも表現できる。産業特性としての利便性は、利用者が必要な役務提供を常に受けられることのできる（利便性の享受を可能にするという）意味として解することができ、業務規制の一つである利用者保護的業務規制（ユニバーサル・サービス義務☞第2部第3章II 3）の要否が問題となるところ、少なくとも電気通信事業法・NTT法および郵便法・日本郵便株式会社法は、実定法上これを明らかにしている。なお、通信にはそれ自体固有の意味がある一方、利用者の変化するニーズに対応し、利用者の利便性を確保するためには、高度な技術が求められるという点では、次に見る技術性と相当な関連性がある。

2 ◆ 技術性

　利便性の向上と相まって、通信産業の技術性はその特性として大きな位置を占めることも示している。このことの一例は、産業保護・育成法制における技術の開発支援・インフラ整備に関する法制の存在のほかにも、技術の進展に応じた接続料の算定方式に現われている（電気通信事業法33条5項における長期増分費用方式☞本章III 1 **(2)**）。さらに、技術の進歩によって、音声電話などを中心としてきた通信と、映像の発信を中心としてきた放送との融合化現象は、縦割りの技術では収まらない統合的な枠組みを浮かび上がらせており（**通信と放送の融合化**）、これを意識して平成22年法律第65号により放送法が一部改正されている。

3 ◆ 秘密性

　通信は情報の送達に係る手段であることから、情報の中に個人情報が含まれる場合、その利用に際して個人のプライバシー保護が求められることも、通信産業の特性の一つである。プライバシー保護は、他人に知られたくないことを念頭に置くため、それを扱う者には秘密保護のための一連の

対応が必要となる。秘密保護の具体的根拠は、プライバシー権に着目した憲法上の精神的自由の保障、個人情報の保護に関する法律（平15法57）とならび、通信法制の中には、情報漏えいに関する違反行為に対する刑事罰が存在するものもある。

III　主な関連諸法制

1 ◆ 電気通信

（1）総説

　電気通信とは、「有線、無線その他の電磁的方式により、符号、音響又は影像を送り、伝え、又は受けることをいう」と定義され（電気通信事業法2条1号）、ここには、特定の人間や機関による役務の提供というよりは、上記に見た広義の通信に該当する概念が用いられている。さらに、この定義規定は、電波や放送を含むことになる。しかし、「業（事業）」として電気通信をとらえるうえで、電気通信事業法は、電気通信事業を「電気通信役務を他人の需要に応ずるために提供する事業（放送法（昭和25年法律第132号）第118条第1項に規定する放送局設備供給役務に係る事業を除く。）をいう」とし（電気通信事業法2条4号）、範囲を絞って放送法の規制対象となる役務提供との交通整理を図っている。

（2）電気通信事業法

設備規制　本法は、電気通信役務を「電気通信設備を用いて他人の通信を媒介し、その他電気通信設備を他人の通信の用に供することをいう」と定義する（2条3号）。これは、設備に着目した役務の提供を電気通信事業と称することから、自ら保有する設備自体に一定の事業性（事業の意味は☞第2部第1章 I 1 (1)）が伴うことを意味する。

　電気通信業法は、電気通信事業を役務との関係で区分する。内訳としては、**表4-9**内の通りである。以下、これらに関わる次の二点を敷衍しておく。

　① 本法は、電気通信事業を営もうとする場合、その者が一定規模等を超える電気通信回線設備を有する場合は総務大臣の登録を受けること

表 4-9 電気通信事業法における電気通信役務の種別と内容　(太字は主概念)

種別	内容
基礎的電気通信役務	国民生活に不可欠であるため、あまねく日本全国における提供が確保されるべきものとして総務省令で定める電気通信役務 (7 条)
指定電気通信役務	第一種指定電気通信設備 (33 条 2 項) を設置する電気通信事業者が当該施設を用いて提供する電気通信役務 (20 条 1 項)
特定電気通信役務	指定電気通信役務のうち、その内容、利用者の範囲等から見て利用者の利益に及ぼす影響が大きいものとして総務省令で定めるもの (21 条 1 項)
卸電気通信役務	電気通信事業者の電気通信事業の用に供する電気通信役務 (29 条 1 項 10 号)

とし (9 条)、そうではない場合には、総務大臣への届出による (16 条)。免許制・許可制ではないため、簡易な行政手続によるが、回線設備に着目して経済行政上の行為形式を違えている。

② 基礎的電気通信役務を提供する電気通信事業者に対する料金規制は、総務大臣に対する届出による (19 条 1 項)。したがって、料金決定原則が定められるわけではないが、不当差別禁止条項 (同条 2 項 4 号) や不当競争禁止条項 (同項 6 号) が規定される。このような規定は、独禁法との重複的な適用関係が想定される。

役務提供義務　基礎的電気通信役務 (7 条) および指定電気通信役務 (20 条 1 項) を提供する電気通信事業者のほか、認定電気通信事業者[3]に対して、それぞれ役務提供義務が課されている (25 条 1・2 項・121 条)。なお、役務提供拒否が不当差別禁止条項との抵触 (29 条 1 項 2 号) や利用者利益の阻害 (同項 9 号) に当たる場合、業務改善命令の対象になると解されている。[4]

ユニバーサル・サービス義務　電気通信事業法では、基礎的電気通信役務の担い手を電気通信事業者としてしか規定しておらず (7 条)、さらに、当該役務を「国民生活に不可欠であるためあまねく日本

---

3) 土地利用に関する一定の権限 (公益事業特権☞第 1 部第 2 章 VI 4 **(2)**) を付与された者を指す (117 条 1 項・120 条 1 項)。
4) 多賀谷編・逐条通信法 115 頁。

全国における千教が確保されるべきものとして総務省令で定める電気通信役務をいう」と規定している[5]。この役務には、**利用者保護的業務規制（ユニバーサル・サービス義務）**（☞第2部第3章 II **3**）が課せられるが、役務の中身が法文化されていないのは、「社会の要請や技術の革新に伴い見直される可能性があるため」と解されている[6]。つまり、通信産業の特性である技術性に由来しているためである。なお、基礎的電気通信役務を提供できる電気通信事業者は自ずと限定されるため、このような規定は、参入規制のうち**一律排除型**（☞第2部第2章 II **2**(**1**)）として機能している。

競争促進的業務規制　電気通信改革との関係で問題となるのは、電気通信設備の利用制約である。この制約を競争促進的観点から見ると、次のように整理できる。

① 電気通信事業法は、電気通信事業者が自らの設置する電気通信回線設備に、他の電気通信事業者から、その者の電気通信設備を接続すべき旨の請求を受けたときに、その請求に応ずる義務があるとする（32条）。「電気通信回線設備」とは、「送信の場所と受信の場所との間を接続する伝送路設備及びこれと一体として設置される交換設備並びにこれらの附属設備をいう」（9条）とされ、「伝送路設備」に当たる光ファイバ、同軸ケーブル等の固定回線が主な構成要素である[7]。ここ規定される義務は、条文の規定の仕方が異なるが、エネルギー産業に見られる託送供給義務（ガス事業法22条6項、電気事業法24条の3第5項）に相当する。

② 電気通信事業者が設置する電気通信回線設備は、およそすべて接続応答義務があることになるが、その中でも、その種類を**第一種指定電気通信設備**（33条）および**第二種指定電気通信設備**（34条）のそれぞれに

5）電気通信事業法施行規則14条では、アナログ電話用設備、第一種公衆電話機（社会生活上の安全及び戸外での最低限の通信手段を確保する観点から市街地に一定の割合で設置されるもの）、一定のインターネットプロトコル電話用設備が、これに該当する役務とされている。
6）多賀谷編・逐条通信法46頁。
7）多賀谷編・逐条通信法54頁が、「光ファイバケーブル、同軸ケーブル、マイクロ波回線などの線路設備の他、送受信を行う搬送装置も含む」とする。

分けて規定する。この種別は、伝送路設備に接続される電気通信回線または移動端末設備の違いであり、**第二種が移動体端末設備に接続される伝送路設備を指し、第一種はそれ以外**として整理する。第一種、第二種ともに、接続されるそれら回線または移動体端末設備の数が総務省令の定める割合（電気通信事業法施行規則〔昭60郵政省令25〕23条の2第3項・23条の9の2第3項）を超えるものについて、特に本法に基づく業務規制の対象とすることを狙いとした制度である。

③　第一種および第二種の各設備を設置する電気通信事業者は、ともに接続約款を定めるものとし、第一種では**認可制**（33条2項）、第二種では**届出制**（34条2項）が、それぞれ採られるため、規制の強弱に違いがある。約款規制の対象には、接続料と接続条件が含まれ、かつ、接続料については料金決定原則が規定されている。第一種では**適正原価（公正妥当）型**（☞第2部第2章 III **4 (3)**）が採られ、将来的な高度で新しい電気通信技術を利用した効率的なものとなるように新たに構成するものとした場合の資産等を根拠とする**長期増分費用方式**による（33条5項、接続料規則〔平12郵政省令64〕6条）。第二種では**適正原価（＋適正利潤）型**であるが、これは変更命令基準であり、**認可に比べて、総務大臣による原価の適正性を判断するための裁量は狭い**といえるものである。このほか、第一種および第二種ともに、会計の整理および収支状況等の公表が事業者に求められるため（33条13項・34条6項）、第三者への公表を意識した**財務会計**である。また、許可または届出を受けた接続約款でなければ、他の事業者との接続に関する協定の締結、変更はで

8）「高度で新しい電気通信技術の導入によって、第一種指定電気通信設備との接続による当該機能に係る電気通信役務の提供の効率化が相当程度図られると認められるものとして総務省令で定める機能に係る接続料」とある。

9）「事業者は、法第33条第5項の機能に関し、第一種指定電気通信設備を通常用いることができる高度で新しい電気通信技術を利用した効率的なものとなるように新たに構成するものとした場合の当該第一種指定電気通信設備に係る資産及びこの場合に当該第一種指定電気通信設備との接続により当該第一種指定電気通信設備によって提供される電気通信役務に係る通信量又は回線数の増加に応じて増加することとなる当該第一種指定電気通信設備に係る費用を、総務大臣が通知する手順により、当該通知において定められる当該手順の適用の日までに整理してこれを総務大臣に報告しなければならない。」

III　主な関連諸法制

きない（33条9項・34条4項）。

④　接続約款において定めるべき接続料および接続条件は、電気通信事業法において明文で定められているわけではなく、情報通信行政・郵政行政審議会（電気通信事業法施行令〔昭60政75〕9条）の審議過程において決せられることがある。例えば、伝送路設備（加入者光回線）を有するNTT東日本・西日本が、競業者によって設備の一分岐ごとの接続とそれに伴う接続料の設定を要求されていたものの、審議によって結論を得ておらず、その結果、NTT東日本・西日本は約款の変更を申請しなかった。このことについて、ソフトバンクらがNTT東日本・西日本を被告として、不公正な取引方法（優越的地位の濫用）の該当性を理由に、独禁法24条に基づく差止訴訟を提起した事件（**判例 Pick UP Ⅳ-4-**①東京地判平成26・6・19判時2232号102頁〔ソフトバンク独禁法差止訴訟〕）があるが、裁判所は、電気通信事業法上の認可を受けなければ、競合他社が求める内容を被告に強制できないものと解した。

⑤　第一種・第二種の各指定電気通信設備を設置する電気通信事業者は、他の電気通信事業者との間で協定を締結することが予定されているが（33条10項・34条4項）、この協定について当事者間において問題が生じた際、電気通信事業法は、①仲裁の申請があった場合を除き、総務大臣による協議の開始・再開の命令、裁定の申請による場合（35条1-3項）、②電気通信紛争処理委員会に対するあっせんの申請と接続に関する仲裁が行われる場合（154条・155条）を規定する。そこで、電気通信事業法上、協定は詳細な接続に関する条件であるところ、第一種指定電気通信設備に関する〔ソフトバンク独禁法差止訴訟〕では、以上のような協定に係る電気通信事業法上の紛争解決システムのうち①の総務大臣による裁定制度に着目して、「一方の当事者が協定の具体的内容を定め、その承諾の意思表示を請求することにより、相手方にその内容を強制できるとする理由は見出し難」いと判示した。そこで、鉄道事業のような線路使用協定では紛争解決システムは設けられていな

---

10)　一分岐貸しに関する総務省内の審議過程について、石岡克俊編著『電気通信事業における接続と競争政策』（三省堂、2012年）191頁以下〔石岡〕。

いこととの比較において、電気通信事業が当該システムの利用強制を求めているともいえるが、当該訴訟では、独禁法上の差止訴訟（民事事件）を遮断する効果の必然性を具体的に理由付けていたわけではない。

判例 PICK UP Ⅳ-4-①

●東京地判平成26・6・19判時2232号102頁〔ソフトバンク独禁法差止訴訟〕

事実の概要　Ｘら（原告・ソフトバンク株式会社およびソフトバンクBB株式会社）は、戸建て向けFTTHサービスを提供するため、Ｙら（被告・NTT東日本およびNTT西日本）の設置する第一種指定電気通信設備（加入者光回線設備）に接続しようとする者であり、Ｙらに対しＸらが希望する方法（一分岐単位での接続）での接続をさせないことは、電気通信事業法に基づく接続義務に違反し、不当にＸとの取引を拒絶し、または、Ｙの優越地位を濫用することから、独禁法19条（不公正な取引方法の禁止）に反することを理由として、主位的には、独禁法24条（差止請求）に基づきＸらが希望する接続方法に応ずることなど、予備的には、Ｙらが当該接続を行う義務を負うことなど、をそれぞれ主張した。

　Ｙらが敷設する加入者光回線設備は、Ｙらの収容局に設置された終端装置（OLT）から利用者の自宅内回線終端装置（ONU）までの設備を指すところ、①ＹらのOLTには最大16個の光信号主端末回線収用装置（OSU）が収容されていること、②OSUには光ファイバが接続され、収容局内の分岐装置（局内スプリッタ）を経て4つの光ファイバ（主端末回線）に分岐していること、③主端末回線は局外の分岐装置（局外スプリッタ）を経て8つの光ファイバに分岐し、各分岐端末回線が利用者宅のONUに接続されていること、があった。

　これまで、接続方法として、一つに、ＹらのOSUおよび局内スプリッタを利用する場合、もう一つに、ＹらのOSU等を利用しない場合の二つの方式（シェアドアクセス方式）しか認められておらず、より接続料が安価となる一分岐単位の接続を可能とするＹらのOSUをＸと共用することを内容とした接続方法ではなかった。

判旨（請求棄却）　Ｙらの設置する加入者光回線設備は第一種指定電気通信設備に当たるから、「本件請求に係る1分岐単位でOSUを共用することによる接続の接続料及び接続条件が電気通信事業法33条3項所定の総務省令で定める認可を要しないものに該当するとは認められない」ため、Ｘらの請求に係る接続をＹらが行うためには、総務大臣からの認可を受けた接続約款によらなければ、Ｘら

との間で、本件請求に係る接続に関する協定を締結してはならない（33条9項）。

　電気通信事業法32条は、「接続という行為義務自体を定めたものではなく、接続に関する協定を締結しこれを維持しなければならないことを定めたものであると解される」こと、同法33条9項、169条1号（接続約款の認可に際して情報通信行政・郵政行政審議会への必要的諮問とされていること）から、「第一種指定電気通信設備に関する接続の協定は、接続約款等についての総務大臣の認可があって、初めて当事者間に法的効力が生じると解するのが相当である」ところ、接続約款についての総務大臣の認可がないため、「本件の請求に係る接続という行為の給付請求権が発生すると解する余地はない」。

電波法との関係

　電気通信事業法は、電波法とも密接な関係性を持つ。以下、このことに関わる主要な点を示す。

① 　電気通信事業法では、携帯電話やPHS等の端末設備を意味する移動端末設備を「利用者の電気通信設備であって、移動する無線局の無線設備であるものをいう」と定義していることから、**電波法上規定される「無線局」の概念を用いて規制対象としている**[11]。

② 　電波法における移動体端末設備に係る諸規制として、電波の型式等に応じ、「適合表示無線設備のみを使用するもの」を「特定無線局」と称したうえで、その開設にあたり**包括的な免許（包括免許）を付与するものとしている**（27条の2）。これは、設備数が多数に上る一方、個々に免許を付与することに伴う手続の煩雑化を回避するための立法政策である。包括免許の対象となる無線局には、携帯電話等の「移動する無線局」（同条1号）、および、基地局とも称される「陸上に開設する移動しない無線局」（同条2号）の二種類である。

③ 　包括免許を申請できる者は、電気通信事業法9条に基づき電気通信事業を営もうとする者として総務大臣の登録を受ける者と考えるのが普通である。そして、免許に際して、周波数の割当てが可能であることを要件の一つとされるところ（27条の4第1号）、それが可能となるには、総務大臣が事前に定めた周波数割当計画において割当てに一定

11）このあたりは、多賀谷編・逐条通信法161頁

の余裕があることを前提とする (26条)。したがって、役務を提供しようとする者にとって、競願関係が生ずる場合、事前策定された計画に沿った割当てによるため一種の需給調整が行われるが、放送免許と異なるのは、**包括免許がその後の競争的な電波利用を可能にするため、それは参入規制として機能しているといってよい** (コラム ▶ 特定無線局と電波割当方式・電波利用)。

④ 基地局については、総務大臣が「電波の公平かつ能率的な利用を確保するためその円滑な開設を図ることが必要であると認められるもの」を「特定基地局」と称して、開設に係る指針（開設指針）を策定し (27条の12)、免許を受けようとする者は開設に関する計画（開設計画）を作成したうえで、開設指針に照らして適切であることなどが認められれば、総務大臣により計画の認定を受けることができるとされる (27条の13第1項・4項1号)。開設指針の中には、例えば、既存の周波数帯域からの変更（周波数再編）を円滑に行うため、**終了促進措置**に関する事項を設けることが含まれ (27条の12第2項6号)、それを受ける形で、開設計画にもその措置に関わる内容や要する費用の支弁方法の記載が必須とされる (27条の13第2項9号)。

COLUMN

▶ **特定無線局と電波割当方式・電波利用**

電波の割当問題は、行政庁の裁量に委ねられる面が強く、最三小判昭和43・12・24民集22巻13号3254頁〔東京12チャンネル事件〕〔行政百選Ⅱ180・メディア百選103〕や**判例 Pick UP Ⅰ-2-⑦**東京高判平成10・5・28判時1666号38頁〔東京 MX テレビ事件〕〔メディア百選104〕のように、放送免許上の事例として登場しているが、特定無線局についても同様に存する。

割当てに関する具体的問題として、割当方式の選択がある。電波法27条の4は、特定無線局の開設に当たり免許に係る申請に対する審査の基準を掲げるところ、同条3号において明示された特定無線局の開設の根本的基準 (平9郵政省令72) 2条4号では、開設指針 (27条の12第1項) に従うものとしている。この開設指針には、本論に取り上げた終了促進措置以外にも、特定基地局の範囲 (27条の12第2項1号)、割当て可能な周波数のうち特定基地局に使用させることとする周波数とその使用に関する事項 (同項2号) 等が規

定され、例えば、「第四世代移動通信システムの導入のための特定基地局の開設に関する指針」(平26年総務省告示347) 別表第三 (開設計画の認定の審査事項) では、競願時に際しての審査基準を設けており、免許申請者の策定する開設計画がこの基準に照らして比較審査されることを想定している (この指針は、行政手続法にいう審査基準に当たる。審査基準については☞第1部第2章Ⅲ**1(2)**)。このように、電波法の条文自体からはやや理解しづらいが、競願者が出た場合、その者から提出される開設計画を開設指針に照らして審査することで、電波の配分に係る適合性を判断することを、**比較審査方式**と呼んでいるものと解される。ただし、欧米において中心的な配分方式とされる**オークション方式 (入札制)** へと変更すべきであるとの議論がかねてよりなされており、この方式に係る電波法改正法案が提出されたことがあるものの審議未了廃案となった (第180回国会閣法 61号)。

　他方、電波利用は、周波数のひっ迫という観点から、その有効な利用が大きな課題となっており、電波法上、通信系の特定基地局にかかる開設計画の場合、実際に電波の能率的利用がなされていなくとも、放送系 (移動体受信用地上基幹放送をする特定基地局) に見られる開設計画の認定を受け開設しようとする者が正当な理由がないのに計画に従って開設しない場合の認定取消制度 (電波法27条の15 第2項1号) のような仕組みは見られない。このため、総務省・電波政策ビジョン懇談会「最終報告書案」(2014年12月) 34頁では、開設計画認定後および認定期間終了後の取扱いの検討を要する旨言及しているところ、その言及に際し、「電気通信事業法に基づく競争政策とのリンクを考慮していくことも重要である」としている。この意味するところは、電波利用が、電波の割当てとは別に、競争促進的業務規制 (☞第2部第3章Ⅲ) の対象としてとらえるべきことを示しているものと解される。

(3) 放送法

電気通信としての放送　　放送は、「公衆によって直接受信されることを目的とする電気通信」の送信を指すものとされ、ここにいう電気通信は、電気通信事業法2条1号に準ずる (放送法2条1号)。このような定義は、通信・放送の総合的な法体系化を念頭に、平成22年法律第65号による放送法等の一部を改正する法律によって、有線ラジオ放送業務の運用の規正に関する法律 (昭26法135)、有線テレビジョン放送法 (昭47法114)、および、電気通信役務利用放送法 (平13法85) の三法を放送法

に統合化したことによるため、当該改正前が無線通信の送信を範囲としてきたが、有線による場合も対象として拡大された。そして、このような放送概念の改正については、次のような論点がある。

① 放送の概念が「無線通信の送信」から「電気通信の送信」へと拡大されたことで、「周波数帯の稀少性は、少なくともすべての放送サービスに妥当する規律根拠ではなくなり、放送への規律を正当化する1つの考慮要素にとどまるものへと変化した」という評価がある[12]。放送法は、複数事業者の参入余地を、電気通信事業に近付けたとの評価にもつながることになる。

② 以上の評価は、逆に放送法上の番組規制の対象としてインターネット上の表現方法にも拡大するのではないかという懸念と関連する。実務解説によれば、この放送の概念には、インターネット上のホームページや配信サービスは含まれていないものと解されているが[13]、条文の文言上は、それらが含まれるといってよい。したがって、インターネット上公衆が受信可能な状態にある場合、放送法上の番組規制の対象となることも否定できず、表現の自由に制約がかかる可能性が残される点に、注意を要する（ただしこの問題は、インターネットによる情報発信がもっぱら通信に属するという問題整理に関わる視点に基づき、放送概念の拡大を懸念した理解ともいえる[14]）。

放送の区別（電波法との関係） 放送の区分は、種類（テレビジョンとラジオ）によるほか、送信手段による区分（無線、有線、衛星）など、多様である。そこで、放送法による区別と規制対象を論ずる上で、特に電波法との関係が問題となるため、これに関わる諸点を、次に指摘しておく。

① 放送法は、電波法上放送する無線局に「専ら又は優先的に割り当てられるものとされた周波数の電波を使用する放送」（2条2号）を**基幹**

---

12) 宇賀克也＝長谷部恭男編『情報法』（有斐閣、2012年）50頁［長谷部］。
13) 金澤・放送法逐条33頁。
14) 通信と放送の区別という視点から、この問題に言及するものとして、舟田・放送22頁以下。

放送として総務大臣による認定制が採られる一方（93条）、それ以外の**一般放送**として同大臣による登録制（126条）によるものとして、区別する。放送法は、この放送の種別に応じて、放送事業者を、基幹放送事業者と一般放送事業者の二者からなるものとして定義する（2条26号）。

② 放送法は、「放送事業」自体を定義しておらず、電気通信事業法2条4号とは異なること、そして、「放送事業者」を基幹放送事業者および一般放送事業者の二者を指すものとして定義するが、それぞれは「基幹放送の業務」および「一般放送の業務」を行おうとする者と規定していること（93条1項・126条1項）から、**事業規制を念頭に置くものではない**。確かに、法形式に着目すると、業務の開始・休止・廃止はそれぞれ総務大臣への届出制が採られており（95条・100条・129条・133条・135条）、事業規制法制における参入・退出の各規制と類似するが、市場機構への行政介入とは異なり、行政監督機能（☞第2部第2章I**2(2)**・第3章I**2**）を期待した業務規制である。

③ 基幹放送は、放送法上の定義にあるように、放送用にもっぱら、または、優先的に割り当てられる周波数を用いて行われる。そこで、電波法は、周波数の割当てが可能であることが、免許の申請に係る審査要件の一つとされるが（7条1項2号）、特に基幹放送の場合、総務大臣が定める基幹放送用周波数使用計画に基づき、割当てが可能であるか否かについて審査する（同条2項2号）。しかし、その割当てをめぐり、**一本化調整**のような行政指導が行われる場合の適法性が問題となることがあった（☞第1部第2章III**3(2)**）。**判例 Pick UP I-2-⑦**東京高判平成10・5・28判時1666号38頁〔東京MXテレビ事件〕〔メディア百選104〕）。なお、周波数が有限稀少であることを理由に、**外国性排除**（93条1項6号）（☞第3部第2章III**2(2)**）の正当化根拠と解されている。

---

15) 実務解説によれば、基幹放送事業者は電波監理上または電波の効率的利用の観点から（金澤・逐条放送法264頁）、登録を受けた一般放送事業者は登録の取消しの実効性確保またはその抹消の必要性から（同276・338頁）、それぞれの存在意義が説明される。

16) 金澤・逐条放送法250-251頁。

④　一般放送についても、それが電波法の定める周波数を用いた放送である場合には、電波法上無線局の開設に係る免許を要するため、周波数の割当ての可否が審査される（電波法7条2項6号イ）。

有料放送について　放送法は、有料放送に関する規定を置くが (147条以下)[17]、その位置付けは、**基幹放送の役務提供を念頭に置**いたものである。すなわち、有料放送事業者は、基幹放送を契約の対象とする有料放送の役務を、国内受信者に提供する場合、当該役務に関する料金等に係る契約約款を、総務大臣に届け出ることとされる。しかし、**有料放送事業者には、基幹放送を構成する番組編成権はない。**

有料放送事業者には、廃止の届出制を規定する退出規制が課せられているが、料金規制はなく、市場機構に沿った料金に基づく役務提供が可能である（ただし、156条2項2号では、役務に関する料金等が「社会的事情に照らして著しく不当であるため、国内受信者の利益を阻害しているとき」は総務大臣が変更命令を課すことができる）。なお、有料放送事業者には、「正当な理由」がない限り役務提供義務がある（148条）。

2 ◆ 郵便
（1）総説

郵便を定義する法令は存在しないが、郵便法2条は、「郵便の業務は、この法律の定めるところにより、日本郵便株式会社（以下「会社」という。）が行う」と規定し、同法4条1項は「会社以外の者は、何人も、郵便の業務を業とし、また、会社の行う郵便の業務に従事する場合を除いて、郵便の業務に従事してはならない」こと、同条2項は「会社……以外の者は、何人も、他人の信書（特定の受取人に対し、差出人の意思を表示し、又は事実を通知する文書をいう。以下同じ。）の送達を業としてはならない」とする。これらから、「郵便の業務」が日本郵便株式会社の独占的業務であることを規定したうえで、同社以外の者が「他人の信書の送達を業とすること」を禁

---

[17]「契約により、その放送を受信することのできる受信設備を設置し、当該受信設備による受信に関し料金を支払う者によって受信されることを目的とし、当該受信設備によらなければ受信することができないようにして行われる放送をいう。」（147条1項括弧書）。

ずるものとしている。このことの反対解釈として、「郵便」とは日本郵便株式会社のみが行う「他人の信書の送達」を指す。これに対し、郵便法と別個に存在する信書便法2条2項では、「信書便」を「他人の信書を送達すること（郵便に該当するものを除く。）」と定義している（コラム▶信書の定義）。

> COLUMN
>
> ▶信書の定義
>
> 　郵便法4条2項は、信書を「特定の受取人に対し、差出人の意思を表示し、又は事実を通知する文書をいう」とし、この概念に当てはまれば、日本郵便株式会社以外の者は、その送達を業とできないことを意味する。さらに、郵便法76条1項は、同法4条の規定に違反すれば刑事罰（3年以下の懲役または300万円以下の罰金）の対象になるが、具体的に誰が該当するかは規定されていないため、送り主等も含まれる。
>
> 　もっとも、何をもって信書といえるかは、法文上一義的に決まりうるものとは言い難く、現に、総務省が「信書に該当する文書の指針」（平15総務省告示270）3項の中で、具体例として、書状、請求書の類、会議招集通知の類、許可書の類、証明書の類、ダイレクトメールが掲げられて、一定範囲において明確化する努力がなされてきた。そして例えば、ダイレクトメールの場合、特定の受取人を選別し商品の購入等を勧誘する場合は信書に該当するが、もっぱら街頭や店頭での配布等を前提として作成されたチラシやパンフレット・リーフレットはそれに該当しないとされる。これに対し、指針4項では、信書に該当しない例として、書籍の類、カタログ、小切手の類、プリペイドカードの類、乗車券の類、クレジットカードの類、会員カードの類が掲げられている。
>
> 　しかしながら、送り主は自らの書類（一般的意味）が「信書」に該当するかを意識して送付しているかは微妙である。実際、ヤマト運輸は、2015年1月22日に、利用者が刑事罰を受けるリスク等を理由として「クロネコメール便」と称する役務提供を廃止するとしたが（詳細はヤマト運輸のホームページ http://www.yamato-hd.co.jp/news/h26/pdf/h26_73_01news_01.pdf?1 参照）、この背景には、まさに信書の概念があいまいであったことがある。

(2) 郵便法

主要事業規制　本法が扱う事業規制の要点を掲げておく。

① 本法は、「郵便の業務」を日本郵便株式会社に行わせるものとしており（2条）、参入規制の構造はとられない[18]。

② 郵便の種類は第一種から第四種までとされているところ（14条）、郵便料金について、第一種および第二種は届出制が、第三種および第四種は認可制が、それぞれ採用されいている（67条1・3項）。

③ 第一種・第二種であっても、**適正原価（＋適正利潤）型**（☞第2部第2章 III 4 **(3)**）が採用されており（「郵便事業の能率的な経営の下における適正な原価を償い、かつ、適正な利潤を含むものであること」）（67条2項）とあわせて、第一種郵便物のうちに定形郵便物の料金額が「軽量の信書の送達の役務が国民生活において果たしている役割の重要性、国民の負担能力、物価その他の事情を勘案して総務省令で定める額を超えないものであること」[19]とし、不当差別禁止条項が定められている（同項3・7号）。

④ 第三種・第四種に係る料金決定原則は、「配達地により異なる額が定められていないこと」、「同一重量の第一種郵便物の料金の額より低いものであること」とし、不当差別禁止条項が定められている（4項1・2・4号）。このほか、認可に際し、総務大臣は情報通信行政・郵政行政審議会に対して諮問を行うものとされる（73条1号、郵便法第73条の審議会等を定める政令〔平15法83〕）。

「郵便の業務」について　郵便法では日本郵便株式会社が独占的に行う「郵便の業務」について、特段、定義規定を設けていない。したがって、本法の中で、同社が行う業務をもって、当該業務ということができる。そこで、本法に規定している主要業務として、いかなるものがあるかを含め、以下に関連する諸点を掲げる。

---

[18] 日本郵便株式会社は、「郵便の業務、銀行窓口業務及び保険窓口業務並びに郵便局を活用して行う地域住民の利便の増進に資する業務を営むことを目的とする株式会社とする。」と規定しているため、これら以外は行うことができない（日本郵便株式会社法1条）。

[19] 「第一種郵便物……のうち大きさ及び形状が総務省令で定める基準に適合するものであって、その重量が25グラム以下のもの」を指す。

① 郵便法は、「郵便の役務に関する提供条件」について、料金および総務省令で定める軽微な事項に係るものを除き、郵便約款を定め、総務大臣により認可を受けるものとする (68条1項)。
② 日本郵便株式会社法が業務の一つとして「郵便法の規定により行う郵便の業務」と規定しているが (4条1項1号)、郵便法は、日本郵便株式会社に対し「郵便の業務の一部を委託することを妨げない」とはするものの (4条1項但書)、「他人の信書の送達」に係る業務につき、同社以外の何人もこれを業としてはならないこと (同条2項)、何人も送達を委託してはならないこと (同条4項) とする。[20]

ユニバーサル・サービス義務　本法は、その目的を「郵便の役務をなるべく安い料金で、あまねく、公平に提供することによって、公共の福祉を増進すること」とし (1条)、日本郵便株式会社に対する利用者保護的業務規制（ユニバーサル・サービス義務）（☞第2部第3章 II 3）を課している。このこととあわせ、日本郵便株式会社法は、同社による郵便の役務のほか貯蓄、簡易保険等の他の業務を郵便局において一体的にあまねく全国において公平に利用できるようにする責務 (5条)、および、あまねく全国において利用されることを旨として郵便局を設置しなければならないこと (6条) をそれぞれ明文化している。

秘密保持義務　郵便はその内容の秘密保持が要請されるが、本法では、郵便物・信書そのものの秘密保護規定として、郵便物の検閲禁止 (7条)、信書の秘密確保 (9条) を規定している。このうち、信書の秘密確保については、「会社の取扱中に係る信書の秘密」(1項) と郵便の業務に従事する者に対する在職中および退職後の場合 (2項) とに分けて規定している。

賠償責任規定　郵便法では、書留、引受時刻証明、配達証明、内容証明および特別送達の郵便物の特殊取扱を認めている (44条1項)。これらについて、日本郵便株式会社は「書留とした郵便物の全部又は一部を亡失し、又はき損したとき」に賠償責任を負うこと (50条1項1号) など

---

20) 委託業務に対応する法律として、郵便窓口の業務等の委託に関する法律 (昭24法213)、郵便物運送委託法 (昭24法284) がある。

が規定されている。なお、平成14年法律第121号による改正前の郵便法68条および73条が郵便事業庁長官に対する書留および特別送達の郵便物について賠償責任の免除規定を置いていたことが憲法17条違反とされた判例（最大判平成14・9・11民集56巻7号1439頁［憲法百選Ⅱ133］）がある。

簡易郵便局について　郵便局は、地方公共団体のほか、組合等（農業協同組合、漁業協同組合、生活協同組合）が簡易郵便局の設置を可能とする簡易郵便局法（昭24法213）がある。同法は、日本郵便株式会社が郵便窓口および印紙の売りさばきに関する各業務委託を可能とするものであり（3条）、その受託者たる上記団体・組合等が簡易郵便局を設置できるものとしている。

(3) 信書便法

主要事業規制　信書便法は、信書便を「他人の信書を送達すること（郵便に該当するものを除く。）」（2条2項）と定義していることは先に触れた通りだが、郵便の業務が日本郵便株式会社の独占に帰属することを前提に、それとは切り離したうえで、民間事業者がその一部につき参入を可能にする仕組みを作ったものである。ただし、現時点において、信書便法の法令名にある「民間事業者」は、日本郵政公社が日本郵便株式会社法によって株式会社化されたことから、日本郵便株式会社以外の民間企業の意味である。

他方、本法は、「信書便事業」そのものを定義していないものの、信書便の役務を他人の需要に応ずるために提供する事業として、**表4-10**のように**一般信書便事業**と**特定信書便事業**の二種類（2条4・7項）に分けた上で、それぞれの事業を行う者は総務大臣の許可を受けるものとして整理している（6条・29条）。

この法令上の種別に基づいて、民間事業者による信書送達の特徴を掲げておく。

① 一般信書便事業および特定信書文事業は、対象信書便物の大きさ・重量、送達される地理的範囲において相違がある。
② 料金規制は、一般信書便事業者に対する届出制として存在する（16条）。ただし、信書便法では、業務として位置付け、およそ料金規制

表 4-10　信書便法における信書便事業・役務の種別と内容

種別		内容
一般信書便事業	概念	信書便の役務を他人の需要に応ずるために提供する事業であって、提供する信書便の役務のうちに**一般信書便役務**を含むもの（2条5項）
	一般信書便役務の内容	長さ・幅・厚さがそれぞれ40センチ、30センチ、3センチ以下であり、かつ、重量が250グラム以下の信書便物であって、国内において当該信書便物が差し出された日から3日以内に送達されるもの（2条4項）
特定信書便事業	概念	信書便の役務を他人の需要に応ずるために提供する事業であって、提供する信書便の役務が**特定信書便役務**（2条7項）のみであるもの（2条8項）
	特定信書便役務の内容	長さ・幅・厚さの合計が90センチを超え、または重量が4キロを超える信書便物であり、差し出された時から3時間以内にそれが送達される事業であって、その料金が1000円を下回らない範囲内において総務省令で定める額を超えるもの（2条7項）

　の要素としての料金決定原則は定められていない。

③　一般信書便事業は、特定信書便事業とは異なり、許可要件の中には、策定された事業計画に全国の区域における信書便の引受け、および、配達の双方に係る計画を含むものとされている（9条2項各号）。したがって、日本郵便株式会社が行う「郵便の業務」に近似した事業を行うことが求められる（コラム▶実際の参入状況と課題）。

④　一般信書便事業に関する事業計画の遵守義務とそれに伴う改善命令（11条・27条各項）、計画変更に対する総務大臣の認可（12条）などは、特定信書便事業についても準用規定が置かれている（33条）。

COLUMN

▶実際の参入状況と課題

　郵政改革の一環として2002年に制定された信書便法は、その当初より、極めて高い参入障壁が設けられ、批判されてきたところである。実際、「参入障壁」については、2014年10月31日現在の許可事業者数が、一般信書便事業者はゼロであるのに対し、特定信書便事業者が431とされている点（総務省ウェッブサイト・信書便事業者一覧 http://www.soumu.go.jp/yusei/tokutei_g.html）にも表れている。しかも、参入可能な特定信書便事業者は、事業の特

質からも分かるように、各地域に分散している点（経済性に難点を持つ）も指摘できる。
　そこで、一般信書便事業者がゼロである点をどのようにとらえるかが、現在の課題となる。従来、国の独占下にあった事業を制度上参入可能にしたものの、ユニバーサル・サービスに近い義務が課される点では、民間企業自身にとって参入のハードルがきわめて高くなることは明白である。さらに、一般信書便事業として扱うことのできる信書便物は、大きさ・重量を法文が限定しているため、極力日本郵便株式会社の優位性を高め、参入を抑制する意図があるものと思われる。今後の制度課題といえよう。

主要業務規制　　信書便法は、一般信書便事業に係るかなりの業務に対する諸規制を特定信書便事業に準用しているため（33条）、一般信書便および特定信書便双方の事業は同類に位置付けられる。ここでは、郵便法との対比において、主だった諸義務を取り上げるにとどめる。
① **役務提供義務**　　一般信書便事業は、「正当な理由」がない限りにおいて役務の提供義務が課されている（19条）。
② **秘密保持義務**　　信書の検閲禁止とならび、当該事業者および業務に従事する者に対し、秘密保持義務を課している（4条・5条）。

事項索引

あ

アカウンタビリティ……………………49, 50
アクセス・チャージ………………………187
あっせん……………………………………73
天草ガス事件………………………………75
アメリカ法…………………………………28
アルコール事業法…………………………98
安全性……………………………………244
安全性・利便性等確保機能……………144
安全性確保機能…………………………174
アンバンドリング………………………188
アンバンドル……………………………129

い

イギリス法…………………………………28
意見陳述手続………………………………91
イコール・フッティング………42, 99, 187
一律排除型…………………………146, 147
一般貸切旅客自動車運送事業者…………60
一般定期旅客航路事業…………………169
一般廃棄物収集・運搬業………………151
一般放送…………………………………278
一般旅客定期航路事業……………122, 261
一本化調整……………………………76, 278
移動体端末設備…………………………271
委任命令……………………………57, 139
医薬品インターネット販売規制違憲判決…140
医療法………………………………………11
インターネット…………………………277
インフラストラクチャー………………137

う

運送営業…………………………………240
運輸審議会…………………………96, 239

え

営業………………………………………132
営業・業務等の停止・許可取消し………86
　　──の区別……………………………91
　　──の自由…… 12, 30, 55, 86, 142, 145, 147, 206

英米法系……………………………………28
役務提供義務………………137, 180, 189, 269, 285
役務提供義務（供給義務）……………179
役務提供拒否（給付拒否）………………93
NTT法………………………………183, 214
NPO法人……………………………………84
エネルギー基本計画………………222, 233
エネルギー産業…………………………221
エネルギー政策基本法……………222, 225
MKタクシー事件…………………118, 168
LPガス法……………………………223, 234
エンフォースメント（実効性確保）…36, 85

お

OECD…………………………………195, 211
オークション方式（入札制）……………276
大蔵省企業会計審議会中間報告…………167
大阪バス協会事件……………………66, 173
小田急料金認可訴訟……………………114
親方日の丸…………………………………25
卸売市場法………………………………110

か

会計学………………………………………38
会計検査院規則……………………………57
会計の整理…………………………172, 188
外国性制限………………………………213
外国性排除………………………………213
外資規制と電気事業……………………212
海上運送法……………87, 149, 161, 242, 260
改善命令……………………………………87
外為法………………………………………69
外的要因……………………………………10
価格安定化法……………………………206
確認・登録…………………………………67
核燃料サイクル……………………213, 226
各論的思考……………………………28, 30
各論の各論化………………………………29
過剰規制……………………………………87, 147
ガス…………………………………………17
ガス事業法…………………………141, 223, 235

286　事項索引

化石燃料…………………………………221	規則……………………………………55, 57
課徴金納付命令………………………90, 93	基礎的電気通信役務支援機関…………184
滑走路の利用枠…………………………111	基地局……………………………………275
GATT………………………………35, 195	軌道法……………………………242, 254
過当競争……………………………………23	揮発油等の品質の確保等に関する法律……223
──の防止…………………………146, 147	基盤技術研究円滑化法…………………200
貨物自動車運送事業法…………242, 249, 250	基本計画……………………………………53
貨物利用運送事業法……………………242	基本方針……………………………53, 202
カルテル……………………………205, 209	義務付け訴訟……………………………106
簡易水道事業給水条例…………………165	客観訴訟…………………………………106
簡易郵便局………………………………283	旧高嶺町水道料金条例事件……………166
環境被害……………………………………10	給付行政……………………………………7
環境保護…………………………………227	行革委………………………………26, 50
勧告……………………………………73, 212	行革審………………………………26, 50
勧告操短制度………………………………74	競願関係…………………………………275
監査論………………………………………38	競業者………………41, 110, 122, 123, 259
干渉…………………………………………6	行政改革…………………5, 25, 97, 136
勧奨…………………………………………73	──の推進方策に関する答申……………26
関税・外国為替等審議会………………212	行政改革委員会設置法…………………26
関税及び貿易に関する一般協定…………35	行政改革推進会議…………………………27
関税定率法…………………………………35	行政改革推進本部…………………………27
関税法………………………………………35	行政介入……………………………15, 195
監督権限……………………………97, 123	行政学………………………………………36
管理会計……………………………173, 188	行政監督機能……………144, 178, 278
き	行政機関が行う政策の評価に関する法律……49
基幹放送……………………………214, 277	行政規則……………………………57, 58
基幹放送局の開設の根本的基準…………67	行政救済法………………………………102
議決権行使………………………………214	行政救済論………………………………102
技術性……………………………………267	行政計画……………………………………52
基準外国為替相場…………………………69	行政契約……………………………………81
基準公示……………………………………61	行政裁量……………………………………9
基準料金指数……………………………169	行政刷新会議・規制・制度改革に関する分科会
規制改革……………………………………27	……………………………………………27
規制改革・民間開放推進会議……………27	行政資源取得行政…………………………2
規制改革会議…………………………4, 27	行政指導………………24, 73, 74, 75, 108
規制緩和………………………………4, 11, 27	──に関する救済…………………………81
規制緩和政策……25, 51, 88, 97, 136, 160, 219	──の中止等の求め………………………81
規制行政……………………………………7	行政指導指針………………………55, 80
規制権限の不行使………………………123	行政主体……………………………………3
規制産業……………………………………28	行政上の義務……………………………138
規制的行政指導……………………………73	行政上の義務履行確保…………………189
規制の失敗…………………………………10	行政処分……………………………61, 62
規制の特例措置…………………………202	行政審判手続……………22, 102, 104, 105
	行政争訟制度……………………………102

287

行政組織の設立構想……………………229
行政組織法……………………………94
行政代執行法…………………………92
行政庁…………………………………12
行政手続法………………19,26,71,76,78,80,90
行政不服審査制度……………………103
行政法各論………………………16,20
行政法総論………………14,39,43,57,115
競争政策的規制………………………20
競争促進の規制………………………252
競争促進の業務規制………186,231,238,270
競争抑制的な機能……………………247
業務改善………………………………87
業務規制…………………68,74,138,170,178,250
業務規程………………………………139
業務支援………………………………199
許可……………………………………66
距離制限規制・適正配置規制
　　……………………31,64,71,111,144,147,148
緊急調整地域…………………………250
銀行法…………………………………139
銀証分離………………………………156
金商法…………………………………105
近鉄特急事件…………………………114
金融業者の貸付業務のための社債の発行等に関
　する法律……………………………172
金融行政………………………………81
金融ビッグバン………………………24

く

空港法……………………161,241,258
空港旅客取扱施設利用………………169
グローバル化…………………………194
軍政法…………………………………21
群馬中央バス事件……………………96
訓令………………………………57,202

け

経営学……………………………38,167,168
計画調整方式…………………………149
　──（限定型）………………………152
　──（広範囲型）……………………150
警告……………………………………73
経済学…………………………………37

経済行政……………………………2,62
　──における行為形式論……………57
経済行政過程論………………………39
経済行政計画………………52,202,222,241
経済行政上のエンフォースメント（実効性確
　保）……………………………………62
経済行政上の規制……………………5
経済行政上の契約……………………82
経済行政組織…………………………95
経済行政立法…………………………52
経済計画………………………………53
経済刑法………………………………36
経済公法………………………………28
経済財政諮問会議……………………101
経済産業省設置法……………………95
経済事象の変動………………………127
経済秩序法……………………………6
経済的規制と社会的規制……………10
経済的自由……………………………30
経済的自由権……………………22,206
経済統制概念……………………192,194
経済統制法…………………………6,21
経済法…………………………………35
警察許可………………………………86
警察取締法……………………………45
警察取締法規……………………46,64
警察法…………………………………21
刑事法…………………………………36
形成的行為……………………………64
刑法……………………………………36
契約機会の拡大………………………200
契約締結義務…………………………82
原価……………………………………167
原価主義……………………78,164,168
兼業規制………………………………155
健康・医療戦略推進法………………201
原告適格……………………………109,165
繭糸価格安定法………………………206
減車勧奨・増車抑制…………………247
原子力……………………………226,227
原子力環境整備機構（NUMO）………233
原子力発電所の建設…………………55
減反政策………………………………208
建築基準法……………………………69

憲法	30, 166, 255

こ

広域系統運用機関	228
広域的融通システム	228
公営企業	129
——とガス改革	238
公営競技場	17
公益事業	137
公益事業委員会	104
公益事業概念	133
公益事業特権	126, 137
公益事業（ネットワーク産業）	129, 147, 166, 169, 172, 179, 186, 187, 225, 234, 253
公益事業令	22
公益性担保機能	143, 178, 180
公益と私益の調整	43
公益法人	84
公開買付開始公告	91
公企業	21, 135, 136
——の特許	65, 136
合議制	95
合議制機関	96, 229
公共企業	135, 136
公共企業規制法	6
公共経済学	37
公共契約	200
公共サービス	82
公共サービス改革	84
工業所有権	209
鉱業法	213
公共料金	158
航空機	255
——の安全管理	257
航空機製造事業法	255
航空機抵当法	255
航空自由化	24
航空法	47, 149, 161, 242, 256
抗告訴訟	106
公衆浴場入浴料金の統制額の指定等に関する省令	148
公衆浴場法	64, 148
公正取引委員会	79, 95, 105
公正報酬率規制	171
高速自動車国道法	241
高速道路株式会社法	172
高速道路値上げ認可処分	108
交通安全対策基本法	241
交通権	243
交通産業	11
交通政策基本計画	241
交通政策基本法	239, 240
交通政策審議会	101
公的規制	4, 8, 11, 12, 14, 22, 62
——の緩和等に関する答申	4, 142
高度情報通信ネットワーク社会形成基本法	265
公認会計士法	105
公表	93
公表義務	188
鉱物法	222
公平性担保機能	143, 167, 179, 180
公法・私法二元論	45
公法学	37
公法上の当事者訴訟	61, 107
公法と私法の関係性	42
公用負担法	21
小売商業調整特別措置法	93, 144
小売商業調整特別措置法事件	31, 148
小売電気事業の活性化	229
高レベル放射性廃棄物	233
港湾	261
港湾運送事業法	49, 161, 242, 261
港湾法	241
国際経済法	35
告示	57
国鉄運賃	163
国土形成計画法	101
国賠法	121
国民経済の健全な発展	194
国民参加	54
国民生活安定緊急措置法	23, 150
国有化	29
国有財産法	132
五現業	98
個人情報の保護に関する法律	268
個人タクシー事件	58
護送船団行政	23, 176

289

国家行政組織法	100
国家補償制度	102, 121, 125
古典的な裁量統制	115
個別申請・個別認可制	168
コミュニティバス	56
コモン・キャリア	134
コモン・ロー国	28
混雑空港	258

さ

再エネ特措法	230, 232
財産権侵害	129
財産権保障	12, 30, 255
最終保障約款	231
財政的措置	198, 203
財政投融資制度	101
財政法	21, 162
採石法	223
最大限審査	118
再調査の請求	103
財務会計	173, 271
債務保証	199
裁量統制	115
裁量統制基準	116
索道	253
差止訴訟	107
砂糖及びでん粉の価格調整に関する法律	207
産業育成	193
産業競争力強化法	193, 200, 201
産業助成	193, 197
狭義の――	197, 203
広義の――	197, 242
最広義の――	197, 203, 266
産業政策立法	23, 24, 192, 194
産業特性	136, 218
産業保護・育成	100, 192
三公社	26, 98
三公社五現業	13, 25, 162
参入	146
参入規制	11, 75, 259, 275
参入調整	15
三面関係	41, 102, 125, 161

し

恣意抑制機能	59
資格制限型	146, 154
資格制限規制	213
時価主義	168
士業	154
事業開始規制（参入規制）	145
事業改善	87
事業規制	68, 123, 132, 278
事業終了規制（退出規制）	175
事業法	94, 133
――と独禁法	89
事業報酬	171
資金確保	201
資金貸与	199
指示	73
市場化テスト	84
市場健全化機能	143, 166, 167, 177
市場の失敗	7, 10, 145
指針	52, 53
事前規制	142
自然独占	187
自然独占性	166, 179
執行命令	57
実質的証拠法則	106
実質的当事者訴訟→公法上の当事者訴訟	
実体的判断代置主義	118
指定	68
指定確認検査機関	69
指定管理者制度	84
私的自治の原則	81
指導	73
自動車	244
自動車損害賠償責任保険等の料率	169
私による行政・行政の民間化	17
志免町給水拒否事件	181
諮問機関	96
社会観念審査（最小限審査）	116
社会管理機能	16
社会福祉法	182
社会保険診療報酬・介護報酬	159
社会保障機能	144, 180, 183
自由主義国家観	64

周波数の割当て……………………………274	審議会（諮問機関）……………………97, 100
住民訴訟……………………………128, 165	新公共管理制度（NPM）………………83
重要産業統制法……………………………22	振興法……………………………195, 205
終了促進措置………………………………275	審査基準………………………55, 58, 59
主観訴訟……………………………………106	――の厳格化………………………………60
需給調整…………67, 109, 144, 151, 247, 250, 257	信書の定義………………………………280
需給調整条項（規定）………61, 149, 152, 263	信書便法……………………………149, 283
酒税法………………………………………149	申請書の返戻……………………………70
取得原価主義………………………………168	申請調整方式………………………149, 154
主要食糧の需給及び価格の安定に関する法律	信託業務……………………………………155
……………………………………208	信頼保護機能………………………………54
受理…………………………………………70	審理員制度…………………………………103
受理概念…………………………………71, 72	**す**
酒類の製造・販売業に関する免許制………33	水道…………………………………………17
酒類販売業免許等取扱要領…………………152	水道管網……………………………………137
準司法的手続………………………100, 104	水道事業……………………………83, 84, 147
準法律行為的行政行為………………………70	水道法………………………………68, 166
省エネルギー対策…………………………227	杉並区コミュニティバス事件……………56
消極目的規制と積極目的規制………………8	**せ**
上水道………………………………………82	生活必需性………………220, 225, 243, 249, 267
省庁横断的措置……………………………202	制裁的機能…………………………………85
承認…………………………………………69	政策過程……………………………………52
承認一般ガス事業者………………………69	政策過程論…………………………………49
消費者庁……………………………………158	政策牽引機能………………………………53
消費者庁・消費者委員会……………………33	生産調整……………………………………50
消費者法……………………………………33	生存権の人格権……………………………50, 208
商品取引所法………………………………139	政府系金融機関……………………………99
情報公開制度………………………………55	政府の失敗…………………………………10
情報通信審議会……………………18, 101	政令…………………………………………57
情報提供機能………………………………54	世界貿易機関………………………………35
使用料………………………………157, 163	石油カルテル刑事事件……………………79
省令…………………………………………57	石油需給適正化法…………………………23
条例制定義務………………………………163	接続約款……………………………………272
職業安定所…………………………………82	設備規制……………………………………268
職業安定法…………………………………156	説明責任→アカウンタビリティ
職業選択の自由…………8, 9, 30, 55, 86, 142, 208	説明責任機能………………………………55
食品衛生法………………………………64, 86	先願主義……………………………………71
助言…………………………………………73	全国新幹線鉄道整備法……………………241
職権行使の独立性…………………………104	戦時統制経済………………………………21
処分基準………………………………55, 58, 59	専売価格……………………………………162
処分性………………………………………107	船舶…………………………………………260
処分等の求め………………………………81	船舶運航事業………………………………260
深海底鉱業暫定措置法……………………223	
審議会………………………………………50	

291

船舶海上保険金請求事件………………………48
船腹調整事業……………………………………127
専門技術的…………………………………115
専門技術的能力…………………58,102,104,172
線路使用条件……………………………………252

そ

総括原価主義…………………………118,169,171
総括原価方式……………………………………230
操業短縮…………………………………………74
総合規制改革会議………………………………27
総合調整機能……………………………………95
送配電・ガス導管網……………………………137
送配電網……………………………………228,231
総論的思考…………………………………27,30
即時執行…………………………………………85
粗鋼勧告操短・粗鋼減産措置…………………74
訴訟要件…………………………………………108
租税特別措置……………………………………200
措置命令…………………………………………89
ソフトバンク独禁法差止訴訟…………………272
損失補償…………………………………………127
　──制度…………………………………125,129

た

対外経済法………………………………………36
第三者効…………………………………………41
第三セクター……………………………………83
　──形式………………………………………251
大店法……………………………………………24
対内直接投資……………………………………210
第二次臨時行政改革推進審議会………4,8,10,142
第二次臨調……………………………………25,26,50
大陸法……………………………………………29
大陸法系…………………………………………27
大和都市管財事件………………………………124
タクシー運賃規制………………………………118
タクシー業務適正化特別措置法………………141
タクシー事業………………………………15,78,160,169
　──の乗車距離………………………………107
　──の免許制…………………………………33
託送供給……………………………………231,237
　──義務………………………………………270
　──約款………………………………………69

たばこ事業法………………………………144,148
WTO…………………………………35,195,210

ち

畜産物の価格安定に関する法律………………207
知的財産法………………………………………209
地方公営企業……………………………………17
地方公営企業法……………………………166,170
着陸料……………………………………………258
中央省庁等改革基本法…………………………98
中央省庁等改革法………………………………146
中止命令…………………………………………212
中小企業基盤整備機構………………100,199,200
中小企業基本法…………………………………193
中小企業支援法…………………………………200
長期増分費用方式………………………………271
調整の行政指導…………………………………73
調整排除型…………………75,146,149,229,236,246,248
調達行政…………………………………………2
聴聞………………………………………………90
聴聞・弁明手続…………………………………90
　──の方式……………………………………92

つ

通信産業…………………………………………264
通信と放送の融合化……………………………267
通信網……………………………………………137
通達…………………………………………57,60,202

て

抵当証券業の規制等に関する法律……………124
適正原価（経済考慮）型………………………169
適正原価（公正妥当）型………………………271
適正原価（指針）型……………………………170
適正原価（＋適正利潤）型
　………………………169,230,235,246,252,271,281
鉄道………………………………………………251
鉄道事業法………………………72,141,189,242,251
鉄道網……………………………………………137
電気事業法…………………………67,141,223,228
電気通信……………………………………20,268
電気通信事業……………………………………160
電気通信事業法……………………………183,268,274
電源開発促進税法………………………………224

電源開発促進法⋯⋯⋯⋯⋯⋯⋯⋯⋯⋯ 224
電源三法⋯⋯⋯⋯⋯⋯⋯⋯⋯⋯⋯⋯⋯ 224
電波⋯⋯⋯⋯⋯⋯⋯⋯⋯⋯⋯⋯⋯⋯ 265
電波監理審議会⋯⋯⋯⋯⋯⋯⋯ 100, 111
電波法⋯⋯⋯⋯⋯⋯⋯⋯ 214, 265, 274
電波割当方式・電波利用⋯⋯⋯⋯⋯ 275
伝来的な公法関係⋯⋯⋯⋯⋯⋯⋯⋯ 43
電力改革⋯⋯⋯⋯⋯⋯⋯⋯⋯⋯⋯ 228

と

ドイツ法⋯⋯⋯⋯⋯⋯⋯⋯⋯⋯⋯⋯ 27
同一地域・同一運賃の原則⋯⋯⋯ 60, 118
導管網⋯⋯⋯⋯⋯⋯⋯⋯⋯⋯⋯⋯ 235
東京MXテレビ事件⋯⋯⋯⋯⋯⋯ 76, 111
東京12チャンネル事件⋯⋯⋯⋯⋯⋯ 111
東京電力福島第一原発事故⋯ 226, 228, 232
東京湾横断道路の建設に関する特別措置法
⋯⋯⋯⋯⋯⋯⋯⋯⋯⋯⋯⋯⋯⋯ 172
当事者訴訟⋯⋯⋯⋯⋯⋯⋯⋯⋯⋯ 107
同時同量の原則⋯⋯⋯⋯⋯⋯ 231, 237
道路整備特別措置法⋯⋯⋯⋯⋯⋯⋯ 108
道路法⋯⋯⋯⋯⋯⋯⋯⋯⋯⋯⋯⋯ 241
都営芝浦と畜場事件⋯⋯⋯⋯⋯⋯ 133
特殊会社⋯⋯⋯⋯⋯⋯⋯⋯⋯ 185, 241
特殊法人の概念⋯⋯⋯⋯⋯⋯⋯⋯⋯ 97
特殊法人改革⋯⋯⋯⋯⋯⋯⋯⋯ 98, 136
特殊法人等改革基本法⋯⋯⋯⋯⋯⋯ 98
特定地域等特措法⋯⋯⋯⋯⋯⋯⋯ 248
特定費用負担金制度⋯⋯⋯⋯⋯⋯ 184
特定無線局⋯⋯⋯⋯⋯⋯⋯⋯⋯⋯ 275
独任制⋯⋯⋯⋯⋯⋯⋯⋯⋯⋯⋯⋯ 95
特別会計に関する法律⋯⋯⋯⋯⋯ 224
独立行政法人通則法⋯⋯⋯⋯⋯⋯⋯ 99
独立行政法人の概念⋯⋯⋯⋯⋯⋯⋯ 99
都市計画⋯⋯⋯⋯⋯⋯⋯⋯⋯⋯⋯ 52
と畜場⋯⋯⋯⋯⋯⋯⋯⋯⋯⋯ 17, 128
土地収用法⋯⋯⋯⋯⋯⋯⋯⋯⋯⋯ 125
土地利用計画⋯⋯⋯⋯⋯⋯⋯⋯⋯ 52
特許⋯⋯⋯⋯⋯⋯⋯⋯⋯⋯⋯⋯⋯ 254
特許権⋯⋯⋯⋯⋯⋯⋯⋯⋯⋯⋯⋯ 209
独禁法⋯⋯⋯⋯⋯ 20, 35, 39, 66, 78, 93, 105,
　　　　　　　132, 156, 173, 189, 193, 205
特区法⋯⋯⋯⋯⋯⋯⋯⋯⋯ 201, 203, 204
届出⋯⋯⋯⋯⋯⋯⋯⋯⋯⋯⋯⋯⋯ 72
届出制⋯⋯⋯⋯⋯⋯⋯⋯⋯⋯ 159, 161
富山県病院開設中止勧告事件⋯⋯⋯ 108
豊田商事大阪事件⋯⋯⋯⋯⋯⋯⋯ 124
豊田商事東京事件⋯⋯⋯⋯⋯⋯⋯ 124
取消訴訟⋯⋯⋯⋯⋯⋯⋯⋯⋯⋯⋯ 106

な

内閣府令⋯⋯⋯⋯⋯⋯⋯⋯⋯⋯⋯ 57
内航海運業⋯⋯⋯⋯⋯⋯⋯⋯⋯⋯ 127
内航海運業法⋯⋯⋯⋯⋯⋯⋯⋯⋯ 242
内部相互補助⋯⋯⋯⋯⋯⋯⋯⋯⋯ 188

に

ニコニコタクシー事件⋯⋯⋯⋯⋯⋯ 91
西陣ネクタイ事件⋯⋯⋯⋯⋯⋯⋯ 206
日米構造問題協議⋯⋯⋯⋯⋯⋯⋯⋯ 24
日工展ココム訴訟⋯⋯⋯⋯⋯⋯⋯ 122
日本放送協会（NHK）⋯⋯⋯⋯⋯ 266
日本国有鉄道改革法⋯⋯⋯⋯⋯⋯⋯ 98
日本国有鉄道（国鉄）⋯⋯⋯⋯ 13, 26
日本専売公社⋯⋯⋯⋯⋯⋯⋯ 13, 26
日本専売公社法⋯⋯⋯⋯⋯⋯⋯⋯ 98
日本たばこ産業株式会社法⋯⋯⋯⋯ 98
日本電信電話株式会社（NTT）⋯⋯ 18
日本電信電話公社⋯⋯⋯⋯⋯⋯⋯ 26
日本電信電話公社法⋯⋯⋯⋯⋯⋯⋯ 98
日本標準産業分類⋯⋯⋯⋯⋯ 218, 240
日本郵便株式会社⋯⋯⋯⋯ 279, 281, 283
日本郵便株式会社法⋯⋯⋯⋯⋯⋯ 183
二面関係⋯⋯⋯⋯⋯⋯⋯⋯⋯ 40, 161
認可⋯⋯⋯⋯⋯⋯⋯⋯⋯⋯ 65, 66, 68
認可運賃⋯⋯⋯⋯⋯⋯⋯⋯⋯⋯⋯ 47
認可制⋯⋯⋯⋯⋯⋯⋯⋯⋯⋯ 159, 160

ね

熱供給事業法⋯⋯⋯⋯⋯⋯⋯⋯⋯ 223
ネットワーク産業⋯⋯⋯⋯⋯⋯⋯ 137

の

農業委員会⋯⋯⋯⋯⋯⋯⋯⋯⋯⋯ 65
農業共済組合への当然加入制度⋯⋯ 208
農畜産業振興機構⋯⋯⋯⋯⋯ 100, 207
農地調整法⋯⋯⋯⋯⋯⋯⋯⋯⋯⋯ 45
ノーアクションレター制度⋯⋯⋯⋯ 63

乗継円滑化措置……………………………93

は

賠償責任規定………………………………282
排除措置命令……………………………89, 90
廃油処理事業………………………………150
発着枠………………………………………259
発電用施設周辺地域整備法………………224
パブリックコメント制度（意見公募手続等）
　………………………………………………55

ひ

PFI……………………………………83, 125
比較審査方式………………………………276
東日本大震災………………………………226
非対称規制………………………18, 143, 187
秘密性………………………………………267
秘密保持義務…………………………282, 285
病床数………………………………………109

ふ

賦課金………………………………………232
不可欠施設（エッセンシャル・ファシリティ）
　……………………………………134, 189, 226
不採算航路…………………………………261
不作為の違法確認訴訟……………………106
不受理行為…………………………………70
物価政策……………………………………158
物価統制令……………………………22, 45, 157
物価抑制……………………………………15
不当競争禁止条項……………118, 119, 262
不当景品類及び不当表示防止法…………104
不当差別禁止………………………………165
不当差別禁止条項……………………262, 269
不服申立適格者……………………………104
不服申立便宜機能…………………………59
プライス・キャップ規制……………170, 172
プライス・スクイーズ……………………189
プライバシー保護…………………………267
フランス法…………………………………28
文書閲覧権…………………………………92
紛争解決機能…………………………55, 100

へ

変更命令…………………………87, 123, 161
弁明…………………………………………90

ほ

保育所・保育園……………………………44
保育所施設…………………………………82
貿易摩擦解消………………………………24
包括免許………………………………274, 275
法規命令……………………………………57
放射性廃棄物処分…………………………226
放送……………………………………265, 277
放送法……………………………161, 214, 276
法治行政の原理……………………………19
法治主義………………………………19, 220
法律による行政の原理……………………19
法令適用事前確認手続→ノーアクションレター制度
補完的機能……………………………145, 178
北総線料金認可取消等訴訟………………114
ポツダム命令………………………………22
ボトルネック………………………………228
本来的な公法関係…………………………43

ま

マージン・スクイーズ……………………189
マクロ経済学………………………………37

み

ミクロ経済学………………………………37
水先料………………………………………169
道運法……………………49, 149, 161, 242, 245
民営化………………………5, 13, 17, 83, 136
── と公共性の関係性……………………44
民間委託………………………………13, 83
民間化…………………………………5, 13, 17
民間資金活用→PFI
民間資金等の活用による公共施設等の整備等の促進に関する法律………………………83
民業圧迫……………………………………99
民事法………………………………………33

む

無効等確認訴訟 …………………… 106
無償旅客自動車運送事業 …………… 72
無線局 ………………………………… 274
無線放送免許 ………………………… 76

め

命令 …………………………………… 55
命令的行為 ………………………… 64, 86
免許 …………………………………… 66
免許と許可の使い分け ……………… 66

も

目的動機違反（他事考慮）………… 117

や

薬事法 …………………………… 140, 148
薬事法距離制限違憲判決 ……… 31, 148
野菜生産出荷安定法 ……………… 208
約款規制 ………………………… 47, 49, 187
約款認可制 ………………………… 229

ゆ

有価証券関連業 …………………… 155
優遇措置 …………………………… 251
有限性（稀少性）………………… 225
郵政公社 …………………………… 250
郵政民営化 ………………………… 101
有線電気通信法 …………………… 265
誘導行政 …………………………… 2
誘導的機能 ………………………… 85
郵便 ………………………………… 279
　──の業務 …………………… 281, 284
郵便業 ……………………………… 240
郵便貯金目減り訴訟 ……………… 50
郵便法 ……………………… 183, 279, 281
郵便料金 …………………………… 169
有料職業紹介事業 ………………… 156
有料放送 …………………………… 279
輸出自主規制 ……………………… 24

輸出承認 …………………………… 70
輸送施設の利用停止処分 ………… 117
ユニバーサル・サービス ………… 20
ユニバーサル・サービス義務
　………………… 180, 182, 185, 267, 269, 270, 282

よ

要綱 ………………………………… 57
予算編成 …………………………… 101

り

利益阻害性判断基準（二重導管規制）…… 236
離島航路整備法 …………………… 242
利便性 …………………………… 243, 267
利便性等確保機能 …………… 152, 176
理由の提示 ………………………… 59
利用強制 …………………………… 165
料金規制 ………………………… 75, 157, 246
料金決定原則 …………… 166, 171, 260, 281
料金値上げ ………………………… 123
料金法定制 ………………………… 162
利用者 ………………………… 41, 113, 123
利用者保護的業務規制 …… 178, 267, 270, 282
旅客鉄道株式会社及び日本貨物鉄道株式会社に関する法律 ……………………………… 98
臨時行政改革推進審議会設置法 …… 26
臨時行政調査会設置法 …………… 25
臨時農地価格統制令 ……………… 46
臨時農地等管理令 ………………… 46
臨時物資需給調整法 …………… 22, 45

れ

レート・ベース方式 ……………… 171
連合国軍総司令部（GHQ）……… 22

ろ

ローカル路線の廃止 ……………… 177
炉規制法 …………………………… 232
ロケット・ミサイル ……………… 255
路線バス事業 ……………………… 169

判 審 決 索 引

(注：太字は本文中、判例 Pick UP で詳しく紹介した頁である)

昭和28年～39年

最大判昭和28・2・18民集 7 巻 2 号157頁……45
最三小判昭和28・9・15民集 7 巻 9 号942頁…46
最三小判昭和29・8・24民集 8 巻 8 号1534頁…45
最二小判昭和29・10・29判タ44号22頁…………45
最大判昭和30・1・26刑集 9 巻 1 号89頁…… **148**
最二小判昭和30・9・30民集 9 巻10号1498頁
　………………………………………………45, **46**
最三小判昭和31・5・18民集10巻 5 号532頁…46
最大判昭和34・7・8 刑集13巻 7 号1132頁…154
最三小判昭和34・8・18民集13巻10号1286頁
　…………………………………………………110
最一小判昭和35・3・31民集14巻 4 号663頁…45
最二小判昭和37・1・19民集16巻 1 号57頁
　……………………………………………111, **148**
最大判昭和38・12・4 刑集17巻12号2434頁……33

昭和40年～49年

東京高判昭和41・4・18下民集17巻 3 = 4 号301頁
　……………………………………………………48
大阪高判昭和43・2・26訟月14巻 5 号509頁‥263
最三小判昭和43・12・24民集22巻13号3254頁
　…………………………………………………111
東京地判昭和44・7・8 行集20巻 7 号842頁
　……………………………………………**117**, 122
最一小判昭和45・12・24民集24巻13号2187頁…48
最一小判昭和46・10・28行集25巻 7 号1037頁
　……………………………………………… 58, **59**
最二小判昭和47・5・19刑集26巻 4 号698頁… **71**
最大判昭和47・11・22刑集26巻 9 号586頁
　………………………………………………**31**, 148
広島地判昭和48・1・17行集24巻 1・2 号 1 頁
　…………………………………………………114

昭和50年～63年

最大判昭和50・4・30民集29巻 4 号572頁
　……………………………………………31, **32**, 148
最一小判昭和50・5・29民集29巻 5 号662頁…96
東京地判昭和51・10・25下民集37号 9 ～11号724頁
　……………………………………………………48

最三小判昭和52・12・20民集31巻 7 号1101頁
　…………………………………………………116
最三小判昭和53・3・14民集32巻 2 号211頁
　……………………………………………104, 113
東京地判昭和53・6・14行集29巻 6 号1121頁…70
最三小判昭和53・11・30判時908号25頁……163
大阪地堺支決昭和53・12・7 判時916号73頁…76
最二小判昭和53・12・8 民集32巻 9 号1617頁
　……………………………………………108, 241
東京地判昭和54・5・28判時953号 7 頁……258
札幌地判昭和54・11・27判時957号19頁………48
大阪地判昭和55・3・19行集31巻 3 号483頁…91
大阪地判昭和57・2・19行集33巻 1・2 号118頁
　…………………………………………………114
最三小判昭和57・3・9 民集36巻 3 号265頁…79
東京高判昭和57・3・16行集33巻 3 号441頁…110
東京高判昭和57・7・14判時1049号 3 頁……163
最一小判昭和57・7・15訟月29巻 2 号188頁
　………………………………………………50, **51**
東京高判昭和57・10・28訟月29巻 4 号727頁…258
最二小判昭和59・2・24刑集38巻 4 号1287頁… **79**
静岡地判昭和59・4・27行集35巻 4 号572頁… **150**
東京地判昭和59・5・30行裁集35巻 5 号649頁
　…………………………………………………212
大阪地判昭和60・1・31行集36巻 1 号74頁
　……………………………………60, 118, **119**, 168
東京高判昭和60・6・24行集36巻 6 号816頁…110
最三小判昭和60・7・16判時1174号58頁…… **164**
東京高判昭和61・2・20行集37巻 1・2 号161頁
　…………………………………………………150
最二小判昭和61・3・28判時1195号82頁……163
最二小判昭和62・2・6 訟月34巻 2 号413頁…148
札幌地判昭和62・11・17行集38巻11号1623頁
　…………………………………………………110
東京地判昭和63・3・22判時1276号30頁……117
札幌高判昭和63・10・18行集39巻10号1293頁
　…………………………………………………110

平成元年～9 年

最二小判平成元・1・20刑集43巻 1 号 1 頁…148

東京地判平成元・1・31判時1304号88頁……… 161
最二小判平成元・2・17民集43巻2号56頁…… 109
最三小判平成元・3・7判時1308号111頁…… 148
最一小判平成元・4・13判時1313号121頁
………………………………………… 114, 161
最一小判平成元・4・13判時1313号121 …… 244
最二小決平成元・11・8判時1328号16頁………94
最二小判平成元・11・24民集43巻10号1169頁
………………………………………………… 123
最二小判平成元・11・24判時1344号132頁 …… 156
最一小判平成元・12・14民集43巻12号2078頁
………………………………………………… 133
最三小判平成2・2・6訟月36巻12号2242頁
………………………………………………… 206
東京地判平成2・10・5行集41巻10号1597頁
………………………………………………… 108
大阪地判平成2・10・29判時1398号94頁……… 123
和歌山地判平成3・2・27判時1388号107頁
…………………………………………… 163, 244
東京高判平成3・7・30行集42巻6＝7号1253頁
………………………………………………… 128
最三小判平成4・9・22民集46巻6号571頁… 109
東京地判平成4・9・29判時1471号104頁…… 124
東京地判平成4・10・23判時1459号142頁…… 47
最三小判平成4・12・15民集46巻9号2829頁… 33
最二小判平成5・6・25判時1475号59頁…… 148
東京高判平成5・7・22 LEX/DB25106244 …… 47
広島地判平成6・8・9判夕833号141頁…… 263
東京地判平成7・1・26判時1539号64頁
………………………………………… 108, 161
最一小判平成8・3・28訟月43巻4号1207頁… 68
大阪地判平成8・6・25判夕929号78頁……… 60
広島高判平成9・6・12判夕966号155頁…… 263
鹿児島地判平成9・6・20行集48巻5・6号472頁
………………………………………………… 138

平成10年～19年
最三小判平成10・3・24刑集52巻2号150頁… 33
最一小判平成10・3・26判時1639号36頁……… 33
東京地判平成10・5・13訟月44巻12号2184頁
………………………………………………… 177
東京高判平成10・5・28判時1666号38頁
……………………………… 76, **77**, 111, 275, 278
最二小判平成10・7・3訟月45巻4号751頁… 152

最一小判平成10・7・16訟月45巻4号807頁
………………………………………… 152, **153**
最一小判平成10・7・16税務訴訟資料237号159頁
………………………………………………… 152
最一小判平成10・7・16税務訴訟資料237号364頁
………………………………………………… 152
最一小判平成10・7・16税務訴訟資料237号580頁
………………………………………………… 152
最一小判平成10・7・16税務訴訟資料237号590頁
………………………………………………… 152
福岡地判平成10・8・27判時1697号45頁……… 69
最三小判平成10・12・18審決集45巻467頁…… 133
最一小判平成11・1・21民集53巻1号13頁… 181
東京高判平成11・1・25判時1700号17頁…… 78
前橋地判平成11・2・26 LEX/DB25410017 … 177
東京地判平成11・9・13判時1721号53頁……… 114
最三小判平成12・2・8刑集54巻2号1頁… 154
東京高判平成12・2・16 LEX/DB25410076 … 177
東京高判平成12・10・11 LEX/DB25410138 … 114
最三小判平成13・2・16判時1740号13頁…… 156
東京地判平成13・8・24判時1785号12頁…51, 208
名古屋地判平成13・8・29判夕1074号294頁①
………………………………………………… 72
東京高判平成14・3・20 LEX/DB25410244
…………………………………………… 51, 208
最三小判平成14・6・4判時1788号160頁…… 33
最大判平成14・9・11民集56巻7号1439頁…… 283
最一小判平成14・9・26税務訴訟資料252号順号
9205頁………………………………………… 124
東京高判平成14・10・22判時1806号3頁……… 166
広島地判平成15・5・27訟月50巻4号1297頁
………………………………………… 127, **128**
東京地判平成17・4・22 LEX/DB28112016
…………………………………… 36, 184, **185**
最三小判平成17・4・26判時1898号54頁…… 208
最一小判平成17・6・24判時1904号69頁…… 122
最一小判平成17・7・15民集59巻6号1661頁
…………………………………………… 11, 108
最一小判平成17・10・25判時1920号32頁……… 11
山口地下関支判平成18・1・16審決集52巻918頁
………………………………………………… 133
東京地判平成18・1・19判時1921号9頁…… 251
盛岡地判平成18・2・24判自295号82頁……… 92

東京地判平成18・3・28判タ1239号157頁
………………………………………111, 259
最二小判平成18・7・14民集60巻6号2369頁
………………………………………… 166
大阪地判平成19・3・14判タ1252号189頁・**120**
大阪地判平成19・6・6判時1974号3頁……124
佐賀地判平成19・6・22判時1978号53頁……124
最二小判平成19・10・19判時1993号3頁……11
東京高判平成19・11・28判時2034号34頁…99, 251

平成20年～26年
東京地判平成20・1・29判時2000号27頁………72
大阪高判平成20・9・26判タ1312号81頁……124
東京地決平成20・11・25 LEX/DB25440796……**56**
水戸地判平成21・6・30 LEX/DB25451323…224
大阪高判平成21・9・25判時2071号20頁……120
名古屋地判平成21・11・5判タ1342号110頁…204
最一小判平成21・11・26民集63巻9号2124頁…44
最三小判平成22・2・23判時2076号40頁……129
東京地判平成22・5・26判タ1364号134頁
………………………………………**88**, 261
さいたま地判平成22・7・14 LEX/DB25471490
……………………………………………224
大阪高判平成22・9・9判時2108号21頁……120
名古屋高判平成22・9・16 LEX/DB25471218
……………………………………………204
名古屋高決平成22・11・8判タ1358号94頁…120
最二小判平成22・12・17民集64巻8号2067頁
……………………………………20, 189, **190**
大阪地判平成23・2・17 LEX/DB25443703…250
宇都宮地判平成23・3・24 LEX/DB25470803
……………………………………………224
東京地判平成23・12・5 LEX/DB25490551…123
大阪地判平成24・2・3判時2160号3頁
……………………………………78, 117, **247**

大阪地判平成24・6・28 LEX/DB25444774……60
最二小判平成25・1・11民集67巻1号1頁…**140**
東京地判平成25・3・26判時2209号79頁
………………………………………114, 244, 253
東京高判平成25・3・29 LEX/DB25445944…224
大阪地判平成25・4・18 LEX/DB25446011…117
名古屋地判平成25・5・31 LEX/DB25500949
……………………………………………61, 107
大阪地判平成25・6・27 LEX/DB25501395…247
大阪地判平成25・7・4 LEX/DB25445756
……………………………………………61, 107
東京高判平成25・11・1判時2206号37頁……**112**
福岡地判平成26・1・14 LEX/DB25502898
……………………………………………61, 107
東京地判平成26・1・21判時2220号3頁……247
最三小判平成26・1・28民集68巻1号49頁
………………………………………110, 151
札幌地判平成26・2・3 LEX/DB25446216
……………………………………………61, 107
東京高判平成26・2・19 LEX/DB25503237…115
東京高判平成26・5・14 LEX/DB25503854…224
東京地判平成26・6・19判時2232号102頁
………………………………………272, **273**

【公正取引委員会】
公取委勧告審決昭和56・4・1審決集28巻3頁
……………………………………………156
公取委勧告審決昭和57・12・17審決集29巻82頁
……………………………………………156
公取委勧告審決昭和58・3・31審決集29巻100頁
……………………………………………156
公取委審判審決平成7・7・10審決集42巻3頁
………………………………………66, 90, 173, **174**

友岡　史仁（ともおか・ふみと）
　1973 年　和歌山県生まれ
　1997 年　慶應義塾大学法学部法律学科卒業
　2003 年　慶應義塾大学大学院法学研究科後期博士課程単位取得退学
　現　在　日本大学法学部教授
　主著・論文
　『公益事業と競争法』（晃洋書房、2009 年）、『ネットワーク産業の規制とその法理』（三和書籍、2012 年）、「行政運営情報と公務員情報」岡田正則ほか編『現代行政法講座IV 自治体争訟・情報公開争訟』（日本評論社、2014 年）、「環境情報法制から見る『行政的正義』」榊原秀訓編『行政法システムの構造転換』（日本評論社、2015 年）、「原子力政策と行政手続――行政法の視点から」鈴木庸夫編『大規模震災と行政活動』（日本評論社、2015 年）など

要説　経済行政法

2015（平成27）年 4 月30日　初版 1 刷発行

著　者　友岡　史仁
発行者　鯉渕　友南
発行所　株式会社　弘文堂　　101-0062 東京都千代田区神田駿河台 1 の 7
　　　　　　　　　　　　　　TEL 03(3294)4801　振替 00120-6-53909
　　　　　　　　　　　　　　http://www.koubundou.co.jp
装　幀　青山　修作
印　刷　三陽社
製　本　井上製本所

© 2015 Fumito Tomooka. Printed in Japan

JCOPY 〈(社)出版者著作権管理機構　委託出版物〉
本書の無断複写は著作権法上での例外を除き禁じられています。複写される場合は、そのつど事前に、(社)出版者著作権管理機構（電話 03-3513-6969、FAX 03-3513-6979、e-mail: info@jcopy.or.jp）の許諾を得てください。
また本書を代行業者等の第三者に依頼してスキャンやデジタル化することは、たとえ個人や家庭内での利用であっても一切認められておりません。

ISBN 978-4-335-35615-5

法律学講座双書

法 学 入 門	三ケ月　章
法 哲 学 概 論	碧 海 純 一
憲 　 　 法	鵜 飼 信 成
憲 　 　 法	伊 藤 正 己
行 政 法(上・中・下)	田 中 二 郎
行 政 法(上・＊下)	小早川 光 郎
租 　 税 　 法	金 子 　 宏
民 法 総 則	四宮和夫・能見善久
債 権 総 論	平 井 宜 雄
債 権 各 論 Ⅰ(上)	平 井 宜 雄
債 権 各 論 Ⅱ	平 井 宜 雄
親 族 法 ・ 相 続 法	有 泉 　 亨
商 法 総 則	石 井 照 久
商 法 総 則	鴻 　 常 夫
会 　 社 　 法	鈴 木 竹 雄
会 　 社 　 法	神 田 秀 樹
手形法・小切手法	石 井 照 久
＊手形法・小切手法	岩 原 紳 作
商行為法・保険法・海商法	鈴 木 竹 雄
商 取 引 法	江 頭 憲治郎
民 事 訴 訟 法	兼子一・竹下守夫
民 事 訴 訟 法	三ケ月　章
民 事 執 行 法	三ケ月　章
刑 　 　 法	藤 木 英 雄
刑 法 総 論	西 田 典 之
刑 法 各 論	西 田 典 之
刑 事 訴 訟 法(上・下)	松 尾 浩 也
労 　 働 　 法	菅 野 和 夫
＊社 会 保 障 法	岩 村 正 彦
国 際 法 概 論(上・下)	高 野 雄 一
国 際 私 法	江 川 英 文
特 　 許 　 法	中 山 信 弘

＊印未刊

―――― 条解シリーズ ――――

条解破産法〔第2版〕	伊藤眞・岡正晶・田原睦夫・林道晴・ 松下淳一・森宏司=著
条解民事再生法〔第3版〕	園尾隆司・小林秀之=編
条解会社更生法〔上・中・下〕	兼子一=監修　三ケ月章・竹下守夫・霜島甲一・前田庸・田村諄之輔・青山善充=著 （品切れ）
条解民事訴訟法〔第2版〕	兼子一=原著　松浦馨・新堂幸司・竹下守夫・高橋宏志・加藤新太郎・上原敏夫・高田裕成
条解不動産登記法	七戸克彦=監修 日本司法書士会連合会・ 日本土地家屋調査士会連合会=編
条解弁護士法〔第4版〕	日本弁護士連合会調査室=編著
条解刑法〔第3版〕	前田雅英=編集代表　松本時夫・池田修・ 渡邉一弘・大谷直人・河村博=編
条解刑事訴訟法〔第4版〕	松尾浩也=監修　松本時夫・土本武司・ 池田修・酒巻匡=編集代表
条解行政手続法	塩野宏・高木光=著　　（品切れ）
条解行政事件訴訟法〔第4版〕	南博方=原編著 高橋滋・市村陽典・山本隆司=編
条解行政情報関連三法 　　公文書管理法 　　行政機関情報公開法 　　行政機関個人情報保護法	高橋滋・斎藤誠・藤井昭夫=編著
条解独占禁止法	村上政博=編集代表　内田晴康・石田英遠・ 川合弘造・渡邉惠理子=編
条解精神保健法	大谷實=編集代表 古田佑紀・町野朔・原敏弘=編　（品切れ）

―――― 弘文堂 ――――

＊2015年3月現在